***ACCESO GRATIS** a la Lectura en la Nube*

Para visualizar el libro electrónico en la nube de lectura envíe junto a su nombre y apellidos una fotografía del código de barras situado en la contraportada del libro y otra del ticket de compra a la dirección:

ebooktirant@tirant.com

En un máximo de 72 horas laborables le enviaremos el código de acceso con sus instrucciones.

La visualización del libro en **NUBE DE LECTURA** excluye los usos bibliotecarios y públicos que puedan poner el archivo electrónico a disposición de una comunidad de lectores. Se permite tan solo un uso individual y privado.

EL SALARIO EN EL CONTEXTO DE LA GLOBALIZACIÓN, LAS NUEVAS FORMAS DE ORGANIZACIÓN EMPRESARIAL Y LA ECONOMÍA DIGITAL

EL SALARIO EN EL CONTEXTO DE LA GLOBALIZACIÓN, LAS NUEVAS FORMAS DE ORGANIZACIÓN EMPRESARIAL Y LA ECONOMÍA DIGITAL

SANTIAGO GONZÁLEZ ORTEGA
Prólogo

MARÍA JOSÉ GÓMEZ-MILLÁN HERENCIA
OLGA GARCÍA COCA
Autoras

tirant lo blanch
Valencia, 2025

En caso de erratas y actualizaciones, la Editorial Tirant lo Blanch publicará la pertinente corrección en la página web www.tirant.com.

Proyecto Coordinado de I+D+I: "El salario en el contexto de la globalización, las nuevas formas de organización empresarial y la economía digital" (RTI2018-096674-B-C21). Ministerio de Ciencias, Innovación y Universidades. Investigador principal: Prof. Dr. D. Santiago González Ortega.

EDITA: TIRANT LO BLANCH
C/ Artes Gráficas, 14 - 46010 - Valencia
TELFS.: 96/361 00 48 - 50
FAX: 96/369 41 51
Email: tlb@tirant.com
www.tirant.com
Librería virtual: www.tirant.es
DEPÓSITO LEGAL: V-205-2025
ISBN: 978-84-1071-317-8

Si tiene alguna queja o sugerencia, envíenos un mail a: *atencioncliente@tirant.com*. En caso de no ser atendida su sugerencia, por favor, lea en *www.tirant.net/index.php/empresa/politicas-de-empresa* nuestro procedimiento de quejas.

Responsabilidad Social Corporativa: http://www.tirant.net/Docs/RSCTirant.pdf

Abreviaturas

ET	Real Decreto Legislativo 2/2015, de 23 de octubre, por el que se aprueba el Texto Refundido de la Ley del Estatuto de los Trabajadores Estatuto de los Trabajadores
EEE	Espacio Económico Europeo
EOR	Employer of Record
ESG	Medioambiente, Responsabilidad Social Corporativa y Gobernanza
ETT	Empresa de Trabajo Temporal
LDT	Ley 45/1999, de 29 de noviembre, sobre el desplazamiento de trabajadores en el marco de una prestación de servicios transnacional (BOE núm. 286, de 30 de noviembre de 1999).
LETT	Ley 14/1994 de 1 de junio sobre Empresas de Trabajo Temporal (BOE de 2 de junio de 1994)
LISOS	Real Decreto Legislativo 5/2000, de 4 de agosto, por el que se aprueba el texto refundido de la Ley sobre Infracciones y Sanciones en el Orden Social.
PEO	Professional employer organization
RSC	Responsabilidad Social Corporativa
STC	Sentencia del Tribunal Constitucional
STJUE	Sentencia del Tribunal de Justicia de la Unión Europea
STS	Sentencia del Tribunal Supremo
STSJ	Sentencia del Tribunal Superior de Justicia
SJS	Juzgado de lo Social
TFUE	Tratado de Funcionamiento de la Unión Europea
TICS	Tecnología Informática y de la Comunicación

Índice

Prólogo: El impacto de la globalización en las relaciones laborales[1]

SANTIAGO GONZÁLEZ ORTEGA
Catedrático (E) de Derecho de Derecho del Trabajo y de la Seguridad Social
Universidad Pablo de Olavide, de Sevilla

Como resultado de la creciente polarización de las economías mundiales, que provocan cada vez más diferencias entre los salarios de las personas trabajadoras de los países más y menos desarrollados desde el punto de vista económico, surge el fenómeno de la globalización, que implica esencialmente la desvinculación de las empresas tanto del lugar donde venden sus productos u ofrecen sus servicios como de la residencia de las personas trabajadoras que realizan las prestaciones laborales.

Este es el punto de partida del presente libro, en el que las Profesoras Gómez-Millán Herencia y García Coca han asumido la tarea de investigar todo lo relativo al salario en circunstancias en las que, por la disociación entre sede de la empresa, lugar de trabajo y residencia de la persona trabajadora, se produce un conflicto de normas, o una carencia de ellas, a la hora de

---

1 Proyecto Coordinado de I+D+I: "El salario en el contexto de la globalización, las nuevas formas de organización empresarial y la economía digital" (RTI2018-096674-B-C21). Ministerio de Ciencias, Innovación y Universidades. Investigador principal: Prof. Dr. D. Santiago González Ortega.

establecer y garantizar la retribución salarial. Un empeño, hay que señalar, que han cumplido de forma más que satisfactoria.

Como se acaba de decir, la globalización de la economía tiene, entre otras consecuencias, el hacer habitual la movilización de las personas trabajadoras, que desarrollan su prestación de servicios vinculados a organizaciones empresariales de distinta naturaleza. Situaciones tan abundantes hasta el punto de que el libro hace una catalogación de ellas conforme a la cual pueden diferenciarse hasta seis tipos distintos de personas trabajadoras cuya prestación de servicios se desenvuelve con o sin desplazamiento. Me limito aquí enumerarlas ya que el auténtico y valioso análisis se contiene en los capítulos primeros del libro.

La enumeración propuesta por las autoras, distingue entre: 1) La hipótesis de las personas trabajadoras en empresas multinacionales, que desarrollan su prestación de servicios en el mismo territorio donde residen; 2) El caso de las personas trabajadoras que se encuentran de forma permanente en un lugar concreto de trabajo distintos de su residencia inicial; es decir, los desplazados de forma definitiva; 3) El supuesto de los desplazamientos de muy escasa duración; 4) Los desplazamientos de larga duración en empresas o grupos de empresas; 5) Los desplazados por empresas de trabajo temporal; y 6) las personas trabajadoras que realizan su actividad en las conocidas como cadenas de valor. Todo lo que puede suceder en o fuera de la Unión Europea.

En estas circunstancias, y así lo ponen de manifiesto con claridad y detalle María José Gómez Millán y Olga García Coca, el principal problema que surge es el hecho de que las empresas globalizadas escapan al control de las legislaciones de los Estados, que, como es lógico, generalmente limitan su ámbito de aplicación a los confines del territorio nacional, ya se trate de normas gubernamentales o convenios colectivos cuyo ámbito territorial está igualmente restringido a este mismo espacio geográfico.

De forma que, cuando el lugar de prestación de servicios coincide con la residencia de la persona trabajadora, la protección de las condiciones laborales resulta posible mediante la regulación y por el control de la Administración Laboral y la tutela de los tribunales, que sirven para reforzar el cumplimiento normativo. Pero, cuando no es así, surgen las discrepancias entre las legislaciones aplicables en la medida en que una es la de residencia del trabajador y otro el lugar de prestación de los servicios; sirviendo esta incompatibilidad para aplicar en unos casos la normativa laboral del lugar de residencia, en otros la del lugar de prestación de los servicios y en otros, en fin, la de la sede de la empresa, si es diferente de las dos anteriores. Para solventar estas incompatibilidades en beneficio de las personas trabajadoras, es por lo que los organismos internacionales y comunitarios han establecido reglas de selección de la normativa aplicable, además de fijar unos mínimos que deberán ser respetados en todo caso.

Justamente a estas cuestiones se dedican los tres primeros capítulos de la presente monografía con un resultado excelente que la convierte en una obra indispensable para poder conocer y aplicar las reglas jurídicas que se imponen en materia de salario, a pesar de la globalización económica, a las prestaciones laborales en las que concurre alguna de las disociaciones antes descritas con los problemas de aplicación normativa subsiguientes que se han resaltado antes.

El enfoque globalizador que se ha adoptado en el presente libro hace lógico en estudio que la profesora Gómez-Millán realiza en el capítulo cuarto de esta monografía, dedicado al análisis de la regulación del salario en las llamadas cadenas de valor. Lo específico del capítulo es que vincula la existencia de las cadenas de valor entre empresas que están ubicadas en diferentes países y el uso de las tecnologías de la información y la comunicación, en la medida en que pueden afectar a la retribución salarial de las personas trabajadoras de las distintas empresas que están conectadas, vertical, horizontalmente o en red, a esa cadena de valor que lleva hasta la oferta final del producto o servicio en el mercado.

Para llevar a cabo su propósito, la autora ha seleccionado cinco cuestiones a las que dedica su análisis a lo largo del capítulo. Así, señala las siguientes confrontaciones, que nuevamente me limitaré a enumerar: 1) Empresas de pequeña y de mediana dimensión frente a empresas de un tamaño medio más grande debido a la generalización de fenómenos como la subcontratación o la descentralización productiva y también a que la especialización productiva hace posible el nacimiento y expansión de empresas que colaboran en red; 2) Concurrencia de diversos tipos de relaciones contractuales a través de las cuales obtener los servicios necesarios frente a la hasta ahora prevalencia del trabajo asalariado; 3) Desarrollo de la prestación de servicios mediante contratos temporales o a tiempo parcial frente a la contratación indefinida y a tiempo completo, lo que se une a la rotación de los trabajadores por diferentes empleo y/o empresas. 4) Trabajo medido en términos de rendimiento y de productividad frente al trabajo calculado en función del tiempo invertido, lo que lejos de asegurar una retribución suficiente para el trabajador hace posible que el trabajador asuma riesgos empresariales en la medida en que parte del salario queda sujeto, frecuentemente a la baja, en la valoración empresarial de la riqueza que la persona trabajadora genera o es capaz de generar. 5) Capacidad de control del empresario, gracias a las nuevas tecnologías, con independencia del lugar donde se desarrolle la prestación de servicios frente a derecho a la privacidad y a la intimidad del trabajador.

Explicado de forma muy general, como procede en un Prólogo, el contenido de la monografía, sus valores y aportaciones, no me resisto a describir sintéticamente, sin entrar en valoraciones, la materia que se aborda en cada uno de los Capítulos del libro. Pretendo con ello que funcione a modo de índice explicado, como una forma de concitar el interés del lector, de incentivar su lectura y de facilitarle la búsqueda de respuestas a los interrogantes que puedan suscitarle las cuestiones tratadas en el libro. Aunque ya se puede anticipar que la presente monografía se divide en cuatro partes diferenciadas, destinándose el primero de los capítulos a identificar las fuentes de la regulación del salario de las empresas globalizadas, mientras que los tres restantes ofrecen la regulación en tres supuestos distintos: desplazamiento de trabajadores, cesión de trabajadores y cadenas globales de valor.

Así, el Capítulo I, a cargo de María José Gómez Millán, analiza las fuentes de regulación del salario en el caso de las relaciones laborales globalizadas, partiendo de los organismos y fórmulas internacionales como manera de crear un marco normativo mínimo aplicable que supere las fronteras nacionales a las que se limita cada regulación nacional. Con esta finalidad se identifica la protección del salario en las normas de la Organización Internacional del Trabajo, en otros textos internacionales (como son la OCDE, los Tratados de Libre Comercio y los Acuerdos Multilaterales Comerciales, los Acuerdos Bilaterales de Inversiones y los Acuerdos Marcos Globales), espacios en los que la tutela del salario se engarza con el concepto de trabajo decente y con las cláusulas de compensación social de la economía de libre mercado. Con este mismo propósito, el análisis de detiene en la regulación más relevante respecto del salario tanto en MERCOSUR como en las normas europeas.

También se consideran las normas españolas respecto del salario a los efectos de identificar qué mecanismos de protección existen en el caso de que la relación laboral globalizada tenga conexión con el territorio español; para lo que también se tienen en consideración los convenios colectivos cuyo papel es fundamental en cuanto a los detalles concretos y la aplicación de las normas referidas al salario. Sin olvidar el papel que desempeñan los acuerdos colectivos europeos respecto de la cuestión.

Este capítulo se cierra con un análisis de otro hecho regulador relacionado con la globalización como es la existencia de normas internas que muchas empresas han ido creando con el fin de estandarizar las condiciones de trabajo, no solamente para sus trabajadores, sino también para las hipótesis de subcontratación o de descentralización de las condiciones de trabajo. Una regulación, auténtico soft law, que se contiene en Códigos de Conductas o de Buenas prácticas que se vinculan con el concepto más general de la Responsabilidad Social Corporativa.

El Capítulo 2, realizado por Olga García Coca, analiza el salario de los trabajadores desplazados en la Unión Europea. Para lo que parte del propio concepto y estatus del trabajador desplazado para descender posteriormente al estudio de lo establecido, tanto a nivel nacional como internacional, como condiciones o garantías mínimas respecto de la configuración del salario, de su estructura y de la naturaleza y cuantía de los complementos salariales en los casos de movilidad internacional de las personas trabajadoras. Sin olvidar lo relativo a la prohibición de discriminación que está presente en una materia tan central como es la retribución salarial, defendiéndola de tratamientos menos favorables o a la baja basados en alguna de las causas, pero esencialmente la de género, prohibida como justificación de la diferencia. El Capítulo se cierra con la consideración de las particularidades del salario en los casos de multiactividad de los trabajadores desplazados.

El Capítulo 3, también de la firma de Olga García Coca, se centra la materia del salario de los trabajadores cedidos que deben desarrollar sus labores en un país diferente del de residencia, contrato o sede de la empresa. El estudio se ocupa, en primer lugar, del salario en los casos de cesión temporal de trabajadores a empresas extranjeras; y, en segundo lugar, del salario de los trabajadores de empresas de trabajo temporal que prestan sus servicios en un país diferente al de residencia o de contrato. Todo lo anterior con la finalidad de determinar el alcance de las obligaciones empresariales al respecto, fijando unas condiciones mínimas que deben ser en todo caso respetadas tanto en lo que se refiere al salario básico como a los complementos salariales y también a compensaciones económicas extrasalariales como las dietas de viaje y manutención, las compensaciones o indemnizaciones, entre otros aspectos.

El Capítulo 4, de la mano de María José Gómez-Millán, pone fin al interesante libro analizando las cadenas de valor que tanta relevancia tienen en la fijación de estándares de regulación mínimos en materia laboral en general, así como más concretamente por lo que hace a la fijación de las condiciones retributivas. Con este fin se hace un estudio acerca de la relevancia de las cadenas de valor en la regulación del salario en la globalización, que parte de un relato de los antecedentes que justificaron su nacimiento y expansión; lo que servirá para valorar la capacidad de intervención de las cadenas globales de valor en la regulación de las relaciones laborales y en particular del tema salarial. A estos efectos, se tendrá en cuenta, de manera particular, que el origen de las cadenas globales de valor se encuentra precisamente en la opción empresarial de reducir costes, buscando lugares donde la prestación de servicio se realice en condiciones laborales más competitivas desde el punto de vista del coste laboral, lo que incluye, además de a otras condiciones de empleo, a los costes salariales.

Hecho lo anterior se procede al análisis de su estructura y de cómo las cadenas globales de valor han ido incorporando normas propias de auto-regulación y de auto-control, ejemplificándolo con experiencias empresariales concretas de diferentes sectores productivos. Todo lo cual debe servir para conocer la aportación de las cadenas globales de valor a la regulación de las relaciones laborales globalizadas, así como para extraer conclusiones sobre las condiciones salariales más frecuentes en este tipo de relaciones laborales.

Para acabar, el adorno, en absoluto superfluo, de los apéndices bibliográfico, normativo y jurisprudencial, completa la presente monografía haciendo de ella un libro sólido, que afronta cuestiones nuevas o revisita otras actualizándolas y que será, sin duda, una de las referencias doctrinales para toda persona interesada en las cuestiones jurídicas relativas a la retribución que se suscitan en las situaciones empresariales y laborales que se han descrito someramente.

Es mi aspiración que este Prólogo haya servido para hacer evidente la utilidad y rigor del estudio que contienen que las páginas que siguen. Unos valores científicos a los que se añade la valentía, en los tiempos de corren de aplicación de criterios de valoración de los trabajos de investigación tan absurdos como rígidos, en los que la creciente individualización tiñe de demérito lo que no es sino uno de los resultados más positivos de la socialidad: el que la colaboración y el trabajo conjunto tienen la capacidad de generar resultados superiores a los de la suma de los esfuerzos de cada uno de los intervinientes. Por no hacer referencia al enriquecimiento profesional, tanto personal como del conjunto de la obra publicada, que se deriva de la confrontación y del debate de ideas y propuestas reforzando el sentimiento de pertenencia a un grupo y a un proyecto de investigación colectivamente asumido. El libro que prologo es un ejemplo de este mérito.

A diferencia de mí, que ya estoy recorriendo los últimos tramos de mi dedicación profesional, tanto María José Gómez Millán como Olga García Coca se encuentran acabando su proceso de maduración como investigadoras. Ejemplo de ello es el presente libro en el que las autoras han sido capaces de conjuntar altura doctrinal, corrección técnica y utilidad práctica. Pero, si quieren mantener esas cualidades en futuros trabajos, no me queda sino recordarles las palabras de Kavafis, en su poema Itaca, alertando de que lo importante no es tanto la meta como el viaje en sí mismo. ....." *Ten siempre a Itaca en tu mente/... Llegar allí es tu destino/.... Mas no apresures nunca el viaje/ ...Mejor que dure muchos años/... y atracar, viejo ya, en la isla/..... enriquecido de cuanto ganaste en el camino/ ......sin esperar a que Itaca te enriquezca*". Se lo dice quien ya divisa los techos de Vathí.

Sevilla, abril de 2024

Capítulo 1:
Fuentes reguladoras del salario en las relaciones laborales globalizadas[1]

MARÍA JOSÉ GÓMEZ-MILLÁN HERENCIA
Profesora Titular de Derecho del Trabajo y de la Seguridad Social
Universidad Pablo de Olavide, de Sevilla

---

1 El presente Trabajo ha sido realizado en el marco del Proyecto Coordinado de I+D+I: "El salario en el contexto de la globalización, las nuevas formas de organización empresarial y la economía digital" (RTI2018-096674-B-C21), financiado por el Ministerio de Ciencias, Innovación y Universidades. Investigador principal: Prof. Dr. D. Santiago González Ortega.

COMO INSTRUMENTOS REGULADORES DEL SALARIO. 4. LOS ACUERDOS BILATERALES DE INVERSIONES (TB) Y LA REGULACIÓN DEL SALARIO. 5. LOS ACUERDOS MARCOS GLOBALES Y LAS CLÁUSULAS DE COMPENSACIÓN SOCIAL EN MATERIA SALARIAL. **III. LAS NORMAS EUROPEAS SOBRE LA FIJACIÓN DEL SALARIO Y LA TRANSPARENCIA SALARIAL**: 1. LAS CARENCIAS DEL PRINCIPIO DE TERRITORIALIDAD NORMATIVA IMPUESTO POR LAS NORMAS EUROPEAS EN LA REGULACIÓN DE LAS RELACIONES LABORALES GLOBALIZADAS. 2. DE LA ESCASA PROTECCIÓN DEL SALARIO A SU EXTENSIÓN MEDIANTE LA TUTELA DEL CONCEPTO MÁS AMPLIO DE RETRIBUCIÓN Y EL FOMENTO DE LA REGULACIÓN DE UN SALARIO MÍNIMO EN LOS ESTADOS MIEMBROS. 3. LAS PRINCIPALES GARANTÍAS DEL SALARIO: OBLIGACIONES DE DOCUMENTACIÓN, DE INFORMACIÓN Y DE TRANSPARENCIA, ESPECIALMENTE RESPECTO DE LA BRECHA RETRIBUTIVA. 4. OTRAS GARANTÍAS DEL SALARIO: LA PROTECCIÓN FRENTE A IMPAGOS E INSOLVENCIAS DE LA EMPRESA. 5. ESPECIALIDADES PARA DETERMINADOS TIPOS DE PERSONAS TRABAJADORAS, EMPLEOS O SECTORES DE ACTIVIDAD. 6. IGUALDAD DE TRATO Y NO DISCRIMINACIÓN RETRIBUTIVA; EN PARTICULAR POR RAZÓN DE SEXO Y DE GÉNERO. 7. EL DESARROLLO DE LA DILIGENCIA DEBIDA EN EL ÁMBITO EUROPEO COMO IMPULSO PARA EL ASEGURAMIENTO DE MÍNIMOS EN MATERIA SALARIAL. **IV. LA REGULACIÓN DEL SALARIO EN MERCOSUR. V. LA PLURALIDAD DE NORMAS ESPAÑOLAS Y EL PAPEL DEL CONVENIO COLECTIVO EN LA REGULACIÓN DEL SALARIO**: 1. UNA AMPLIA PROTECCIÓN DEL SALARIO PROTEGIDO, QUE INCLUYE LA RETRIBUCIÓN. 2. LA FIJACIÓN ANUAL DEL SALARIO MÍNIMO MEDIANTE UNA NORMA LEGAL Y EL PAPEL DE LA NEGOCIACIÓN COLECTIVA. 3. LAS GARANTÍAS DEL SALARIO: FORMA DE PAGO, PROTECCIÓN FRENTE A INSOLVENCIAS Y OBLIGACIONES DE DOCUMENTACIÓN. 4. LAS ESPECIALIDADES PARA DETERMINADOS TIPOS DE PERSONAS TRABAJADORAS, EMPLEOS O SECTORES DE ACTIVIDAD. 5. LA IGUALDAD DE TRATO Y NO DISCRIMINACIÓN EN EL EMPLEO EN RELACIÓN CON COLECTIVOS ESPECIALES DE PERSONAS TRABAJADORAS. **VI. LA AUTOREGULACIÓN DEL SALARIO EN LAS GRANDES EMPRESAS, ESPECIALMENTE MULTINACIONALES, Y EN REDES TRASNACIONALES. VII. CONCLUSIONES.** 1. UNA AMPLIA VARIEDAD DE FUENTES DE REGULACIÓN JURÍDICA, DE DISTINTO ORIGEN Y TIPO. 2. EL RESPETO A LOS DERECHOS HUMANOS COMO LÍMITE A LA LIBRE REGULACIÓN DE LOS MERCADOS Y SU IMPACTO EN LA FIJACIÓN DE MÍNIMOS RELACIONADOS CON EL TRABAJO DECENTE Y EL SALARIO. 3. LOS LÍMITES DE LAS NORMAS INTERNACIONALES PARA ASEGURAR LOS MÍNIMOS LABORALES (INCLUIDO EL SALARIO) Y EL MECANISMO ALTERNATIVO DE LA AUTORREGULACIÓN EMPRESARIAL

I. LA OIT COMO PROVEEDORA DE UNA REGULACIÓN MÍNIMA EN MATERIA DE SALARIO Y TRABAJO DECENTE

Como Agencia Especializada en materia de Derecho Laboral perteneciente a Naciones Unidas, la Organización Internacional del Trabajo, en adelante OIT, está formada por Estados, representantes de las asociaciones empresariales y representantes de las personas trabajadoras de hasta 187 países distintos. Lo que le asegura una fuerte capacidad para influir en la regulación de las relaciones laborales globalizadas, por desarrollarse estas prestaciones de servicios, firmarse estos contratos de trabajo o localizarse la empresa, en distintos Estados.

Cuatros son los instrumentos normativos distintos empleados habitualmente por la OIT para la regulación de las condiciones laborales, que tienen, como se sabe y se podrá comprobar a continuación, distinta eficacia jurídica, teniendo una diferente capacidad para influir por este motivo en la regulación del salario de las relaciones laborales globalizadas. De un lado, los conocidos como Convenios de la OIT, que tienen carácter vinculante para los Estados que lo han ratificado, lo que facilita la fijación de unas condiciones mínimas laborales comunes a todos los Estados asociados, teniendo una fuerte capacidad para influir en la regulación del salario de las relaciones laborales por esta razón. Por otro lado, los denominados como Protocolos de la OIT, que parten de un Convenio de la OIT preexistente y resultan igualmente vinculantes para aquellos Estados que ratificaron el Convenio de la OIT al que completa, teniendo como finalidad favorecer su aplicación frente a los posibles cambios (sociales, económicos, normativos) o a los eventuales obstáculos que encuentren en su aplicación, por lo que igualmente tiene una fuerte capacidad para influir en la regulación del salario de las relaciones laborales globalizadas. Tercero, las conocidas como Recomendaciones de la OIT, que tiene una finalidad más programática, de concreción en muchas ocasiones de las materias reguladas en los Convenios de la OIT, siendo frecuente que acompañen a éstos. Finalmente, las conocidas como Declaraciones de la OIT, que afianzan derechos laborales básicos, en algunas ocasiones fundamentales.

En materia salarial, se encuentran actualmente en activos hasta tres Convenio de la OIT distintos sobre salario, que se han acompañan igualmente de tres Recomendaciones de la OIT diferentes relativas al salario, encontrándose pendiente de actualización otros dos Convenios y Recomendaciones de la OIT en materia igualmente salarial. Lo que acredita la importancia de la regulación del salario a lo largo de la historia de la OIT (CAMPS RUIZ, 2020, pp. 249-278; MANEIRO VÁZQUEZ, 2020). Si bien, los Protocolos de la OIT adoptados hasta la fecha se refieren a otras materias distintas al salario: Protocolo de la OIT nº 29 (2014), relativo al Convenio de la OIT nº 29 sobre el trabajo forzoso (1930); Protocolo nº 81 (1995), relativo al Convenio de la OIT nº 81 sobre la Inspección del Trabajo (1947); Protocolo de la OIT nº 89 (1990), relativo al Convenio (revisado) de la OIT nº 89 sobre el trabajo nocturno (mujeres) (1948); Protocolo de la OIT nº 110 (1982), relativo al Convenio de la OIT nº 110 sobre las plantaciones (1958); Protocolo (retirado) de la OIT nº 47 de 1996, relativo al Convenio de la OIT nº 147 sobre la marina mercante (normas mínimas) (1976) y Protocolo de la OIT nº 155 (2002), relativo al Convenio de la OIT nº 155 sobre seguridad y salud de los trabajadores (1981).

Nos referimos, respecto de los Convenios y Recomendaciones de la OIT que están vigentes en la actualidad, a los siguientes textos, que serán analizados en este apartado: el Convenio de la OIT nº 95 sobre la protección del salario (1949), la Recomendación de la OIT nº 85 sobre la protección del salario (1949), el Convenio de la OIT nº 131 sobre la fijación de salarios mínimos (1970), la Recomendación de la OIT nº 135 sobre la fijación de salarios mínimos (1970), el Convenio de la OIT nº 173 sobre la protección de los créditos laborales en caso de insolvencia del empleador (1992), así como la Recomendación de la OIT nº 180 sobre la protección de los créditos laborales en caso de insolvencia del empleador (1992). Y, como se ha avanzado, están pendientes de actualización los siguientes textos relativos igualmente a la materia analizada en la presente monografía: el Convenio de la OIT nº 26 sobre los métodos para la fijación de salarios mínimos (1928), la Recomendación de la OIT nº 30 sobre los métodos para la fijación de salarios mínimos (1928), el Convenio de la OIT nº 99 sobre los métodos para la fijación de salarios mínimos en la agricultura (1953), así como la Recomendación de la OIT nº 89 sobre los métodos para la fijación de salarios mínimos en la agricultura (1951).

Las disposiciones que se analizarán sobre el salario engarzan tanto con el Pacto Global de Naciones Unidas (2000) como con el Programa de "Transformar nuestro mundo: la Agenda 2030 para el Desarrollo Sostenible" (2015), que realizan un llamamiento a las empresas para contribuir al aseguramiento de entornos laborales socialmente responsables y sostenibles. Se crea así un nuevo concepto de referencia para la construcción de las relaciones laborales: el trabajo decente, que tanta relevancia tiene como forma de contener los efectos más perniciosos de la globalización (GONZÁLEZ-POSADAS MARTÍNEZ, 2020, p. 555), que acentúan la mercantilización del trabajo.

Dentro del concepto de trabajo decente, se encuentra, sin dudas, la protección del salario de las personas trabajadoras (MONEREO PÉREZ y LÓPEZ INSUA, 2015; MOLINA NAVARRETE, 2019, p. 14). Lo que resulta de aplicación a las relaciones laborales globalizadas, a la que contribuye la OIT con el "modelo de estándar mundial" de las condiciones de trabajo (MONEREO PÉREZ y LÓPEZ INSUA, 2015). De hecho, el origen del concepto de trabajo decente se encuentra en el Informe a la 87ª Conferencia General de la OIT (1999), que lo define como un "trabajo productivo desarrollado en condiciones de libertad, equidad, seguridad y dignidad, en el cual los derechos son protegidos y que cuenta con remuneración adecuada y protección social".

Así, el concepto de trabajo decente incluiría, respecto del salario debido a la persona trabajadora, la percepción periódica de una retribución (MOLINA NAVARRETE, 2019, p. 14), la garantía de un salario mínimo que sea suficiente (MONEREO PÉREZ y LÓPEZ INSUA, 2015; MOLINA NAVARRETE, 2019, p. 14), incluso en situaciones de insolvencia empresarial (MOLINA NAVARRETE, 2019, p. 14), así como la remuneración sobre la base de criterios ausentes de discriminación, que garanticen el mismo salario para trabajos de igual valor (MONEREO PÉREZ y LÓPEZ INSUA, 2015; MOLINA NAVARRETE, 2019, p. 14). Todo lo que justifica la selección de las materias realizadas para el análisis en el presente trabajo, que serán estudiadas a continuación, teniendo siempre en cuenta su capacidad para regular el salario en las relaciones laborales globalizadas.

De los textos citados anteriormente que serán objeto de análisis en el presente capítulo, cabe destacar que se tratan de regulaciones presentes desde los inicios de la OIT, lo que acredita su relevancia a los efectos de incidir en la regulación de las relaciones laborales globalizadas. Si bien, como aspecto más negativo a los efectos que interesan destacar en este trabajo, que es el análisis de la OIT como proveedor de un marco regulatorio para las relaciones laborales globalizadas con impacto en el salario, debe subrayarse que se tratan de regulaciones antiguas, que se han mantenido estables en el tiempo.

Por lo que existe un escaso tratamiento del salario en las relaciones laborales globalizadas, como podremos comprobar en el presente trabajo. Pues estos textos jurídicos responden a la realidad laboral predominante de la OIT en sus inicios (grandes empresas localizadas en un territorio), que es distinta a la actual (fuerte presencia de multinacionales que deslocalizan su actividad, empleando en muchas ocasiones la nueva tecnología para comunicarse con la persona trabajadora o para desempeñar la actividad laboral). Por lo que cabe destacar la ausencia de temas relevantes como la externalización actividades empresariales, que tanta importancia tiene en la actualidad y que justifica una buena parte de la globalización, la responsabilidad de las empresas ante distintas regulaciones o la coordinación entre diferentes Estados cuando la prestación de servicios se realiza como resultado de la globalización.

Sin perjuicio de la función tan relevante que la OIT realiza para la fijación de estándares comunes en materia de condiciones laborales y en consecuencia de regulación del salario, que serán aplicables a todas las personas trabajadoras, con independencia de los Estados donde la persona trabajadora desarrolle la prestación de servicios o tenga vínculos profesionales con ocasión del desempeño de su actividad laboral.

A estos efectos, el marco de la OIT ha entrado a regular cuestiones relativas a la propia definición del salario, a la finalidad que cumple, a la forma de fijación, a su documentación periódica o a las obligaciones relativas a la información a los representantes de las personas trabajadoras, así como a las garantías para su cobro efectivo por parte de la persona trabajadora. Dentro de lo que cabe incluir aquellas normas de la OIT relativas al tiempo de trabajo, por la fuerte vinculación aún existente entre el salario y la unidad de trabajo por horas en la fijación de la cuantía a pagar por la realización de la prestación de servicios. Tales son aquellas que aseguran el abono del salario durante el período vacacional, lo que no solo contribuyen a garantizar el disfrute efectivo de las vacaciones de la persona trabajadora, sino que igualmente establecen un mínimo a considerar por las empresas en la determinación del salario, con independencia de donde se desarrolle la prestación de servicios, de donde se celebre el contrato de trabajo o de donde tenga la empresa su sede física.

Como podremos comprobar, estos Convenios de la OIT están completados por otros específicos que se refieren a sectores de actividad concretos, a tipos de empleo específicos o a grupos sociales con ciertas particularidades en su participación laboral, que serán también analizados en un subapartado específico, a los efectos de destacar algunas de las concreciones más significativas en las materias mencionadas anteriormente. También existen numerosas disposiciones referidas a la igualdad y la no discriminación en el empleo, que han tenido, como tendremos ocasión de comprobar, un gran impacto en la fijación de mínimos respetados en las relaciones laborales globalizadas, incluso en la regulación interna de las cadenas globales de valor.

1. Salario protegido: salario en sentido estricto frente a retribución

En los Convenios de la OIT, el salario se define como la contraprestación económica por la ejecución del trabajo asalariado que la persona trabajadora realiza, lo que incluye cualquier partida retributiva asociada a la actividad concertada por las partes en el contrato de trabajo (artículo 1 del Convenio de la OIT nº 95 sobre la protección del salario, 1949; artículo 1 Convenio de la OIT nº 131 sobre la fijación de salarios mínimos, 1970). Por lo que cualquier tipo de beneficio económico que la empresa proporcione a la persona trabajadora como consecuencia de la actividad realizada entrarían dentro del concepto de salario. Todo lo que incluiría, en consecuencia, las partidas retributivas en metálico, así como en especie (artículo 4 del Convenio de la OIT nº 95 sobre la protección del salario, 1949).

Lo que tiene relevancia para las relaciones globalizadas que implican desplazamiento a otros países distintos de donde se concertó el contrato de trabajo inicialmente con la persona trabajadora, o bien donde la empresa tiene fijada su sede principal y realizan la actividad laboral la mayoría de las personas trabajadoras vinculadas a la empresa. Pues pueden acordarse compensaciones económicas adicionales a las inicialmente previstas en el contrato de trabajo o a las generalmente acordadas en la empresa, en forma precisamente de salario en especie, dirigidas a hacer más atractivo el desarrollo de la prestación de servicios.

De esta regulación, puede subrayarse que el marco normativo fijado por los Convenios de la OIT es bastante antiguo, lo que explica la ausencia de referencias expresas a la regulación del salario en el contexto de la globalización, como ya se ha indicado anteriormente. De hecho, tan solo cabe destacar, en relación con el concepto de salario fijado en los Convenios de la OIT, las concreciones que pueden extraerse respecto de las unidades de obra o servicio que serían susceptibles de compensación económica: días trabajados, permisos laborales, vacaciones y situaciones de suspensiones del contrato de trabajo con derecho al mantenimiento de la retribución reconocida.

En lo que se refiere al abono del salario por la unidad de obra o de servicio concertada, que se asocia generalmente a los días trabajados y a los permisos laborales susceptibles de compensación económica, los Convenios de la OIT sobre tiempo de trabajo fijan cuestiones de relevancia como el número de horas máxima de jornada de trabajo en cómputo diario, semanal o anual; las pausas con derecho a compensación económica; los tiempos de disponibilidad, entre otros. Esta concepción clásica del salario por unidad de obra o de servicios realizada contrasta con otras formas más nuevas de fijación de la compensación económica por la actividad laboral, asociada a los resultados o al rendimiento del trabajo efectuado, que engarzarían más con las relaciones laborales globalizadas. De ahí otra de las deficiencias de las normas de la OIT para la regulación del salario en las relaciones laborales globalizadas.

Por lo que se refiere al derecho a la retribución durante el período de vacaciones, los Convenios de la OIT nº 52 y nº 132 sobre las vacaciones pagadas (1936 y 1970, revisado) son las principales normas de referencia en lo que hace a la regulación general del salario, existiendo varios que se refieren a ciertos sectores de actividad: Convenio de la OIT nº 101 sobre las vacaciones pagadas (agricultura, 1952), Convenio de la OIT nº 146 sobre las vacaciones anuales pagadas (gente de mar, 1976) y Convenio de la OIT nº 147 sobre la marina mercante (normas mínimas, 1976).

Sendas disposiciones garantizan que la persona trabajadora reciba la remuneración habitual, incluida la retribución en especie, de acuerdo con lo previsto en la legislación nacional o en el convenio colectivo (artículo 1 del Convenio de la OIT nº 95 sobre la protección del salario, 1949; artículo 3 del Convenio de la OIT nº 52 sobre las vacaciones pagadas, 1936; artículo 7 del Convenio de la OIT nº 132 sobre las vacaciones pagadas, revisado, 1970), quedando obligada la empresa a registrar la remuneración abonada durante el período vacacional (artículo 7 del Convenio de la OIT nº 52 sobre las vacaciones pagadas, 1936; artículo 7 del Convenio de la OIT nº 132 sobre las vacaciones pagadas, revisado, 1970). Si bien, se permite la exclusión de las prestaciones permanentes disfrutadas por la persona trabajadora.

En lo que hace a las situaciones de suspensiones del contrato de trabajo con derecho al mantenimiento de la retribución reconocidas, las normas internacionales de la OIT también han tratado de garantizar el salario en el caso de suspensión del contrato de trabajo por maternidad, a través de las prestaciones de la Seguridad Social (artículo 6 del Convenio de la OIT nº183 sobre la protección de la maternidad, 2000). Incluso se establece que deberá garantizarse a la mujer el derecho a retornar al mismo puesto o a un puesto de trabajo equivalente al que viniera desempeñando, con la misma remuneración que la establecida antes de la suspensión de su contrato del contrato de trabajo. Lo que trata de evitar las repercusiones negativas de la interrupción de la prestación de servicios de trabajo por las mencionadas causas, que sí pueden ser relevantes para la fijación de estándares mínimos en las relaciones laborales globalizadas, sobre todo en aquellos países con una legislación social menos desarrollada.

Ahora bien, la regulación de la OIT establece un mínimo de 6 semanas de descanso obligatorio tras el parto, con un mínimo de 14 semanas en total, sin perjuicio de que los Estados miembros puedan establecer tiempos de descanso superiores (artículos 4.1 y 4.4 del Convenio de la OIT nº 183 sobre la protección de la maternidad, 2000). En este caso, por lo que se refiere a las relaciones laborales globalizadas, la ausencia de reglas sobre el tiempo de disfrute de las vacaciones que sean más homogéneas para todos los países con independencia del territorio donde se desarrolla la prestación de servicios, así como la posibilidad de que no exista coincidencia entre el lugar donde se desarrolla la prestación de servicios, donde se ha firmado el contrato o donde tiene la sede de la empresa, pueden obstaculizar el aseguramiento de un mínimo común de protección en todos los Estados integrados en la OIT.

Lo mismo puede afirmarse respecto del Convenio de la OIT n° 140 sobre la licencia pagada de estudios (1974), que igualmente garantiza la formación de la persona trabajadora, como derecho inherente a la relación de trabajo, contribuyendo de esta forma al establecimiento de un marco regulador de carácter mínimo. Lo que resulta relevante en el caso de las relaciones laborales globalizadas, por la diferencia de regulación que puede existir en los distintos Estados, incluso entre los que han ratificado un mayor número de Convenios de la OIT. También porque generalmente las personas trabajadoras suelen precisar de más formación para la actualización de sus conocimientos en el caso de las relaciones laborales globalizadas, por la necesidad de adaptarse a países distintos donde se concertó la prestación de servicios, o bien donde la empresa tiene su sede principal y desarrollan la actividad la mayoría de las personas trabajadoras. En todo caso, tampoco se encuentra totalmente garantizado el derecho al salario en estos casos, por las razones indicadas anteriormente.

Más confusa resulta la regulación en cuanto a los descuentos del salario por daños en los bienes empresariales, que se limitan en los artículos 1 a 3 de la Recomendación de la OIT n° 85 sobre la protección del salario (1949). Lo que puede provocar una importante falta de seguridad jurídica para aquellas personas trabajadoras que se desplacen en el marco de una relación laboral a otros países, exponiendo las herramientas de trabajo de esta forma a un mayor riesgo de que se produzcan daños, sin que se haya tenido en cuenta la especificidad, pese a su importancia, en el caso de las personas trabajadoras en las relaciones laborales globalizadas.

2. Finalidad y criterios de fijación del salario mínimo

La finalidad del salario es garantizar el sustento económico de la persona trabajadora y de su familia, como contrapartida a la prestación de servicios realizada (artículos 4.2.a y 10.2 del Convenio de la OIT nº 95 sobre la protección del salario, 1949; artículo 3 Convenio OIT nº 131 sobre la fijación de salarios mínimos, 1970). Para lo que el artículo 3 del Convenio de la OIT nº 131 sobre la fijación de salarios mínimos (1970) establece concretamente que se tendrá en cuenta las prácticas y las condiciones nacionales, sin disponer lo que sucede cuando no existe coincidencia entre el país de residencia de la persona trabajadora y la ubicación de la sede principal de la empresa. Pese a que el precepto se refiere, entre otros factores para la fijación de lo que debe abonar la empresa por la contraprestación de los servicios realizada por la persona trabajadora, al "nivel general de salarios en el país, al costo de vida, a las prestaciones de seguridad social y del nivel de vida relativo de otros grupos sociales", así como a los "los factores económicos, incluidos los requerimientos del desarrollo económico, los niveles de productividad y la conveniencia de alcanzar y mantener un alto nivel de empleo". A lo que debe sumarse las previsiones contenidas en la Recomendación de la OIT nº 115 sobre la vivienda de los trabajadores (1961), relativas al incremento salarial para la cobertura de los gastos de alojamiento.

En este sentido, es preciso tener en cuenta que las cuatro normas de la OIT pendientes de actualización, a las que se ha hecho referencia anteriormente y que se citan a continuación, tratan precisamente sobre la fijación de los métodos para determinar el salario mínimo en sectores específicos de actividad, lo que acredita su importancia para avanzar en la concreción de unos mínimos en materia salarial, aplicables a las relaciones laborales globalizadas. Concretamente, el Convenio de la OIT nº 26 y la Recomendación de la OIT nº 30 sobre los métodos para la fijación de los salarios mínimos (1928) se refieren a la industria, mientras que el Convenio de la OIT n° 99 y la Recomendación de la OIT n° 89 sobre los métodos para la fijación de salarios mínimos (1951) se refieren a la agricultura.

Y ante la ausencia de disposiciones en los Convenios de la OIT que profundicen sobre los criterios para la fijación del salario en general y más particularmente en lo que hace a las relaciones laborales globalizadas, resulta reseñable algunas previsiones dispuestas en las Recomendaciones de la OIT. Concretamente, existen algunas referencias a la posibilidad de que el salario se fije en función de la aportación de la persona trabajadora a la empresa, aunque se recomienda que sean excepcionales las diferencias entre personas trabajadoras que realicen trabajos de igual valor; así como se admite el establecimiento de diferencias en función de la región o de la zona donde se realiza la prestación de servicios, siempre que se vincule con el coste de la vida (artículos 4 y 5 de la Recomendación de la OIT n° 135 sobre la fijación de salarios mínimos, 1970).

El establecimiento de unas reglas mínimas para la determinación del salario tiene especial relevancia en el caso de las relaciones laborales globalizadas, por las dificultades de regular esta materia únicamente con la intervención de los Estados, especialmente la fijación de reglas que al menos garantizaran la adecuación del salario al nivel de vida del lugar (o de los lugares) donde se ejecuta la prestación de servicios, sin lugar a dudas, podría asegurar el respeto de ciertos mínimos por parte de todas las empresas que operan globalmente. Al margen de la mejora que supondría que se garantizara, cuando el nivel de riqueza económica del país donde la empresa tiene su sede principal o donde se recibe principalmente el producto es mayor que el nivel de riqueza del lugar de residencia de la persona trabajadora, cierta redistribución de la riqueza generada por la empresa hacia la persona trabajador y hacia el entorno.

En todo caso, la regulación de la OIT sí dispone, con el objetivo de garantizar que el salario acordado por la empresa y la persona trabajadora cumple con la finalidad de garantizar el sustento de la persona trabajadora y de su familia, que el salario debe pagarse en moneda de curso legal. Lo que evita el pago de las cantidades salariales adeudadas a través de pagarés o de cupones, que podrían comprometer el efectivo cobro de las cantidades adeudadas, admitiéndose el pago por cheque bancario o por giro postal contra la entidad bancaria, por las garantías de cobro con las que cuentan estos mecanismos de pago, incluso en el plano internacional (artículo 3 del Convenio de la OIT nº 95 sobre la protección del salario, 1949).

En el caso de las relaciones laborales globalizadas, la referencia a que el salario debe abonarse en "moneda de curso legal" impediría su pago en principio con criptomonedas, o en términos más generales y como si se tratase de pago en especie, en criptoactivos o en token. Pese a que las relaciones globalizadas generalmente también suelen caracterizarse por una mayor vinculación con el uso de las nuevas tecnologías, adaptándose más a estas nuevas formas de pago. Lo que supone otra importante falta de adaptación de las normas de la OIT a la realidad de las relaciones laborales globalizadas.

Dejando al margen esta cuestión que encuentra obstáculos por la certidumbre del valor de estos medios de pago y su volatilidad, otro problema es si la "moneda de curso legal" con la que debe pagarse a la persona trabajadora corresponde a la del país donde desarrolla la prestación de servicios, donde se ha suscrito el contrato de trabajo o donde la empresa tiene su sede principal. Por lo que nuevamente nos encontramos con importantes lagunas en los textos de la OIT, que son consecuencia de la falta de adaptación de la regulación analizada a las nuevas realidades empresariales, pese a la relevancia que tendría la existencia de criterios concretos aplicables a todas las empresas que operan globalmente.

Pues incluso muchas personas trabajadoras que realizan su prestación de servicios en empresas con sedes fijas, localizadas en un único Estado en consecuencia, pueden precisar de forma puntual, como resultado de la globalización y de las oportunidades que ofrece para la expansión de las empresas los mercados internacionales, el desplazamiento hacia otros Estados distintos del lugar donde se ha acordado inicialmente el desarrollo de la prestación de servicios, donde se ha firmado el contrato de trabajo o donde la empresa tiene su sede principal. Por lo que sería conveniente disponer de reglas internacionales que fijaran más claramente un mínimo de protección, con independencia de donde se efectúa el desplazamiento, garantizando que la persona trabajadora mantiene, e incluso mejora si esto resultara posible, sus condiciones económicas, cuando se producen cambios en el lugar donde desarrolla su prestación de servicios.

3. Garantías del salario: forma de pago, obligaciones de documentación y protección frente a insolvencias

Los Convenio de la OIT contienen algunas previsiones importantes relativas a la garantía del pago del salario, aunque su regulación tampoco efectúa referencias concretas a las relaciones laborales globalizadas, ni garantizan realmente el abono efectivo del salario, sino que son normas de carácter general, aplicables a todas las relaciones laborales de los países que hayan ratificado estos textos internacionales.

En concreto, los Convenios de la OIT contienen normas específicas dirigidas a garantizar el pago directo del salario a la persona trabajadora asalariada, el abono del salario en ciertos períodos concretos de tiempo, la percepción íntegra del salario mediante la limitación de los descuentos que la empresa puede efectuar sobre la cantidad salarial acordada con la persona trabajadora por el desarrollo de la prestación de servicios, la inembargabilidad del salario acordado por las partes (artículos 9, 10 y 12 del Convenio OIT nº 95 sobre la protección del salario, 1949), e incluso el abono del salario en caso de insolvencia empresarial (artículo 11 del Convenio OIT nº 95 sobre la protección del salario, 1949; Convenio OIT nº 173 sobre la protección de los créditos laborales en caso de insolvencia del empleador, 1992).

Del mismo modo, por lo que se refiere a las personas trabajadoras migrantes, también existen previsiones relevantes que garantizan la percepción de la retribución pactada, facilitando que el desplazamiento no le suponga a la persona trabajadora un coste adicional. Así el anexo III del Convenio de la OIT nº 97 sobre los trabajadores migrantes (revisado, 1949) establece previsiones concretas para facilitar la importación de efectos personales, incluidos los pertenecientes a la familia de la persona trabajadora que haya sido autorizada al desplazamiento. También aquellos gastos vinculados a las herramientas y a los equipos de trabajo de las personas trabajadoras migrantes. Con ello se trata de evitar los gastos impositivos, tanto a la entrada como a la salida, ya sea en desplazamiento de acompañamiento como en visitas, a la persona trabajadora migrante. Lo que repercute positivamente en la garantía del salario en las relaciones laborales globalizadas que impliquen desplazamiento de la persona trabajadora.

No obstante, la forma de pago del salario se encuentra escasamente regulada en esta norma de la OIT, disponiéndose algunas condiciones cuando se realice en la empresa, que abarcan la prohibición de que se efectúe el pago del salario en ciertos lugares (artículo 13 del Convenio de la OIT nº 95 sobre la protección del salario, 1949). Pero sin que se regule el pago a través de cuenta bancaria, pese a la importancia que tiene no solo con carácter general para todas las personas trabajadoras en la actualidad, sino también para las relaciones globalizadas, que utilizan más intensivamente la tecnología para la comunicación o el cumplimiento de las obligaciones, incluso empresariales. Pues resultaría necesario que se establecieran reglas específicas para garantizar el pago del salario cuando el trabajo se desarrolla en un espacio distinto al lugar donde acordado inicialmente la prestación de servicios, se ha suscrito el contrato de trabajo o la empresa tiene su sede principal. Lo que resulta muy frecuente en el caso de las relaciones laborales globalizadas.

De hecho, tan solo el artículo 9 del Convenio de la OIT nº 97 sobre los trabajadores migrantes (revisado, 1949) contiene una referencia relevante respecto de esta cuestión, por cuanto se dispone que los Estados a los que les resulte de aplicación este Convenio de la OIT se encuentran obligados a permitir, respetando los límites nacionales relativos a la importación/exportación de las divisas, que las personas trabajadoras puedan transferir las ganancias obtenidas por el desarrollo de la prestación de servicios que deseen. Si bien, esta regulación no resulta aplicable a las personas trabajadoras fronterizas, a los que efectúen entradas por un corto período de tiempo, como es el caso de los artistas y de las personas que ejercen actividades liberales, así como a las personas trabajadoras del mar, de acuerdo con lo previsto en el artículo 11 del Convenio de la OIT nº 97 sobre los trabajadores migrantes (revisado, 1949).

Todo lo que nuevamente muestra la falta de adecuación de la regulación de la OIT a la realidad de las empresas globalizadas. Pues el abono del salario generalmente, por tratarse usualmente de empresas de grandes dimensiones y llevarse a cabo la prestación de servicios en diferentes Estados, se realizará mediante transferencia bancaria.

También existen algunas referencias a la periodicidad del pago del salario acordado con la persona trabajadora en las Recomendaciones de la OIT, que se concretan en la obligación empresarial de que se produzca el abono del salario dos veces al mes cuando la retribución se calcule por días, por horas o por semanas. Lo que también es relevante en el caso de las relaciones laborales globalizadas, por la importancia que el trabajo por proyectos o por unidades de obra tienen en estos entornos, siendo la misma regla en el caso de los trabajos a destajo o de los trabajos fijados por rendimiento (artículos 4 y 5 de la Recomendación de la OIT nº 85 sobre la protección del salario, 1949). O bien, existen igualmente reglas relativas a la periodicidad del pago del salario acordado con la persona trabajadora, que se refiere a su abono una vez al mes, cuando la retribución de las personas trabajadoras se calcule por meses o por años (artículo 4 de la Recomendación de la OIT nº 85 sobre la protección del salario, 1949).

Por último, la OIT ha fijado normas relativas a las obligaciones de información y de documentación del salario (artículo 14 del Convenio de la OIT nº 95 sobre la protección del salario, 1949), como antes avanzábamos. Lo que tiene una importancia fundamental en el caso de las relaciones laborales globalizadas, por la posibilidad de que concurran normas de países distintos en el desplazamiento de la persona trabajadora, e incluso regulaciones convencionales y/o internas de la empresa diferentes. Por ello, la obligación de informar a la persona trabajadora exactamente de sus condiciones salariales antes de que se inicie la relación laboral, prevista en el artículo 14.a del Convenio de la OIT nº 95 sobre la protección del salario (1949), que debe producirse en consecuencia antes de que suceda la contratación y el desplazamiento de la persona trabajadora, resulta de especial importancia, a los efectos de dotar de una mayor seguridad jurídica a los desplazamientos, teniendo en cuenta que resulta frecuente los cambios del lugar de trabajo en las relaciones laborales globalizadas. Como también la previsión de que se informe de los cambios en las condiciones de trabajo antes de que se produzcan (artículo 14.a del Convenio del OIT nº 95 sobre la protección del salario, 1949). Igualmente, resulta esencial que la persona trabajadora reciba puntualmente la documentación de respaldo de las cantidades adeudadas por la empresa en concepto de salario, con el detalle de los elementos que forman el salario en el período de pago considerado, como se dispone en el artículo 14.b del Convenio de la OIT nº 95 sobre la protección del salario (1949).

De hecho, el Convenio de la OIT nº 97 sobre los trabajadores migrantes (revisado, 1949), que resulta de especial relevancia para las relaciones laborales globalizadas por su capacidad para atender al menos a parte de esta realidad, dispone la obligación empresarial de hacer constar en el contrato de trabajo la remuneración mínima que se garantice a las personas trabajadoras migrantes contratadas, ya efectúen su prestación de servicios sin acuerdo o con acuerdo de contratación colectiva con control gubernamental (artículo 5 del anexo I y artículo 6 del anexo II del Convenio de la OIT nº 97 sobre los trabajadores migrantes, revisado, 1949).

Sin embargo, la regulación más detallada de la obligación empresarial de informar por escrito de las condiciones del contrato de trabajo se contiene en la Recomendación OIT nº 85 sobre la protección del salario, 1949; sin que se haya reflejado en los Convenios de la OIT generales. Concretamente, esta norma dispone la obligación empresarial de notificar a la persona trabajadora la tasa de los salarios, el método para calcular los salarios, la periodicidad de los pagos, el lugar de pago o la condiciones en la que pueden las empresas efectuar los descuentos sobre el salario acordado (artículo 6 de la Recomendación OIT nº 85 sobre la protección del salario, 1949), que se amplían incluso respecto de la información sobre las tasas de los salarios en el artículo 7 de la Recomendación de la OIT nº 135 sobre la fijación de salarios mínimos (1970), concretamente en los apartados III y IV. También establece la obligación empresarial de informar, en relación con los pagos efectuados, sobre el importe bruto del salario, sobre cualquier descuento que se haya efectuado con la indicación de la cuantía y de la causa, así como sobre el importe neto del salario debido a la persona trabajadora (artículo 7 de la Recomendación de la OIT nº 85 sobre la protección del salario, 1949). Y contiene una referencia general a la conveniencia de que las empresas cuenten con un registro retributivo, aunque sin especificar cuándo resulta obligatorio implementarlo, concretando únicamente que su funcionalidad será registrar, por cada una de las personas trabajadoras, los conceptos mencionados anteriormente: "(a) el importe bruto del salario ganado; (b) cualquier descuento que se haya hecho, con indicación de sus motivos y su cuantía; (c) el importe neto del salario debido" (artículo 7 de la Recomendación OIT nº 85 sobre la protección del salario, 1949).

Todas las mencionadas garantías del salario deben extenderse durante toda vigencia de la relación laboral, existiendo previsiones específicas respecto de la obligación empresarial de que se liquide, tras la extinción del contrato de trabajo de la persona trabajadora, en un plazo razonable, las cantidades debidas en concepto de salario (artículo 12.2 Convenio de la OIT nº 95 sobre la protección del salario, 1949). En este sentido, el artículo 5.2 de la Recomendación OIT nº 85 sobre la protección del salario (1949) dispone una regla general, sin vinculación directa con la extinción del contrato, pero que puede entenderse aplicable, que obligaría a las empresas a la liquidación del salario de la persona trabajadora en el plazo máximo de 15 días desde la finalización de la tarea encomendada. Todo lo que facilita la movilidad de la persona trabajadora a otras empresas, siendo especialmente relevante en el caso de las relaciones laborales globalizadas, que se caracteriza muy frecuentemente por la necesidad de desplazamiento a otros países del inicialmente acordado como lugar para el desarrollo de la prestación de servicios, así como por la temporalidad de los vínculos contractuales y en consecuencia por la mayor frecuencia con la que se produce la transición de un empleo a otro.

4. Especialidades para determinados tipos de sectores, empleos y personas trabajadoras

El marco normativo de la OIT permite realizar la exclusión de ciertos sectores de actividad, de determinados tipos de empleo y de algunas personas trabajadoras de la regulación mínima dispuesta en sus textos, lo que afecta también a los mínimos recogidos respecto del salario. Incluso en el caso de las disposiciones fijadas por los Convenios de la OIT, pese su obligatoriedad en caso de ratificación y a su finalidad de disponer un marco mínimo común para todos los Estados que se adhieran.

Así se excluye de la aplicación de los Convenios de la OIT generales sobre salario a los "trabajos manuales", a quienes prestan "servicio doméstico" o a quienes realizan actividades "en trabajos análogos", a ciertas personas trabajadoras aunque no se especifica a quiénes siempre que se determinen por los países (artículo 2 del Convenio de la OIT nº 95 sobre la protección del salario, 1949; artículo 1 Convenio de la OIT nº 131 sobre la fijación de salarios mínimos, 1970), así como a concretos sectores de actividad (artículo 3.4 del Convenio de la OIT nº 173 sobre la protección de los créditos laborales en caso de insolvencia del empleador, 1992), como son la industria (Convenio de la OIT nº 26 y Recomendación OIT nº 30 sobre los métodos para la fijación de salarios mínimos, 1928), la agricultura (Convenio de la OIT nº 99 y la Recomendación de la OIT nº 89 sobre los métodos para la fijación de salarios mínimos, 1951) o el trabajo en el mar (Convenios de la OIT nº 76, 93, 109 y 180 sobre los salarios, las horas de trabajo a bordo y la dotación, 1946, 1949, 1958 y 1996, que han sido revidados por el Convenio sobre trabajo marítimo, MLC, 2006; Convenio de la OIT nº 188 sobre el trabajo en la pesca, 2007).

Otros sectores de actividad cuentan con regulaciones específicas, como son el trabajo en hoteles y en restaurantes (Convenio de la OIT nº 172 sobre las condiciones de trabajo, hoteles y restaurantes, 1991), el trabajo a domicilio (Convenio de la OIT nº 177 sobre el trabajo a domicilio, 1996), el trabajo doméstico (Convenio de la OIT nº 189 sobre las trabajadoras y trabajadores domésticos, 2011), el trabajo en plantaciones (Convenio de la OIT nº 110 sobre las plantaciones, 1958) o el trabajo nocturno (Convenio de la OIT nº 171 y Recomendación de la OIT nº 178 sobre el trabajo nocturno, 1990).

En todo caso, los textos de la OIT han dispuesto que el tiempo de trabajo solo puede justificar diferencias de trato entre personas trabajadoras a tiempo completo y personas trabajadoras a tiempo parcial, siempre que se respete el principio de proporcionalidad, como se extrae del artículo 5 del Convenio de la OIT nº 175 sobre trabajo tiempo parcial (1994) y del artículo 2.10 de la Recomendación de la OIT nº 182 sobre trabajo tiempo parcial (1994). Este mínimo laboral, que se replica en la mayoría de las legislaciones laborales, resulta de relevancia en el caso de las relaciones laborales globalizadas, por la flexibilidad que se presupone a quienes desarrollan su actividad en el marco de las relaciones laborales globalizadas, e incluso por la posibilidad de que los desplazamientos de las personas trabajadoras motiven contrataciones temporales con una dedicación inferior a la jornada completa en términos anuales.

En todo caso, resulta igualmente de interés la Recomendación de la OIT nº 116 sobre la reducción de la duración del trabajo (1962), que contiene importantes previsiones dirigidas a minorar el número de horas de la prestación de servicios, sin que esta reducción tenga una negativa repercusión en el salario de las personas trabajadoras, cuando exceda de las 48 horas estipuladas como máximo recomendable en ese mismo texto, aunque todo ello queda condicionado al nivel de desarrollo alcanzado en el país donde se realiza la prestación de servicios.

Igualmente, como se ha podido comprobar en los anteriores apartados del presente capítulo, existen previsiones específicas para las personas trabajadoras migrantes (Convenios de la OIT nº 97 y 143 sobre los trabajadores migrantes, revisado, 1949, 1975), aunque las disposiciones específicas relativas al salario son realmente pocas en número, como se ha podido comprobar, pese a la importancia que tendría alcanzar una mayor concreción, respecto de la protección del salario y el respeto de una cuantía mínima retributiva, en el caso de las relaciones laborales globalizadas. Lo mismo puede afirmarse en el caso de las personas trabajadoras que realizan su prestación de servicios en un lugar fijo, pero no proporcionado por la empresa (Convenio de la OIT nº 177 sobre el trabajo a domicilio, 1996), que también tiene una importancia destacada en relación con las relaciones laborales globalizadas, aunque tampoco existen disposiciones relevantes al respecto, pudiendo únicamente destacarse el reconocimiento de la igualdad retributiva (artículo 4.2.d del Convenio OIT nº 177 sobre el trabajo a domicilio, 1996). O puede subrayarse también la ausencia de una regulación específica sobre las personas trabajadoras en plataformas digitales. Lo que permite llamar la atención acerca de cómo la OIT ha ido perdiendo capacidad en la regulación de las nuevas relaciones laborales, incluida la globalización. De hecho, algunos textos recientes, que suponen un avance en cuanto al modelo clásico de relación laboral en grandes empresas, tan solo contienen referencias generales a la legislación laboral adecuada y a las actividades remuneradas, como se extrae de los artículos 2.b y 5.b de la Recomendación de la OIT nº 189 sobre la creación de empleos en las pequeñas y medianas empresas (1998).

Igualmente, la OIT ha adoptado diversos textos relativos a la protección de las personas trabajadoras que forman parte de colectivos específicos, aunque estos textos únicamente tienen especial relevancia en materia de prevención de riesgos laborales, salvo los artículos 10 y 15 de la Recomendación de la OIT nº 104 sobre poblaciones indígenas y tribuales (1957), que contienen algunas previsiones específicas en materia salarial, recogidas también en su mayoría en los Convenios de la OIT, dirigidas a la protección especial de este grupo social.

Así puede deducirse, en lo que hace al empleo de las personas trabajadoras jóvenes, cuyo salario se ha fijado de manera directa en ocasiones en una cuantía inferior a la estipulada para el resto de las personas trabajadoras, o de forma indirecta resulta frecuente que se fije en una cuantía inferior, sobre todo cuando se vincula a los contratos formativos. En este aspecto, puede observarse que son muchos los Convenios de la OIT que establecen previsiones relativas a la protección de la salud de las personas jóvenes, pudiendo destacarse entre ellos: el Convenio de la OIT nº 138 y la Recomendación de la OIT nº 146 sobre la edad mínima (1973), el Convenio de la OIT nº 182 y la Recomendación de la OIT nº 190 sobre peores formas de trabajo infantil (1999), el Convenio de la OIT nº 124 sobre el examen médico de los menores (trabajo subterráneo) (1965) y la Recomendación de la OIT nº 125 sobre las condiciones de empleo de los menores (trabajos subterráneos) (1965), así como la Recomendación de la OIT nº 79 sobre el examen médico de aptitud para el empleo de los menores (1946).

Frente a esta amplia regulación de la protección de la salud de las personas jóvenes trabajadoras, los textos de la OIT tan solo contienen referencias generales en materia de salario, dirigidas a asegurar la igualdad retributiva en trabajos de igual valor (artículo 13.1.a Recomendación OIT nº 146 sobre la edad mínima (1973), que obviamente resultan de aplicación a las relaciones laborales globalizadas, pero que son insuficientes para garantizar la protección del salario de las personas trabajadoras jóvenes. A estos efectos, el artículo 16.a de la Recomendación de la OIT nº 208 sobre aprendizajes de calidad (2023), que se destaca aquí por su conexión con el empleo de las personas jóvenes, dispone que los Estados deben asegurar que los aprendices perciben una remuneración adecuada, con posibilidad de incrementar la cuantía en las diferentes etapas del aprendizaje, como reflejo de la adquisición de las competencias.

Por lo que las relaciones laborales de las personas jóvenes que participen en la globalización deberán regirse por las reglas generales analizadas en los anteriores apartados, evitando la introducción de diferencias de trato que entrañen una discriminación directa o indirecta en su empleo, al tratarse la edad de un factor de diferenciación tutelado expresamente, que únicamente admite diferencias de trato cuando existan razones que lo justifiquen.

En la misma dirección, por lo que se refiere a las personas con discapacidad, el Convenio de la OIT nº 159 sobre la readaptación profesional y el empleo (personas inválidas) (1983), así como las Recomendaciones de la OIT nº 99 y nº 168 sobre la adaptación y la readaptación profesionales de los inválidos (1955 y 1983) igualmente contienen previsiones en relación con la salud de este grupo poblacional. Pero sin concretar nada al respecto del salario, ni de las relaciones laborales globalizadas. Tan solo las alusiones al derecho a la no discriminación laboral que los citados textos contienen pueden entenderse como una protección general para este grupo social, aplicable a las relaciones laborales globalizadas.

Igualmente, en lo relativo al empleo de las mujeres, el Convenio OIT nº 183 y la Recomendación OIT nº 191 sobre protección de la maternidad (2000) se refiere a la tutela de la salud de las mujeres, pudiendo encontrarse referencias en relación con la igualdad y no discriminación salarial en las disposiciones que se analizarán en el siguiente apartado, que suponen igualmente una protección general para este grupo social, extensible a las relaciones laborales globalizadas, aunque igualmente con importantes carencias, como veremos en el siguiente apartado, para impactar de forma directa en la regulación del salario.

En idénticos términos, el Convenio OIT nº 165 sobre los trabajadores con responsabilidades familiares (1981), como un ejemplo más de las regulaciones específicas de las normas internacionales de la OIT dirigidas a proteger a colectivos con dificultades de participación laboral, únicamente contiene referencias generales a la no discriminación laboral por este concreto factor de diferenciación, que se extienden a la igualdad retributiva y a la no discriminación salarial, siendo de aplicación a las relaciones laborales globalizadas.

5. Igualdad de trato y no discriminación en el empleo como motor para el avance de la protección del salario

La OIT ha dictado algunas normas con gran relevancia e impacto respecto de la igualdad salarial, lo que resulta de interés también en el caso de las relaciones laborales globalizadas, donde la brecha salarial es una manifestación evidente de los obstáculos de la participación laboral femenina en el empleo.

A este respecto, el marco normativo de la OIT dispone la obligación empresarial de establecer sistemas de fijación de la retribución basados en el principio de igual retribución a trabajos de igual valor (artículo 2 del Convenio de la OIT nº 100 sobre igualdad de remuneración, 1951). Lo que también resultaría aplicable a las otras causas de discriminación especificadas en el Convenio de la OIT nº 111 contra la discriminación, empleo y ocupación (1958), entre las que se encuentra muchas de las mencionadas en el anterior apartado, que han determinado medidas específicas para las personas jóvenes y las mujeres.

En particular, la no discriminación por razón de sexo entre las mujeres y los hombres impone que estas diferencias de trato no afecten a ninguna de las partidas retributivas, incluyendo el salario base o cualquier otra percepción. Por lo que se refieren no solo el concepto de salario en sentido estricto, sino de una forma mucho más amplia a la retribución (artículo 1 del Convenio de la OIT nº 100 sobre igualdad de remuneración, 1951). Para ello, las empresas deben establecer métodos para fijar el salario que sean respetuosos con la igual retribución a trabajos de igual valor, lo que permite la existencia de diferencias retributivas siempre que estén basadas en diferencias objetivas (artículos 2 y 3 del Convenio de la OIT nº 100 sobre igualdad de remuneración, 1951). Igualmente, se recomienda la adopción de medidas en materia acceso en condiciones de igualdad a las todas las profesiones; de orientación profesional, de formación profesional y de colocación y de servicios para facilitar la conciliación de la vida laboral y familiar (artículo 6 de la Recomendación de la OIT º 90 sobre igualdad de remuneración (1951). Transitoriamente, se acepta la existencia de diferencias hasta alcanzar progresivamente la igualdad retributiva entre mujeres y hombres (artículo 4 de la Recomendación de la OIT º 90 sobre igualdad de remuneración, 1951).

Todo lo que tiene una gran relevancia en el caso de las relaciones laborales globalizadas, donde se siguen detectando importantes diferencias en las condiciones de empleo y de trabajo de las mujeres, en comparación con los hombres, especialmente en las cadenas globales de valor, donde se ha producido una bajada del salario como consecuencia de la COVID-19 (TEJANI, S. and FUKUDA-PARR, S., 2021, pp. 662-663).

Junto a lo anterior, algunos textos de la OIT profundizan en la igualdad de trabajo en los colectivos mencionados en el anterior apartado. Entre ellos, la migración constituye un factor de diferenciación que aparece protegido particularmente en los Convenios de la OIT, con referencias expresas a la igualdad de trato respecto de la remuneración, incluida las horas extraordinarias o las vacaciones, así como las cotizaciones a la Seguridad Social que deben abonarse para causar las prestaciones (artículos 6 y 9 Convenios OIT nº 97 y nº 143 sobre los trabajadores migrantes, revisado, 1949, 1975).

II. OTROS TEXTOS INTERNACIONALES CON IMPACTO EN LA REGULACIÓN DEL SALARIO

Junto con los textos de la OIT anteriormente analizados, existen otros textos internacionales que también tienen una gran capacidad de impacto en la regulación del salario en las relaciones laborales globalizadas. Por lo que resulta de interés realizar un repaso a estas disposiciones, que comprenderá el estudio tanto de otros textos de Naciones Unidas como de otros sujetos internaciones, como son la OCDE.

Igualmente, se analizará la capacidad de los Estados de acordar textos de carácter internacional, lo que permitirá profundizar sobre cómo las relaciones laborales globalizadas pueden quedar reguladas mediante Tratados Internacionales o Acuerdos Multilaterales o Bilaterales entre diferentes países.

Por último, se realizará un estudio de la capacidad de las empresas internacionales y de los representantes de las personas trabajadoras de alcanzar pactos de obligado cumplimiento a nivel igualmente internacional. Lo que nos acercará a la regulación del salario en las cadenas globales de valor, que se analizará con profundidad en el capítulo 4 de la presente monografía.

Todo ello permitirá efectuar un análisis sobre las fuentes reguladoras del salario en las relaciones laborales globalizadas en el ámbito internacional, descendiendo posteriormente al estudio de las normas de la Unión Europea y de Mercosur, por tratarse ambos de los sujetos de integración suprarregional que han fijado pautas para la regulación del salario, estableciendo mínimos aplicables a las relaciones laborales globalizadas.

1. Las otras normas internacionales de Naciones Unidas con incidencia en el salario

Desde la Declaración de la OIT relativa a los Principios y Derechos Fundamentales en el trabajo de 1998, que recoge el compromiso de los distintos actores (Estados, asociaciones empresariales y sindicatos), de respetar los derechos humanos, han sido muchos los textos dirigidos a fomentar el respeto de los derechos humanos en el lugar de trabajo adoptados en Naciones Unidas, dictados al margen de los Convenios y de las Recomendaciones de la OIT estudiadas en el anterior apartado.

Muchos de ellos inciden en el respeto de unos mínimos en materia salarial, que han quedado vinculados al trabajo decente. En la mayoría de los casos, estos textos aluden a la responsabilidad social de las empresas con el entorno, fomentando que las empresas introduzcan mecanismos para la detección, el control y la corrección de prácticas contrarias al respeto de los mínimos en materia laboral dispuestos en los Convenios y en las Recomendaciones de la OIT, entre los que se encuentra, como hemos tenido ocasión de comprobar, los mínimos en materia salarial.

Entre estos otros textos internacionales adoptados en el seno de Naciones Unidas, con el fin de fomentar la Responsabilidad Social Corporativa en un entorno seguro y saludable, cabe destacar los Principios Rectores de las Empresas y los Derechos Humanos de las Naciones Unidas, que fueron adoptados por la Resolución 17/4, de 16 de junio de 2011, del Consejo de Derechos Humanos, con el fin de proteger a las personas trabajadoras en el desarrollo de su prestación de servicios. Estos Principios Rectores han fijado importantes mínimos aplicables a las relaciones laborales globalizadas.

De los 31 Principios Rectores de las Empresas y los Derechos Humanos de las Naciones Unidas, de 2011, interesa particularmente la referencia que contienen al diseño de medidas destinadas a favorecer la diligencia debida de las empresas, haciéndolas responsables de los daños que se produzcan con ocasión del desarrollo de la prestación de servicios de las personas trabajadoras. Lo que tiene una relevancia fundamental para las relaciones laborales globalizadas, que se desarrollan con mucha frecuencia en el marco de empresas multinacionales y de cadenas globales de valor, cuyas políticas internas, como tendremos ocasión de comprobar en el capítulo 4, están generalmente informadas por los Principios Rectores de las Empresas y los Derechos Humanos de las Naciones Unidas, de 2011, referidos anteriormente.

Igualmente, cabe destacar la Declaración Tripartita de Principios sobre las empresas internacionales y la política social de Naciones Unidas, adoptada por los gobiernos, los empleadores y las personas trabajadoras en 1977 y revisadas por última vez en 2022. Esta Declaración Tripartita tiene como objetivo fijar unos estándares mínimos en materia laboral que orienten a las empresas para el diseño de prácticas inclusivas, responsables y sostenibles en el lugar de trabajo. Particularmente, se dirigen a lograr una conducta empresarial responsable en las cadenas de suministro, teniendo el propósito de contribuir a la consecución del trabajo decente con un carácter más general. Por lo que igualmente tienen un impacto relevante en la regulación interna de las cadenas globales de valor.

En relación con el salario, la Declaración Tripartita de Principios sobre las empresas internacionales y la política social de Naciones Unidas, en la redacción actual de 2022, dispone que las empresas multinacionales deben evitar ofrecerles a las personas trabajadoras condiciones laborales menos favorables que las ofrecidas por las empresas del país donde se desarrolla la prestación de servicios, ofreciendo las mejores condiciones laborales posibles, cuando no puedan encontrarse empleadores comparables. A este respecto, la Declaración Tripartita de Principios sobre las empresas internacionales y la política social de Naciones Unidas, en la versión actual de 2022, establece que los elementos a considerar, en relación con el salario, son las necesidades de las personas trabajadoras y de sus familias, así como los factores económicos relacionados con el nivel de empleo. También ordena que, cuando se dispensen prestaciones básicas, tengan un nivel adecuado, señalando como prestaciones básicas: la vivienda, la asistencia médica o los alimentos.

Igualmente, cabe destacar los Principios de Contratación Responsable de Naciones Unidas, publicados en el año 2015, que recogen los riesgos de lesión de los derechos humanos en la contratación que realizan las empresas, con el fin de evitar su vulneración en las negociaciones internacionales. Lo que exige la valoración de los riesgos, así como el establecimiento de medidas para la prevención y la reparación de los daños en las diferentes fases de la negociación, como son en la preparación y planificación de los proyectos, que debe dirigirse entre otros a la creación de oportunidades de trabajo; en la ejecución de los proyectos; en la vigilancia y en el control.

A estos efectos, los Principios de Contratación Responsable de Naciones Unidas, de 2015, imponen la necesidad de contar con mecanismos de control de los riesgos, de acordar normas de ejecución, de incluir cláusulas de estabilización respetuosas con los derechos humanos y cláusulas de bienes o servicios adicionales, así como de gestionar de manera transparente los acuerdos alcanzados, publicando las condiciones del contrato que vinculan a las empresas.

De todo ello interesa particularmente destacar que las cláusulas de estabilización tienen como objetivo evitar que los inversores se vean negativamente afectados por los cambios normativos adoptados tras la firma de los acuerdos, existiendo una previsión específica que rechaza las cláusulas de estabilización que penalicen por los cambios relacionados con las mejoras en legislación laboral o por la plasmación de los estándares reconocidos internacionalmente en el plano del empleo.

De hecho, en este aspecto, se dispone que las partes deberían realizar las siguientes comprobaciones: la relación entre las cláusulas de estabilización y el cumplimiento de las obligaciones en materia de derechos humanos, el respeto de las cláusulas de estabilización a las obligaciones en materia de derechos humanos, la adecuación de las salvaguardias contractuales acordadas con el cumplimiento no discriminatorio de las obligaciones en materia de derechos humanos, así como la valoración de que los cambios relacionados con los derechos humanos no ponen en riesgo la viabilidad del proyecto. Todo lo que tiene un impacto relevante en las relaciones laborales globalizadas, por cuanto implica que las empresas quedan obligadas al respeto de los mínimos internacionalmente fijados, con independencia del lugar donde la persona trabajadora realiza su prestación de servicios.

También debe subrayarse que Naciones Unidas adoptó un Pacto Mundial en el año 2000, donde se recogen hasta diez Principios relacionados con los derechos humanos, el trabajo y el medio ambiente, que buscan la consecución de los 17 Objetivos de Desarrollo Sostenible aprobados en 2015, haciendo que las empresas tengan un impacto positivo en el ámbito local donde operan y con carácter más general en el ámbito global.

Estos diez Principios se conectan con la regulación del salario a nivel global, puesto que las condiciones mínimas de empleo están vinculadas con varios de los Principios del Pacto Mundial de Nacionales Unidas, como son el "Principio 1: las empresas deberían apoyar y respetar la protección de derechos humanos declarados internacionalmente", el "Principio 2: las empresas deberían asegurarse de no ser partícipes de vulneraciones de derechos humanos", el "Principio 4: las empresas deberían defender la eliminación de todas las formas de trabajo forzado u obligatorio", el "Principio 6: las empresas deberían defender la eliminación de la discriminación con respecto al empleo y la ocupación" y el "Principio 10: las empresas deberían trabajar contra la corrupción en todas sus formas, como la extorsión y el soborno".

En esta dirección, por lo que se refiere a los 17 Objetivos de Desarrollo Sostenible aprobados en 2015, también existen algunos Objetivos que se conectan con la regulación del salario en ámbito internacional, afectando a las empresas que operan en el mercado global de empleo. Concretamente, son el "Objetivo 5: igualdad de género" y el "Objetivo 8: trabajo decente y crecimiento económico", que establecen como metas la eliminación de toda forma de discriminación contra la mujer, el reconocimiento del trabajo no remunerado, el aseguramiento de la participación efectiva de las mujeres en todos los puestos de trabajo y de la igualdad de remuneración a los trabajos de igual valor, entre otros.

2. La influencia de los textos de la OCDE en la fijación de mínimos en materia salarial

Como organización internacional especializada en la Cooperación y en el Desarrollo Económico creada en 1961 y formada por hasta 34 países, los textos adoptados en la OCDE tienen una relevante repercusión en la regulación del salario en las relaciones laborales globalizadas. Pues tiene como misión diseñar políticas para promover una vida mejor a nivel internacional, favoreciendo el bienestar para todas las personas trabajadoras y la igualdad de oportunidades laboral, entre sus objetivos más destacados de los temas relacionados con el presente capítulo.

A este respecto, resulta especialmente relevante la Directrices de la OCDE para las empresas multinacionales, que vienen publicándose desde 1976, con la finalidad de establecer unos mínimos de cumplimiento normativo para las empresas que operan globalmente, favoreciendo de esta manera la adaptación a los cambios en la sociedad y en los negocios internacionales. La versión publicada en 2023 revisa la vigente hasta 2011, completándose con la Declaración para promover y favorecer las conductas responsables de los negocios en la economía global, publicada también en 2023.

La finalidad de estos dos nuevos textos es responder a las emergencias sociales, al medioambiente y a los principales cambios tecnológicos que inciden en la sociedad y en los negocios. Para ello, se recogen una serie de objetivos y de políticas generales, que se reflejan en el capítulo IV "derechos humanos" y en el capítulo V "empleo y relaciones industriales", que forman parte de los IX capítulos destinados a establecer unos mínimos relativos a la responsabilidad social de las empresas multinacionales.

En particular, cabe destacar la remisión a los Convenios de la OIT, la prohibición de la no discriminación por factores de diferenciación relacionados con los grupos especialmente vulnerables, así como la no discriminación en materia de salarios, beneficios u otras condiciones de trabajo cuando las empresas multinacionales operen en otros países. De manera que las condiciones laborales prometidas no sean menos favorables para las personas trabajadoras que las ofrecidas en el país de acogida por los empleadores comparables en el país de acogida, como ya se recogía en la Declaración Tripartita de Principios sobre las empresas internacionales y la política social de Naciones Unidas, de 2022. En el caso de que no existan empleadores comparables, dispone que las empresas multinacionales deberán ofrecer las condiciones laborales que sean respetuosas con las normas internacionales aplicables y con las políticas gubernamentales. Lo que nuevamente favorece el respeto de las normas internacionales, superando la Declaración Tripartita de Principios sobre las empresas internacionales y la política social de Naciones Unidas, de 2022. Además, las Directrices de la OCDE para las empresas multinacionales contienen una importante previsión, por la que se exige que dichas condiciones estén relacionadas con la situación de la empresa, siendo al menos suficiente para la satisfacción de las necesidades básicas de las personas trabajadoras y de sus familias.

En todo caso, las Directrices de la OCDE para las empresas multinacionales, adoptadas en 1976 y revisadas por última vez en 2023, pertenecen al conjunto de instrumentos de *soft-law*, sin que sean realmente obligatoria su observancia, ni tampoco existan mecanismos propios de control, ni de reparación en caso de incumplimiento (FERNÁNDEZ MARTÍNEZ, 2020, p. 101). Por lo que esto les resta capacidad para incidir en la regulación del salario en las relaciones laborales globalizadas.

También se ha aprobado igualmente la Recomendación de la OCDE sobre el papel del gobierno en la promoción de la conducta empresarial responsable, de 2023, así como existen un importante número de textos relacionados con la diligencia debida de las empresas, que vienen igualmente a establecer mecanismos de prevención, de control, de detección y de reparación en el caso de incumplimientos de los mínimos en materia laboral relacionados con el respeto de los derechos humanos, en la misma línea que algunos de los textos de Naciones Unidas citados en el anterior apartado, dictados al margen de los Convenios y de la Recomendaciones de la OIT.

Entre los mínimos a los que se refiere la Recomendación de la OCDE sobre el papel del gobierno en la promoción de la conducta empresarial responsable (2023) se encuentra el trabajo decente, así como dentro de este concepto, la fijación de unos salarios que permitan la cobertura de las necesidades de las personas trabajadoras y de sus familias, que constituye, como se ha venido poniendo de manifiesto, uno de los mínimos a los que frecuentemente se refieren los textos internacionales.

3. Los Tratados Internacionales de Libre Comercio y los Acuerdos Multilaterales Comerciales como instrumentos reguladores del salario

Como mecanismos para regular la atracción de capital a un determinado territorio, los Tratados Internacionales de Libre Comercio o los Acuerdos Multilaterales Comerciales entre una pluralidad de sujetos de Derecho Internacional son igualmente otros de los instrumentos jurídicos que pueden facilitar la regulación de las relaciones laborales globalizadas, incluida la fijación de mínimos en material salarial. Del mismo modo, algunos Acuerdos Bilaterales Comerciales tienen también una gran capacidad de influencia para los territorios donde se suscribe, aunque su menor relevancia a nivel global hace que su análisis exceda del propósito del presente capítulo, que es analizar las fuentes de regulación de las relaciones laborales globalizadas.

La finalidad primaria de los Tratados Internacionales de Libre Comercio y de los Acuerdos Multilaterales Comerciales es la mejora de las relaciones comerciales entre una pluralidad de sujetos de derecho internacional, que pueden ser tanto los Estados como las Asociaciones de los Estados, superando con ello los obstáculos comerciales con los que se encuentran habitualmente las empresas.

Su formulación inicial estaba basada en los beneficios que se presumen del libre comercio para el desarrollo económico de todas las empresas, gracias a la eliminación de las trabas comerciales que impiden u obstaculizan generalmente los intercambios económicos internacionales, suponiendo la liberalización de la economía internacional una mejora competitiva destacada para todos los participantes en los mercados globales de producción, por el incremento de las oportunidades de empleo y de riqueza que pueden generarse en los espacios sin restricciones jurídicas al libre comercio, a la libre circulación de mercancías y a la libre prestación de servicios de las personas trabajadoras. No obstante, el problema principal de esta opción ideológica es que los efectos beneficiosos de la liberalización de la economía internacional no son iguales para todos los participantes de los mercados globales, siendo menores las ventajas para los peores posicionados. Además de que aquellos con menos poder de negociación, entre ellos las personas trabajadoras de algunos países con un desarrollo económico menor, se ven obligadas a aceptar las condiciones contractuales impuestas por las grandes empresas globalizadas o por las empresas que trabajan para éstas, lo que merma enormemente la capacidad real de negociación.

Por lo que los Tratados Internacionales de Libre Comercio y los Acuerdos Multilaterales Comerciales han venido incorporando cláusulas sociales como contrapeso frente a las dificultades de los Estados para regular las condiciones laborales más allá de sus fronteras territoriales y de la necesidad de que existan algunos mínimos que sean respetados por las empresas que operan en los mercados internacionales, participando de esta forma activamente en la globalización. Pues estas empresas escapan fácilmente a la regulación de los Estados, al control sindical y a los mecanismos de resolución de conflictos judiciales. Por lo que los Tratados Internacionales de Libre Comercio y los Acuerdos Multilaterales Comerciales desempeñan un papel fundamental en las relaciones laborales globalizadas (CRUZ VILLALÓN, 2016, p. 43).

De hecho, la incorporación de cláusulas sociales, como consecuencia de la reacción de algunos países a los efectos perjudiciales de la globalización en sus economías (PÉREZ DEL PRADO, 2017, pp. 223 y 227), ha dado lugar a los conocidos como Acuerdos Comerciales Multilaterales de nueva generación. Éstos se caracterizan por la implicación de áreas geográficas más grandes, la plasmación de cláusulas sociales más desarrolladas que impactan en las condiciones laborales y la incorporación de mecanismos de control interno del cumplimiento normativo más avanzados (GUAMÁN HERNÁNDEZ, 2016, pp. 86-81).

Con las cláusulas sociales que se han ido incorporando a los Tratados Internacionales de Libre Comercio y a los Acuerdos Comerciales Multilaterales se ha tratado de evitar que la competición de las empresas se centre en la reducción de los costes laborales por la contratación de las personas trabajadoras. Lo que está estrechamente unido al salario, aunque también a otras condiciones laborales, como son el tiempo de trabajo, la prevención de los riesgos laborales o la protección social. Por lo que la incorporación de estas cláusulas sociales facilita un comercio más justo y permite contribuir al desarrollo de un Derecho del Trabajo trasnacional más homogéneo. Todo lo que favorece la regulación del salario en las relaciones laborales globalizadas, aunque existen muchas limitaciones.

De hecho, se ha destacado las dificultades que tienen los Tratados de Libre Comercio para la fijación de un suelo mínimo de protección en materia laboral, apuntando a que la OIT puede contribuir más fácilmente a garantizar ese mínimo de protección laboral (PÉREZ DEL PRADO, 2017, p. 230) o contribuir a su eficacia jurídica (LÓPEZ AHUMADA, 2022, p. 40). Pues las posibles divergencias interpretativas que pueden surgir en la implementación de los estándares laborales impulsados por la OIT en estos Tratados Internacionales de Libre Comercio quedan sujetas a los controles de interpretación y a la resolución de los conflictos propios de los Estados, que son ajenos a la OIT (GUAMÁN HERNÁNDEZ, 2016, pp. 111-112).

Además, los Tratados de Libre Comercio han encontrado importantes obstáculos a la incorporación y al mantenimiento de cláusulas sociales ambiciosas, fundadas especialmente en el impacto adverso que han tenido para algunos países su inclusión, como sucedió en Estados Unidos hasta que se produjo su desvinculación de los Tratados de Libre Comercio suscritos.

Asimismo, los Tratados Internacionales de Libre Comercio y los Acuerdos Comerciales Multilaterales encuentran dificultades para su exigencia, disponiendo mecanismos de solución de conflicto propios, o recurriendo a los mecanismos de control administrativo o judicial de los Estados, que tantas dificultades tienen para regular, como venimos apuntando, las relaciones laborales globalizadas.

En todo caso, los cuatro Tratados Internacionales de Libre Comercio o los Acuerdos Comerciales Multilaterales más relevantes, en lo que aquí interesa destacar, recogen la mayoría de los derechos humanos con transcendencia laboral y la regulación mínima de los Convenios de la OIT estudiada en el primer apartado del presente capítulo, cumpliendo de esta forma la funcionalidad apuntada de fijar algunos mínimos aplicables a las relaciones laborales globalizadas.

Estos cuatro Tratados Internacionales de Libre Comercio o Acuerdos Comerciales Multilaterales son: Primero, el Tratado Trasatlántico de Comercio e Inversiones (TTIP), cuyo proceso de negociación se inició en 2013, que tiene como objetivo impulsar las relaciones comerciales entre Estados Unidos y la Unión Europea, conteniendo menciones expresas a la retribución mínima y a la garantía de la percepción de un salario, en lo que aquí interesa destacar.

Segundo, el Acuerdo Transpacífico de Cooperación Económica (TPP), suscrito en 2016 por varios países del Pacífico, que era el acuerdo comercial más relevante internacional, con una capacidad para afectar según las estimaciones realizadas hasta el 40% de la economía global, hasta que Estados Unidos se retiró en 2017 de este Acuerdo, por el impacto negativo en la económica americana, en términos de pérdida del empleo. En lo que aquí interesa destacar, el Acuerdo Transpacífico de Cooperación Económica (TPP) tenía como objetivo reforzar los estándares mínimos de Derecho del Trabajo, como lo es la retribución mínima.

Tercero, los Tratados de Libre Comercio de la Unión Europea también han incorporado importantes cláusulas sociales que han impactado de forma positiva en el desarrollo de los derechos humanos en América Latina (LÓPEZ AHUMADA, 2022, p. 20), aunque mucho de los Tratados de Libre Comercio de la Unión Europea se centran en aspectos estrictamente comerciales como son los aranceles.

Cuarto, el Acuerdo Económico y de Comercio (CETA), firmado entre la Unión Europea y Canadá, que entró en vigor el 21 de septiembre de 2017, se refiriere también a la retribución mínima, así como a la garantía de la percepción de un salario.

4. Los Acuerdos Bilaterales de Inversiones (TB) y la regulación del salario

Siguiendo el modelo de los conocidos como Acuerdos Comerciales de nueva generación a los que se ha hecho referencia anteriormente, los Acuerdos Bilaterales de Inversiones (TB), que se firman entre uno o varios Estados para favorecer el desarrollo económico mediante la inversión extranjera, también han incluido cláusulas sociales, e incluso han dado un paso más con la creación de un procedimiento arbitral permanente para el planteamiento de las controversias surgidas entre las partes.

A través de estos Acuerdos Bilaterales de Inversiones (TB), se favorece la seguridad de las inversiones extranjeras mediante la fijación de cláusulas que protegen estos intercambios económicos, lo que resulta de suma relevancia especialmente en países con menos desarrollo económico. Por lo que la inclusión de las cláusulas sociales, aunque aún no está consolidada, puede favorecer la regulación de las relaciones laborales globalizadas en el mismo sentido que se apuntó en el apartado anterior.

Su impulso en cuanto a la plasmación de cláusulas sociales se ha realizado particularmente por el Instituto Internacional para el Desarrollo Sostenible, que cuenta con un modelo de Acuerdo Bilateral de Inversión desde 2005, que los Estados pueden emplear libremente en las negociaciones para la atracción de las inversiones extranjeras, donde se menciona expresamente los estándares mínimos laborales de carácter internacional. Por lo que ello puede servir para la fijación de un mínimo de protección en materia de salarios.

Sin embargo, algunos estudios apuntan a que los Acuerdos Bilaterales de Inversiones suelen recoger la materia social de forma no uniforme, sin que se haya llegado a un suelo mínimo en la fijación de las condiciones laborales, al establecimiento de fórmulas que faciliten el cumplimiento, como son sanciones, o a la fijación de procedimientos de solución de conflictos que garanticen el cumplimiento (MARTÍNEZ SAN MILLÁN, 2022, 336-338).

Por lo que, como el resto de los textos adoptados en ámbito internacional estudiados en los apartados 1 y 2 del presente capítulo, su repercusión depende mucho del propio desarrollo de la legislación laboral de los países donde se realiza la prestación de servicios, donde se celebra el contrato de trabajo o donde la empresa tiene fijada su sede principal. Asimismo, también cabe destacar que, como en el resto de las normas internacionales, la promoción de mecanismos internos del control normativo de al menos los estándares mínimos fijados en los Convenios y en la Recomendaciones de la OIT, que faciliten una gestión responsable y diligente de los recursos humanos, contribuirá al objetivo de avanzar en la regulación de las relaciones laborales globalizadas, incluyendo al salario, por tratarse de una materia clásica del Derecho del Trabajo y por su vinculación con el trabajo decente.

5. Los Acuerdos Marcos Globales y las cláusulas de compensación social en materia salarial

Como muestra de la capacidad que la negociación colectiva puede tener a nivel transnacional en la fijación de unos estándares mínimos, surgen los Acuerdos Marcos Globales, suscritos por las empresas transnacionales y los sindicatos con representación supranacional, lo que le asegura una gran capacidad para la fijación de unas condiciones mínimas de trabajo y de empleo en las relaciones laborales globalizadas, siendo especialmente relevantes los suscritos en el sector textil (NIETO ROJAS, 2017, p. 201). Sin perjuicio de que cada vez más sectores cuentan con Acuerdos Marcos Globales (MORENO DÍAZ, 2021, pp. 102 y siguientes), como consecuencia de que las empresas subcontratistas y los proveedores suelen recurrir más frecuencia a ellos, facilitando de esta forma la regulación de las relaciones laborales globalizadas en espacios tan relevantes como las cadenas de suministro.

Su naturaleza jurídica es contractual (BAYLOS GRAU, 2005, p. 119), sin tener en consecuencia el carácter normativo inherente a los convenios colectivos en España, aunque su texto claramente obliga a las empresas adheridas y por tanto es vinculante, habiendo experimentado recientemente un importante paso hacia en la juridificación de las obligaciones de las empresas multinacionales (MORENO DÍAZ, 2021, p. 80), sin perjuicio de que el enjuiciamiento de los Acuerdos Marcos Globales por parte de los Tribunales dependerá del sistema normativo de cada país (BAYLOS GRAU, 2005, pp. 124-125).

Estos Acuerdos Marcos Globales están basados en el concepto de trabajo decente que ha sido analizado en el apartado primero, con ocasión del estudio de los mínimos fijados por la OIT, que tanta repercusión han tenido y tienen en cuanto a la fijación de unos estándares globales aplicables a las relaciones laborales. Por lo que suelen contener importantes alusiones a la regulación del salario, especialmente a la forma en la que determina la cuantía o a la necesidad de que satisfaga las necesidades más esenciales de las personas trabajadoras, en términos análogos a los mínimos dispuestos en los Convenios de la OIT (QUIRÓS HIDALGO, J.G., 2020, p. 341), que fueron estudiados en el apartado primero de este capítulo.

Los mecanismos de vigilancia y de control que incorporan se replican en los distintos países donde la empresa trasnacional se encuentra localizada, participando generalmente en estos procesos los representantes de las personas trabajadoras. Lo que constituye una importante diferencia respecto de las normas internas de las empresas, a las que se destinará un apartado diferente en este mismo capítulo.

En lo que aquí interesa destacar, los Acuerdos Marcos Globales suelen regular desde su origen el salario (BAYLOS GRAU, 2005, p. 110), por cuanto muchas de las relaciones globalizadas que realizan las empresas multinacionales con la colaboración de otras empresas, en las conocidas como cadenas de valor, se vinculan a condiciones laborales precarias para las personas trabajadoras, como son, en lo que aquí interesa destacar, los salarios insuficientes (SANGUINETI RAYMOND, 2022, p. 32). Por ello, los Acuerdos Marcos Globales han venido precisando aspectos tan relevantes como el concepto de retribución incluida en sentido amplio, la fijación de acuerdo con los niveles retributivos del lugar donde se localiza la sede principal de la empresa, así como el respeto a la no discriminación laboral en la determinación y el principio de igual salario a trabajos de igual valor (BAYLOS GRAU, 2005, p. 115).

De hecho, junto con el Acuerdo de Bangladesh de Prevención de Incendios y para la Seguridad de los Edificios firmado en 2013 como consecuencia de la catástrofe de Rana Plaza que se centra en la prevención de riesgos laborales en las cadenas de suministros, el Proyecto Acción, Colaboración y Transformación, impulsado por el conocido sindicato trasnacional IndustriALL Global Union en 2015, que ha sido firmado por 22 multinacionales del sector de la moda más relevantes a nivel mundial, contempla la fijación de un salario vital que permita vivir dignamente. Lo que permite apreciar cómo las regulaciones de estos nuevos instrumentos impulsados internacionalmente pueden contribuir a la fijación de unos estándares mínimos de obligatoria observancia por las empresas que operan globalmente.

También, otros Acuerdos Marcos Globales firmados de forma bilateral con distintas multinacionales que operan en los mercados internacionales, como los que se analizarán en el capítulo 4 de la presente monografía, se refieren igualmente al respeto de los derechos humanos en el trabajo, al trabajo decente y a los mínimos establecidos en los Convenios y en las Recomendaciones de la OIT. Todo lo que permite afirmar su relevancia en la protección y en la determinación del salario en las relaciones laborales globalizadas.

III. LAS NORMAS EUROPEAS SOBRE LA FIJACIÓN DEL SALARIO Y LA TRANSPARENCIA SALARIAL

Como sujeto de integración supra-regional, la Unión Europea tiene la capacidad de dictar normas de cumplimiento obligatorio para los Estados que forman parte de ella y de acordar normas internacionales aplicables a los Estados ajenos a ella, lo que le asegura una gran influencia en la regulación de las relaciones laborales globalizadas.

Uno de sus principales objetivos es la libre circulación de las personas dentro del espacio europeo, lo que pareciera atribuirle ciertas competencias para facilitar unas condiciones idóneas en materia salarial a quienes se desplazan en búsqueda de empleo o en el marco de una prestación de servicio concertada. No obstante, la regulación del salario en la Unión Europea ha encontrado varios obstáculos jurídicos, en atención a las limitadas competencias que tiene para la fijación de normas obligatorias para los Estados miembros en estas materia, como consecuencia de que el artículo 153.5 del Tratado de Funcionamiento de la Unión Europea (2009) excluye la remuneración de las personas trabajadoras de las competencias atribuidas en materia social, a lo que se suma la necesidad de que las intervenciones de la Unión Europea sobre las legislaciones de los Estados miembros estén basadas en el principio de subsidiariedad.

Tampoco se encuentra la garantía de percepción del salario por la realización de la prestación de servicios recogida de forma expresa en la Carta de Derechos Fundamentales de la Unión Europea (2007), que sí se recoge, en cambio, la prohibición del trabajo forzoso y la esclavitud, la libertad profesional y el derecho a trabajar, que incluye la libre circulación y el trato igualitario entre nacionales de la Unión Europea, la igualdad y no discriminación; y por último, el derecho a una condiciones de trabajo justas y equitativas, que engloba el derecho a trabajar en condiciones respetuosas con la salud, la seguridad y la dignidad, así como el respeto al tiempo de descanso y a las vacaciones anuales retribuidas (artículos 5, 15, 23, 23, 31 de la Carta de Derechos Fundamentales de la Unión Europea, 2007).

Por su parte, la Carta Social Europea (firmada en 1961 y actualizada en el 1996 y en el 2000) sí establece cuatro derechos conectados con la retribución: la oportunidad de ganarse la vida a través de un trabajo libremente elegido, las condiciones de trabajo equitativas, el derecho a la remuneración suficiente tanto para la persona trabajadora como para sus familias, así como el derecho a la tutela de sus créditos en caso de insolvencia de su empleador, que se suman al más transversal del derecho a la no discriminación por razón del sexo (artículos 1.3, 4, 20 y 25 de la Carta Social Europea).

En todo caso, las disposiciones más relevantes que pueden incidir en la regulación del salario en las relaciones laborales globalizadas son, entre otras, y dejando las relativas a la elección de la norma aplicable, que se estudiará en el primero de los apartados: 1) la Directiva 2022/2041/UE, de 19 de octubre de 2022, sobre unos salarios mínimos adecuados en la Unión Europea, 2) la Directiva 2019/1152/UE, de 20 de junio de 2019, relativa a unas condiciones laborales transparentes y previsibles en la Unión Europea, así como la Directiva 91/533/CEE, de 14 de octubre de 1991, relativa a la obligación del empresario de informar al trabajador acerca de las condiciones aplicables al contrato de trabajo o a la relación laboral, 3) la Directiva 2024/1760/

UE, de 13 de junio de 2024, sobre diligencia debida de las empresas en materia de sostenibilidad y por la que se modifican la-Directiva (UE) 2019/1937 y el Reglamento (UE) 2023/285, 4) la Directiva 96/71/UE, de 16 de diciembre de 1996, modificada por la Directiva 2018/957/UE, de 28 de junio de 2018, sobre el desplazamiento de trabajadores efectuado en el marco de una prestación de servicios; así como la Directiva 2014/67/UE, de 15 de mayo de 2014, relativa a la garantía de cumplimiento de la Directiva 96/71/CE, sobre el desplazamiento de trabajadores efectuado en el marco de una prestación de servicios, y por la que se modifica el Reglamento (UE) núm. 1024/2012 relativo a la cooperación administrativa a través del Sistema de Información del Mercado Interior («Reglamento IMI»).

En los siguientes subapartados, se analizará de forma trans versal la Directiva 96/71/UE, modificada por la Directiva 2018/957/UE, junto al estudio de las demás Directivas citadas, siguiendo la misma sistemática anteriormente empleada para el análisis de la regulación de la OIT que incide en la fijación de reglas sobre el salario de las relaciones laborales globalizadas. Un estudio general, que tendrá como finalidad únicamente destacar el papel de la Directiva 96/71/UE, como fuente de la regulación del salario en las relaciones laborales globalizadas, incidiendo especialmente en los avances introducidos por la Directiva 2018/957/UE y en el impacto de la Directiva 2019/1152/UE. Puesto que el análisis más detenido de la capacidad de la Unión Europea para incidir en la regulación del salario de las personas que se desplazan dentro de este territorio, se realiza en el capítulo 2 de la presente monografía, a cargo de la Profesora García Coca, donde se apuntará a importantes cuestiones que limitan su aplicabilidad, como las restricciones que impiden o pueden impedir la calificación como persona trabajadora en régimen de desplazamiento, por razones ligadas a la forma en la que se realiza la prestación, al tiempo que la actividad se ejecuta o a la duración del traslado.

Se trata con ello de identificar las mejoras introducidas por la Unión Europea en el presente capítulo, respecto de la regulación del salario en las relaciones laborales globalizadas en el ámbito internacional comentadas en los apartados anteriores. Si bien añadiendo un apartado específico sobre transparencia retributiva, por la relevancia de esta materia en la Unión Europea, sobre todo a partir de la Directiva 2023/970, de 10 de mayo de 2023, por la que se refuerza la aplicación del principio de igualdad de retribución entre hombres y mujeres por un mismo trabajo o un trabajo de igual valor a través de medidas de transparencia retributiva y de mecanismos para su cumplimiento. También se añade, por el importe desarrollo en el ámbito europeo y por su previsible impacto en el respeto de unos mínimos en materia salarial, la regulación de la diligencia debida, a la que se dedicará el último de los apartados.

1. Las carencias del principio de territorialidad normativa impuesto por las normas europeas en la regulación de las relaciones laborales globalizadas

Como el objetivo del presente capítulo es identificar las normas que inciden en la regulación del salario en la globalización y realizar la correspondiente valoración de la capacidad de la Unión Europea para incidir en este ámbito, resulta conveniente realizar una aproximación a las importantes normas reguladoras en el ámbito europeo de la elección de la norma aplicable. Nos referimos, de un lado, al Reglamento 593/2008/UE, de 17 de junio de 2008, sobre la ley aplicable a las obligaciones contractuales (Roma I). Esta norma resultará de aplicación, sin perjuicio de las mejoras que introduzca la Directiva 96/71/UE respecto de los desplazamientos temporales efectuados dentro de la Unión Europea. De otro lado, al Reglamento 864/2007/UE, de 11 de julio de 2007, relativo a la ley aplicable a las obligaciones extracontractuales (Roma II).

A los efectos que interesan en el presente trabajo, que es la regulación del salario en las relaciones laborales globalizadas, conviene detenerse, por tratarse el salario de una materia contractual, en el Reglamento 593/2008/UE, que establece en su artículo 8, "titulado contratos individuales de trabajo", algunas reglas para la determinación de la norma aplicable, que impactan en las relaciones laborales globalizadas. En concreto, el artículo 8.1 del Reglamento 593/2008/UE dispone que el contrato de trabajo se regirá por las normas que acuerden las partes, sin perjuicio de que recuerda la obligación de respetar aquellas materias no disponibles, entre las que pueden encontrarse aquellas precisamente relativas a la territorialidad/extraterritorialidad, así como los mínimos en Derecho del Trabajo, lo que supone una garantía de protección de la persona trabajadora en las negociaciones con la empresa, que protege el equilibrio de las partes en el contrato de trabajo, evitando que la empresa decida de forma unilateral las condiciones laborables aplicables (CARRASCOSA GONZÁLEZ, 2023, p. 63). Entre estas disposiciones imperativas se encuentra precisamente la garantía de la percepción de un salario mínimo, que ha sido considerado como una de las materias indisponibles, como se extrae de la STJUE de 15 de julio de 2021 (TOL8.507.763).

En su artículo 8.2, el Reglamento 593/2008/UE establece que el contrato se regirá por la ley del país en el que se realice habitualmente el trabajo, en caso de que no se haya acordado por las partes el régimen jurídico, lo que implica la recepción del principio de territorialidad normativa, que generalmente recogen las normas de los distintos países, siendo una importante regla para las relaciones laborales globalizadas, que imponen en la práctica el respeto de las normas mínima de los países donde operan las multinacionales y las cadenas de suministro, pudiendo considerarse esta regla como una protección de las personas trabajadoras, por la vinculación entre el lugar donde habitualmente se realiza la actividad laboral y la residencia (RODRÍGUEZ RODRIGO, 2022, p. 862). Esta regla implica la aplicación de la legislación laboral del país donde se desarrolla la prestación de servicios, con independencia de la nacionalidad. También al margen de si el trabajo se realiza para otros países, como sucede con las personas trabajadoras de plataformas digitales que emiten datos para clientes localizados en un territorio distinto al de ejecución de la prestación de servicios, siempre que la persona trabajadora se mantenga en el mismo territorio (CARRASCOSA GONZÁLEZ, 2023, p. 72). Por lo que ello facilita la libre prestación de servicios, siendo protectora cuando se produce el desplazamiento a un único lugar de trabajo, aunque presentando múltiples problemas cuando se trata de proteger a las personas trabajadoras que se desplazan a distintos países en el marco de la misma prestación de servicios (CARRILLO POZO, 2017, p. 133).

Además, esta misma regla de territorialidad normativa facilita la deslocalización de empresas que buscan la bajada de los costes de producción reduciendo las condiciones laborales precisamente a través de la globalización, impidiendo la aplicabilidad de legislaciones laborales más protectoras para la persona trabajadora (CARRASCOSA GONZÁLEZ, 2023, p. 66). De hecho, el Reglamento 593/2008/UE no impide el *dumping* social de las personas trabajadoras desplazadas temporalmente, pues dispone incluso, como reforzamiento al criterio de la territorialidad normativa, que "no se considerará que cambia el país de realización habitual del trabajo cuando el trabajador realice con carácter temporal su trabajo en otro país" en su artículo 8.2. Es más, debiera completarse con más detalles qué se entiende por desplazamiento temporal, como se analiza en los capítulos 2 y 3 de esta monografía, por la Profesora García Coca, a los efectos de facilitar la regulación de las relaciones laborales globalizadas. Pues el Reglamento 593/2008/UE ha dejado que se regule directamente por los Estados, sin que las normas más directamente implicadas, como la Directiva de desplazamiento, hayan determinado tampoco las reglas para discernir sobre este concepto de temporalidad (artículo 2 .1

de la Directiva 96/71/CE). Lo que nuevamente supone un impedimento a una mayor regulación de las relaciones laborales globalizadas, que vuelven a quedar limitadas a la aplicación de las normas del territorio donde se desarrolla la prestación de servicios (CARRILLO POZO, 2017, p. 139).

En el caso de que no pudiera concretarse la regulación en atención a las anteriores reglas, el artículo 8.3 del Reglamento 593/2008/UE dispone que se aplicará la ley del lugar donde se encuentre el establecimiento a través del que se ha contratado a la persona trabajadora, lo que ha sido fuente de numerosos conflictos jurídicos, por la dificultad de determinar cuál es el establecimiento principal. Todo lo que no impide, como última regla dispuesta en el artículo 8.4, la aplicación de la regulación de otro país, distinto al aplicable en atención a los apartados 2 y 3, cuando se acreditaran vínculos más estrechos.

Por supuesto que todas estas reglas tienen una serie de limitaciones en las normas imperativas internacionales, que pueden impactar en el propio contrato de trabajo de la persona trabajadora, incidiendo en consecuencia en la regulación del salario de las relaciones laborales globalizadas. No obstante, su repercusión en la contratación laboral es ciertamente relativa, por vincularse esencialmente la tutela de las normas de orden público, en lo que hace al Derecho del Trabajo, a los derechos fundamentales reconocidos internacionalmente (BASTERRA HERNÁNDEZ, 2019, p. 207), como lo es la percepción de un salario justo. También en las relativas a las obligaciones de información y de transparencia en la gestión empresarial cuando se produce el desplazamiento de personas trabajadoras, que serán analizadas en el apartado específico dedicado a esta cuestión, determinando la información que debe entregarse a la persona trabajadora antes de iniciar el desplazamiento.

2. *De la escasa protección del salario a su extensión mediante la tutela del concepto más amplio de retribución y el fomento de la regulación de un salario mínimo en los Estados miembros*

Como consecuencia de las limitadas competencias en materia salarial previstas en el artículo 153.5 del Tratado de Funcionamiento de la Unión Europea a las que se ha hecho alusión anteriormente, las Directivas Europeas han excluido expresamente la protección del salario en muchos de los textos adoptados, remitiendo a la legislación de los Estados miembros cuestiones de relevancia como son la propia fijación del concepto de salario (artículo 3.1.c de la Directiva 96/71/CE, de 16 de diciembre de 1996, sobre el desplazamiento de trabajadores efectuado en el marco de una prestación de servicios), o la protección de los créditos salariales en supuesto de especial crisis empresarial (artículo 2.2 de la Directiva 2008/94/CE, de 22 de octubre de 2008, relativa a la protección de los trabajadores asalariados en caso de insolvencia del empresario). Si bien es cierto que los textos europeos han ido incorporando con el paso del tiempo el concepto de retribución, como un término más amplio que el de salario, que comprende distintas formas de compensar la contraprestación realizada por la persona trabajadora, como se extrae de la Directiva 2018/957/UE, de 28 de junio de 2018, que modificó a la Directiva 96/71/CE sobre el desplazamiento de trabajadores efectuado en el marco de una prestación de servicios.

Todo lo que ha hecho que sean pocas las normas que se refiere a la protección del salario, sin que pueda destacarse su relevancia tampoco respecto de las relaciones laborales globalizadas, donde igualmente han sido pocas las normas europeas destacadas por su contribución para garantizar la regulación del salario. Seguramente por tratarse de una materia no solo con poca base jurídica para la intervención de la Unión Europea en atención a los Tratados Fundacionales, sino también por la oposición de los Estados miembros a incidir en la libre circulación de las personas trabajadoras, como se planteó en la STUE de 8 de diciembre de 2020 (TOL8.225.989), en relación con la modificación de la Directiva 96/71/CE por la Directiva 2018/957/UE, de desplazamiento en el marco de una prestación de servicios, que sustituyó el término de salario por el de retribución, considerándola la Sala conforme a derecho. A diferencia de lo ocurrido en la STJUE de 18 de septiembre de 2014 (TOL4.494.027), donde la Sala consideró que vulnera la libre circulación la normativa nacional que impone a los licitadores y a sus subcontratistas en los contratos públicos, establecidos en otro Estado miembro, el abono de un salario mínimo aplicable en el Estado miembro de la entidad adjudicadora, sin que ello tenga relación con el coste de la vida en ese otro Estado miembro, por cuanto esto puede significar un obstáculo a la ejecución de prestaciones en ese otro Estado miembro.

Pese a todo, la reciente Directiva 2022/2041/UE, de 19 de octubre de 2022, sobre unos salarios mínimos adecuados en la Unión Europea, ha tenido una gran repercusión en los Estados miembros. Pues el texto normativo europeo, con un engarce competencial basado en una intervención indirecta ante la ausencia de competencias de la Unión Europea en esta materia, ha introducido la obligación de que los Estados miembros cuenten con procesos para la fijación del salario mínimo. Sin que se haya perseguido, por parte de la Unión Europea, establecer un salario mínimo para los Estados miembros (FERNÁNDEZ MÁRQUEZ, 2023). Lo que hubiera tenido una gran relevancia para la regulación de las relaciones laborales globalizadas en la Unión Europea.

De hecho, el artículo 1.1 de la Directiva 2022/2041/UE dispone, en relación con los objetivos perseguidos, que tiene la finalidad de: "a) adecuar los salarios mínimos legales con el objetivo de lograr unas condiciones de vida y de trabajo dignas" y "b) fomentar la negociación colectiva sobre la fijación de salarios". Lo que realmente será una de sus principales funcionalidades, como puede deducirse de la exigencia dispuesta en el artículo 4.2 de que la tasa de cobertura de los convenios colectivos alcance el 80%, o bien de las constantes alusiones a la negociación colectiva. Junto a estos objetivos, el artículo 1.1 de la Directiva 2022/2041/UE también establece que persigue "c) mejorar el acceso efectivo de los trabajadores a los derechos a la protección del salario mínimo, cuando así lo establezcan el Derecho nacional o los convenios colectivos".

Y, en la misma dirección, los artículos 1.2 y 1.3 de la Directiva 2022/2041/UE aclaran que resultará de aplicación esta Directiva, "sin perjuicio de las competencias de los Estados miembros" y "sin perjuicio del pleno respeto a la autonomía de los interlocutores sociales, así como a su derecho a negociar y celebrar convenios colectivos".

En particular, resulta de relevancia el artículo 5 de la Directiva 2022/2041/UE, que establece la obligación de que los sistemas de fijación del salario mínimo incluyan al menos los siguientes elementos: "a) el poder adquisitivo de los salarios mínimos legales, teniendo en cuenta el coste de la vida"; "b) la cuantía general de los salarios y su distribución"; "c) la tasa de crecimiento de los salarios" y "d) los niveles y la evolución de la productividad nacional a largo plazo".

De lo que se deduce claramente que el salario mínimo se referirá al territorio concreto del país donde se establece, ya sea mediante el proceso legal o reglamentario de fijación, o bien a través de la negociación colectiva, sin que tengan la vocación de alcanzar una regulación del salario mínimo a nivel europeo, como antes se avanzaba. De hecho, como es propio de las directivas europeas, se dispone un plazo de transposición con el fin de que los Estados miembros adopten las medidas necesarias para dar cumplimiento a lo establecido en esta Directiva, que concluirá el 15 de noviembre de 2024. Lo que permitirá a los Estados miembros adecuar de la forma que consideren más conveniente su legislación a lo previsto en la Directiva 2022/2041/UE.

En todo caso, es preciso subrayar que los artículos 3.1.b y 3.1.g de la Directiva 2018/957/UE, que modifican a la Directiva 96/71/UE sobre el desplazamiento de trabajadores efectuado en el marco de una prestación de servicios, disponen que los Estados miembros deberán velar por garantizar a los trabajadores desplazados la remuneración, incluida el incremento por las horas extraordinarias, entre otros aspectos de las condiciones de empleo y de trabajo.

En la misma dirección, el artículo 3.1.h de la Directiva 2018/957/UE establece que los Estados miembros deben, lo que también tiene relación con la garantía de percibir una retribución mínima, garantizar el respeto de las condiciones de alojamiento de las personas trabajadoras, cuando se proporcione a quienes se encuentren fuera de su lugar de trabajo habitual. Lo que tiene relevancia para las relaciones laborales globalizadas, donde es frecuente el desplazamiento de personas trabajadoras. Igualmente, el artículo 3.1.i de Directiva 2018/957/UE, en la misma línea de establecer unas garantías mínimas en la percepción del salario, ordena que se le garantice también, a las personas trabajadoras que se desplacen, "los complementos o los reembolsos en concepto de gastos de viaje, alojamiento y manutención previstos para los trabajadores que están fuera de su domicilio por motivos profesionales".

De todo lo anterior, cabe concluir que la Unión Europea ha dictado disposiciones que suponen un importante avance, respeto de las normas internacionales analizadas en los anteriores apartados, en la regulación del salario en las relaciones globalizadas. Para ello, ha establecido importantes mínimos que extienden la protección del salario a la retribución, así como ha adoptado mecanismos para avanzar en la armonización de los sistemas de fijación de los salarios mínimos en ámbito europeo y en la garantía de la introducción de un salario mínimo. Si bien, los Estados siguen teniendo bastante margen para la concreción de los sistemas de fijación del salario, lo que repercute en la ausencia de un mínimo de referencia en el ámbito europeo para la fijación de la retribución de las personas trabajadoras que realizan su prestación de servicios en este territorio.

3. Las principales garantías del salario: obligaciones de documentación, de información y de transparencia, especialmente respecto de la brecha retributiva

La Directiva 2019/1152/UE, de 20 de junio de 2019, relativa a unas condiciones laborales transparentes y previsibles en la Unión Europea, así como la Directiva 91/533/CEE, de 14 de octubre de 1991, relativa a la obligación del empresario de informar al trabajador acerca de las condiciones aplicables al contrato de trabajo o a la relación laboral, contienen importantes previsiones que inciden en la regulación de las relaciones laborales globalizadas.

Entre las obligaciones empresariales dispuestas en la Directiva 2019/1152/UE, se encuentra la de informar a las personas trabajadoras sobre las condiciones esenciales de su contratación, como son los aspectos retributivos. Lo que deberá realizarse por escrito, debiendo proporcionarse de manera que la persona trabajadora pueda acceder, almacenar e imprimir la información, así como la empresa pueda guardar copia de la trasmisión o de la recepción en formato electrónico (artículo 3 de Directiva 2019/1152/UE). Lo que supone un importante avance respecto de la Directiva 91/533/CEE, que era menos garantista en su formulación. En contraste, la Directiva 2014/67/UE, en relación con el desplazamiento de las personas trabajadoras dentro de la Unión Europea, establece únicamente la obligación de conservar o poner a disposición o de guardar copias en papel o en formato electrónico del contrato de trabajo o un documento equivalente, remitiéndose para ello a las previsiones de la derogada Directiva 91/533/CEE, que se refería a la entrega del recibo de salario o los comprobantes de los pagos. Si bien, la regulación que realiza en el artículo 7, titulado "información adicional para los trabajadores enviados a otro Estado miembro o a un tercer país", sobre la obligación empresarial de informar, permite concluir que los requisitos formales del artículo 3 de Directiva 2019/1152/UE también le serán de aplicación.

La obligación de informar sobre las condiciones esenciales de la contratación, como se ha avanzado antes, comprende los aspectos retributivos. Así se extrae del artículo 4.2.k de la Directiva 2019/1152/UE, que obliga a informar sobre "la remuneración, incluida la retribución de base inicial", así como los otros componentes retributivos. Lo que debe efectuarse de manera separada, e incluye también la información sobre la periodicidad y el método de pago del salario. Igualmente, los artículos 4.2.l y 4.2.m de la Directiva 2019/1152/UE imponen la obligación empresarial de informar, en función de si el patrón de trabajo es previsible o imprevisible, sobre las horas extraordinarias, en el primero de los casos, así como sobre las horas pagadas que resulten garantizadas y la remuneración del trabajo efectuado fuera de las horas garantizadas, en el segundo de los casos.

Por lo que se refiere a las personas trabajadoras desplazadas a otros Estados miembros o a terceros países de la Unión Europea, el artículo 7 de la Directiva 2019/1152/UE, como antes se avanzaba, dispone ciertas obligaciones de información adicionales a las mencionadas anteriormente, que se aplican a las personas trabajadoras desplazadas a otro Estado miembro o a un tercer país. Estas obligaciones adicionales resultan de especial importancia para la regulación del salario en las relaciones laborales globalizadas, siendo además la legislación más avanzada en este concreto punto. Pues se dispone la obligación de informar sobre: 1) el tiempo de desplazamiento y los países donde se desarrollará la prestación de servicios; 2) la moneda en la que se realizará el pago, que es una garantía esencial, por cuanto pueden existir importantes diferencias de su abono en una moneda o en otra moneda, como consecuencia de las variaciones de su valor en los mercados financieros (artículo 7.l.b de la Directiva 2019/1152/UE); 3) las prestaciones en metálico o en especie ligadas a las tareas asignadas, en el caso de que existieran (artículo 7.l.c de la Directiva 2019/1152/UE); 4) las condiciones de la expatriación, si estuvieran previstas (artículo 7.l.d de la Directiva 2019/1152/UE).

En el caso de que las personas trabajadoras desplazadas estén dentro del ámbito de aplicación de la Directiva 96/71/CE, según el artículo 7.2 de la Directiva 2019/1152/UE, la empresa deberá informar, junto a todo lo mencionado anteriormente, sobre la remuneración a la que tiene derecho la persona trabajadora, en atención a la legislación aplicable del Estado miembro al que se desplaza; sobre los complementos por desplazamiento o la compensación por los gastos efectuados; así como el sitio web oficial desarrollado por el Estado para dar publicidad a las información del régimen jurídico aplicable a las personas trabajadoras desplazadas.

Todo lo que contrasta con la Directiva 96/71/CE, modificada por la Directiva 2018/957/UE, así como con la Directiva 2014/67/UE, de 15 de mayo de 2014, relativa a la garantía de cumplimiento de la Directiva 96/71/CE, que contiene previsiones menos impositivas al respecto. De hecho, el artículo 5.4 de la Directiva 2014/67/UE se refiere tan solo a la información de la cuantía del salario mínimo y de los conceptos constitutivos, al método utilizado para calcular la remuneración de la persona trabajadora y, en su caso, a los criterios cualitativos de clasificación en las diferentes categorías salariales.

Por lo que todo ello vuelve a confirmar la capacidad de la Unión Europea en la fijación de unos mínimos relativos a la materia salarial, aplicables a las relaciones laborales globalizadas que sucedan en su territorio, que podrán incluso traspasar sus fronteras mediante la recepción en otros ordenamientos jurídicos o la negociación de acuerdos colectivos, como hemos comprobado en los anteriores apartados.

4. Otras garantías del salario: la protección frente a impagos e insolvencias de la empresa

Dentro de las normas de la Unión Europea, existen importantes previsiones dirigidas a garantizar el abono del salario de las personas trabajadoras, especialmente en la trasmisión de empresas y la movilidad geográfica acordada en el marco del contrato de trabajo. Lo que incide positivamente en la regulación de las relaciones laborales globalizadas, por cuanto estos dos fenómenos son frecuentes en el caso de las empresas que operan en la economía global.

Así la Directiva 2001/23/CE, de 12 de marzo de 2001, sobre la aproximación de las legislaciones de los Estados miembros relativas al mantenimiento de los derechos de los trabajadores en caso de traspasos de empresas, de centros de actividad o de partes de empresas o de centros de actividad, dispone que los derechos y las obligaciones de las personas trabajadoras se transferirán al cesionario. Y, en esta dirección, establece que los Estados miembros podrán establecer incluso la responsabilidad solidaria de las deudas contraídas antes del traspaso, una vez que se haya efectuado la trasmisión (artículo 3 la Directiva 2001/23/CE). Todo lo que ha tenido un relevante impacto en algunas legislaciones como la española (ORTEGA LOZANO, 2023, p. 218).

Por su parte, la Directiva 2014/67/UE, respecto de los desplazamientos de trabajadores efectuado en el marco de una prestación de servicios, impone a los Estados que establezcan mecanismos para que las personas trabajadoras reciban toda la remuneración neta acordada, así como todos los atrasos o las retenciones indebidas (incluidos los reembolsos de impuestos o de cotizaciones a la Seguridad Social) y todos los reembolsos de los costes excesivos (artículo 11.6 de la Directiva 2014/67/UE), en el caso de que éstos existieran.

También establece algunas garantías en el caso de que el desplazamiento se produzca en el marco de contratas o subcontratas, como la responsabilidad empresarial del contratista frente a impagos del subcontratista relativos al salario mínimo o a las cotizaciones adeudadas a fondos o instituciones comunes de los interlocutores sociales (artículo 12.5 de la Directiva 2014/67/UE). Lo que afecta especialmente a las relaciones laborales globalizadas y más particularmente a las cadenas globales de valor que operen en el espacio europeo. Si bien, esta responsabilidad dependerá de la propia legislación de los Estados miembros, que podrán limitar esta responsabilidad, incluso eximirla, en el caso de que la empresa contratista actúe con la diligencia debida (artículo 12 de la Directiva 2014/67/UE).

No obstante, la regulación europea sobre la garantía del salario se concreta, con carácter más general, especialmente en la protección frente a la insolvencia de la empresa, que forma parte de una de las grandes materias abordadas tanto en el plano legislativo como judicial (GARCÍA MURCIA, 2016, p. 7). También de la transparencia de la información empresarial, que será estudiada por su importancia en otro apartado distinto, sin que podamos subrayar la existencia de normas que se refieren al pago del salario, que corresponde, como otros muchos aspectos de la retribución, a los Estados miembros de la Unión Europea.

En este sentido, la norma europea dictada más relevante es la Directiva 2008/94/CE, de 22 de octubre de 2008, relativa a la protección de los trabajadores asalariados en caso de insolvencia del empresario, que contiene un capítulo específico dedicado a la protección en el caso de desplazamientos trasnacionales de las personas trabajadoras, que resulta de aplicación en aquellas empresas con actividades en al menos dos Estados miembros. Lo que incide en la regulación del salario en las relaciones laborales globalizadas.

Entre otros, el artículo 9 de la Directiva 2008/94/CE establece que la institución competente para el pago de la retribución en situaciones de insolvencia será la del Estado miembro donde las personas trabajadoras ejerzan o ejercieran habitualmente su trabajo. Lo que supone una relevante garantía de la protección del salario de las personas trabajadoras, que se acompaña de la colaboración entre las Administraciones Públicas de los distintos Estados dispuesta en el artículo 10 de la Directiva 2008/94/CE.

Si bien, el problema principal es que se trata de una norma europea muy general, que permite excepcionar grupos de personas trabajadoras, siempre que estas exclusiones no afecten al empleo parcial o de duración determinada, o se refieran a limitaciones en el tiempo del derecho a estar protegidos en situaciones de insolvencia (artículos 1.2, 1.3 y 2.2 de la Directiva 2008/94/CE). Lo que permite que los Estados miembros puedan hacer una transposición bastante flexible de la Directiva, habiendo intervenido en diversas ocasiones el TJUE para limitar este efecto poco deseado (GARCÍA MURCIA, 2016, p. 16 y ss.). Al mismo tiempo que deja en la competencia de los Estados miembros cuestiones de importante relevancia, como la fijación de la organización, financiación y funcionamiento, sin perjuicio de los principios, dispuestos en el artículo 5 de la Directiva 2008/94/CE, de separación de la obligación empresarial de financiación y de la obligación de los poderes públicos de garantizar la cobertura. Todo lo que le resta importancia en la capacidad para influir en la regulación de las relaciones laborales globalizadas.

Finalmente, resulta de especial relevancia el Reglamento 2021/691/UE, de 28 de abril de 2021, relativo al Fondo Europeo de Adaptación a la Globalización para Trabajadores Despedidos, por el que se deroga el Reglamento 1309/2013/UE. Por cuanto tiene como finalidad ayudar a las personas trabajadoras por cuenta ajena y por cuenta propia afectadas por procesos de reestructuración de empresas importantes en el período 2021-2027. Cuando estos procesos de adaptación estén relacionados particularmente con la globalización, como sucede con los cambios de tendencias en el comercio mundial, las diferencias comerciales, los cambios en las relaciones comerciales o en la composición del mercado interior, las crisis financieras o económicas, la transición hacia la descarbonización, así como los cambios derivados de la digitalización o la automatización de los procesos productivos (artículo 2.2 del Reglamento 2021/691/UE).

Entre las actividades subvencionables por la Unión Europea, se encuentran las medidas de política activa de empleo destinadas a la reinserción en el mercado laboral, las prestaciones para la búsqueda de empleo y los subsidios de movilidad (que permiten encontrar trabajos con mejores condiciones, incluidas las económicas), los incentivos a la contratación destinados a las empresas (que financian parte de los costes salariales) y las ayudas a la formación, en lo que aquí interesa destacar (artículo 7.2 del Reglamento 2021/691/UE).

Por lo que todo ello acredita la capacidad de la Unión Europea para fijar unas garantías que protejan a las personas trabajadoras que realizan la prestación de servicios en el espacio europeo, en relación con la percepción del salario, incluso en caso de trasmisión de empresa o de insolvencia, lo que resulta de aplicación también a las relaciones laborales que se desarrollan en este espacio geográfico.

5. *Especialidades para determinados tipos de personas trabajadoras, empleos o sectores de actividad*

La Unión Europea cuenta con algunas normas que se dirigen a determinados sectores de actividad, empleos o grupos sociales, como sucede en el caso de la regulación de la OIT. A este respecto, la regulación europea permite establecer condiciones particulares en atención a la actividad de la persona trabajadora, como lo es el trabajo en el campo, en el mar, en el sector del transporte o en el empleo público. Si bien, estas regulaciones se refieren a aspectos como la contratación, los gastos de reembolso asociados a la ejecución de la prestación de servicios que debe asumir obligatoriamente la empresa, el tiempo de trabajo o los derechos de información, afectando solo este último aspecto al salario en las relaciones laborales globalizadas, como se ha podido comprobar en el apartado dedicado específicamente a esta cuestión, aunque puedan extraerse algunas reglas indirectas tanto de la regulación de los gastos que debe asumir la empresa o de la regulación del tiempo de trabajo. Contrasta en este punto la amplia regulación europea del tiempo de trabajo (MARTÍN RODRÍGUEZ, 2021), frente a la más escasa de la retribución, pese a formar parte ambas de los elementos esenciales y más clásicos de la relación laboral.

En particular, como se analiza en el capítulo 2 de la presente monografía por la Profesora García Coca, el sector del transporte cuenta con una regulación propia sobre el desplazamiento de las personas trabajadoras en el marco del espacio europeo, concretada, entre otras, en el Reglamento 1072/2009/UE, de 21 de octubre de 2009, por el que se establecen normas comunes de acceso al mercado del transporte internacional de mercancías por carretera; así como en la Directiva 2020/1057/UE, de 15 de julio de 2020, por la que se fijan normas específicas con respecto a la Directiva 96/71/CE y la Directiva 2014/67/UE para el desplazamiento de los conductores en el sector del transporte por carretera.

Junto a lo anterior, el tipo de empleo también ha motivado regulaciones distintas en el ámbito europeo, como se puede extraer de las prestaciones de servicios realizadas en el marco de empresas de trabajo temporal, que se analizan por la Profesora García Coca en el capítulo 3 de la presente monografía, por afectar a la regulación de las relaciones laborales globalizadas. A este respecto, la Directiva 2008/104/CE, de 19 de noviembre de 2008, relativa al trabajo a través de empresas de trabajo temporal, recoge la igualdad de trato respecto de las personas trabajadoras contratadas directamente por una empresa usuaria, lo que debe entenderse aplicable a la retribución. Si bien se establece la posibilidad de que los Estados miembros establezcan excepciones para algunas personas trabajadoras, como sucede con quienes realizan dos misiones en el marco de la misma prestación de servicios o quienes acuerden condiciones de trabajo distintas (artículos 5.2, 5.3 y 5.4 de la Directiva 2008/104/CE).

No obstante, las normas europeas prohíben que puedan establecerse condiciones distintas en atención a la duración del contrato de trabajo o al tiempo de dedicación de la persona trabajadora. Así se establece en el artículo 4.1 de la Directiva 1999/70/CE, de 28 de junio de 1999, relativa al Acuerdo marco de la CES, la UNICE y el CEEP sobre el trabajo de duración determinada, así como en el artículo 4 de la Directiva 97/81/CE, de 15 de diciembre de 1997, relativa al Acuerdo marco sobre el trabajo a tiempo parcial concluido por la UNICE, el CEEP y la CES, que prohíben estas diferencias de trato distinto, salvo que pueda justificarse por razones objetivas, aludiendo a la aplicación de la regla *pro rata temporis*.

La aplicación de la igualdad de trato también impide que puedan establecerse diferencias para colectivos específicos de personas trabajadoras, aunque la Unión Europea, al igual que la OIT y muchos de los países, ha adoptado normas particulares dirigidas a la protección de los grupos sociales que históricamente han sufrido obstáculos en su participación laboral.

De entre las normas europeas dirigidas a estos grupos sociales destaca especialmente, olvidando a aquellas que se refieren a la protección de la igualdad entre las mujeres y los hombres, que se estudiarán en el siguiente apartado, la Directiva 94/33/CE, de 22 de junio de 1994, así como la Recomendación 67/1257/CEE, de 31 de enero, sobre la protección de los jóvenes en el trabajo, que establecen esencialmente normas en materia de prevención de riesgos laborales, sin contener previsiones directas relacionadas con la movilidad de las personas trabajadoras jóvenes o sobre la protección del salario.

Como tendremos ocasión de comprobar en el siguiente apartado, esto no ha impedido que la Unión Europea haya tenido un papel relevante en la corrección de la discriminación laboral en general y más particularmente en la discriminación salarial. Lo que resulta relevante en el caso de las relaciones laborales globalizadas, como se apuntaba al inicio de este capítulo.

6. Igualdad de trato y no discriminación retributiva; en particular por razón de sexo y de género

La de igualdad de oportunidades y de trato ha sido fuertemente desarrollada en el ámbito europeo. Por un lado, determinadas normas europeas relacionadas con el desplazamiento de las personas trabajadoras se refieren a la igualdad de trato, como se analiza profundidad en el capítulo 2 de esta monografía, a cargo de la Profesora García Coca. Particularmente, el artículo 12.1.a de la Directiva 2011/98/UE, de 13 de diciembre de 2011, por la que se establece un procedimiento de solicitud de un permiso único, que autoriza a los nacionales de terceros países a residir y a trabajar en el territorio de un Estado miembro y por la que se establece un conjunto común de derechos para los trabajadores de terceros países que residen legalmente en un Estado miembro; el artículo 23.1.a de la Directiva 2014/36/UE, de 26 de febrero de 2014, sobre las condiciones de entrada y estancia de nacionales de terceros países para fines de empleo como trabajadores temporeros; así como el artículo 16.1.a de la Directiva 2021/1883/UE, de 20 de octubre de 2021, relativa a las condiciones de entrada y residencia de nacionales de terceros países con fines de empleo de alta cualificación, y por el que se deroga la Directiva 2009/50/CE del Consejo, que garantizan la igualdad de trato en materia salarial, en lo que aquí interesa destacar, respecto de los nacionales del Estado miembro de acogida. Todo lo que la Directiva (UE) 2018/957, como subraya la Profesora García Coca en el capítulo 2 de esta monografía, ha mejorado, añadiendo la obligación de abonar el mismo salario.

Por otro lado, la Unión Europea ha dictado numerosas normas en materia de no discriminación por condiciones personales o sociales, como son la Directiva 2000/78/CE, de 27 de noviembre de 2000, relativa al establecimiento de un marco general para la igualdad de trato en el empleo y la ocupación, que tutela frente a diferencias de trato en las condiciones de empleo y de trabajo, lo que incluye la remuneración de las personas trabajadoras, basadas en edad, en la discapacidad, la religión o las convicciones o la orientación sexual. Esto impone la protección frente a diferencias de trato injustificadas, sin perjuicio de la posible adopción de normas dirigidas especialmente a la remoción de los obstáculos que inciden negativamente en la participación laboral de estos grupos poblacionales (artículos 1, 3.c, 5 y 7 de la Directiva 2000/78/CE), a la que se ha hecho referencia en el apartado anterior. En este aspecto, la regulación europea ha tenido menos desarrollo, sobre todo si se compara con las medidas de acción positiva adoptadas para corregir las diferencias de trato relacionadas con la mujer y el cuidado de los familiares.

Tampoco todos los factores de diferenciación han tenido el mismo grado de concreción en el ámbito europeo. De hecho, suele cuestionarse que puedan imponerse condiciones distintas de empleo en atención a la edad de la persona trabajadora, pues cualquier diferencia de trato carente de justificación razonable sería considerada como discriminatoria. No obstante, el artículo 6 de la Directiva 2000/78/CE permite que los Estados miembros establezcan diferencias de trato este motivo, siempre que estén justificadas objetiva y razonablemente.

Las diferencias de trato por razón de edad pueden consistir, según el artículo 6 de la Directiva 2000/78/CE, en la fijación de condiciones especiales de acceso al empleo y a la formación profesional; de condiciones de trabajo y de empleo, incluido el despido, al objeto de favorecer la inserción o garantizar la protección; de condiciones mínimas relativas a la experiencia profesional o a la antigüedad en el trabajo para acceder al empleo o a determinadas ventajas vinculadas al mismo; y de la fijación de una edad máxima para la contratación que esté basada en los requisitos de formación del puesto o en la necesidad de un período de actividad razonable previo a la jubilación.

Por lo que todo ello impide que la edad pueda emplearse para el establecimiento de diferencias de trato en materia salarial, siendo ésta una de las líneas de evolución más reciente de la regulación europea en materia de diferencia de trato por razón de edad, que ha estado más centrada en la extinción forzosa del contrato por esta causa, conocida como "jubilación forzosa" (SOLÀ MONELLS, 2020, p. 4). Así quedó confirmado en la STJUE de 8 de septiembre de 2011 (TOL2.156.112), que declaró discriminatoria la fijación de diferencias de trato, por razón de edad, en el salario base de algunas personas trabajadoras. No obstante, el TJUE ha entendido que pueden aplicarse condiciones salariales distintas, como consecuencia de medidas generales de reducción salarial vinculadas a la supresión de un déficit presupuestario público excesivo, aunque estas medidas afecten más negativamente a los dos grupos retributivos de las categorías inferiores de la carrera judicial y estos grupos estén generalmente compuestos por personas más jóvenes, STJUE 7 de febrero de 2019 (TOL7.025.384).

Por lo que el grado de aceptación de las diferencias de trato en materia retributiva por razón de edad en el ámbito europeo es más fuerte cuando se analizan las discriminaciones directas que las indirectas y más débil que el permitido para otras diferencias de trato como son aquellas relacionadas con la participación de la mujer o el cuidado de familiares. Lo que tiene importancia en las relaciones laborales globalizadas y resultaría deseable corregir, por cuanto los pactos y los acuerdos de las partes pueden introducir fácilmente estas diferencias de trato.

En este aspecto, por lo que se refiere al sexo y al género como factor de diferenciación, tanto la Directiva 2006/54/CE del Parlamento Europeo y del Consejo, de 5 de julio de 2006, relativa a la aplicación del principio de igualdad de oportunidades e igualdad de trato entre hombres y mujeres en asuntos de empleo y ocupación, como la Directiva 2023/970/UE, de 10 de mayo de 2023, por la que se refuerza la aplicación del principio de igualdad de retribución entre hombres y mujeres por un mismo trabajo o un trabajo de igual valor a través de medidas de transparencia retributiva y de mecanismos para su cumplimiento, han establecido importantes restricciones a las diferencias retributivas entre estos dos grupos sociales.

Es cierto que las Directivas de tutela antidiscriminatoria mencionadas en el presente apartado afectan de manera general a todas las prestaciones de servicios realizadas en el ámbito de la Unión Europea, sin incidir específicamente en las relaciones laborales globalizadas. Pero la Directiva 2023/970/UE, como puede deducirse de su propio título y de su articulado, impone importantes obligaciones empresariales relacionadas con la transparencia en la gestión empresarial en materia de igualdad salarial entre mujeres y hombres, que inciden en las relaciones laborales globalizadas. Tales obligaciones son que las ofertas de trabajo incluyan información sobre la retribución basada en criterios objetivos y neutros que permitan una negociación transparente (artículo 5.1 de la Directiva 2023/970/UE), que la contratación y la progresión profesional estén basadas en criterios objetivos y neutros (artículos 5.3 y 6 de la Directiva 2023/970/UE), que las personas trabajadoras y la representación de las personas trabajadoras accedan a cierta información retributiva, incluso que esta información sea publicada (artículos 7 y 9 de la Directiva 2023/970/UE), o que las empresas (especialmente las de grandes dimensiones) realicen en algunos casos auditorías retributivas obligatorias (artículo 10 de la Directiva 2023/970/UE).

Junto a lo anterior, numerosas normas europeas han establecido previsiones específicas, referidas incluso a la retribución, que tutelan la no discriminación de la mujer y de quienes se ocupan el cuidado familiar. Así, el artículo 11 de la Directiva 92/85/CEE, de 19 de octubre de 1992, relativa a la aplicación de medidas para promover la mejora de la seguridad y de la salud en el trabajo de la trabajadora embarazada, que haya dado a luz o en período de lactancia, dispone la garantía en el mantenimiento de la remuneración, lo que impide las diferencias de trato de las mujeres en las mencionadas circunstancias.

Con un alcance más limitado, que contrasta con este amplio reconocimiento vinculado a la protección de la mujer trabajadora que ha sido madre, el artículo 8 de la Directiva 2019/1158, de 20 de junio de 2019, relativa a la conciliación de la vida familiar y la vida profesional de los progenitores y los cuidadores, y por la que se deroga la Directiva 2010/18/UE del Consejo, que se refiere monográficamente a la remuneración y a la prestación sustitutiva de ésta, dispone que los Estados miembros garantizarán que las personas trabajadoras que disfruten de los permisos de paternidad, regulados en el artículo 4.1 (10 días) o en el artículo 5.2 (cuatro meses), reciban una remuneración o una prestación económica.

Únicamente en lo que hace al permiso parental de los cuatro meses se dispone que dicha remuneración o prestación económica se garantizará de manera que se facilite que ambos progenitores puedan ejercer su disfrute, aunque la regulación resulta excesivamente genérica. Por lo que, como antes se ha avanzado, esto implica un reconocimiento más limitado respecto de la protección de la mujer trabajadora que ha sido madre y de otros tipos de permisos para el cuidado familiar referidos en la Directiva, pese a la importancia que tendría un reconocimiento equivalente, en particular en las relaciones laborales globalizadas, por existir diferentes regulaciones jurídicas.

En todo caso, toda esta normativa, que eleva los mínimos de los textos internacionales examinados en los anteriores apartados, permite concluir que la Unión Europea ha introducido importantes obligaciones en relación con la igualdad y no discriminación en las relaciones laborales de quienes participan en este espacio geográfico, en particular en la intersección de las diferencias entre mujeres y hombres, con gran relevancia para las relaciones laborales globalizadas, donde se precisan intervenciones especiales para lograr la equiparación salarial.

7. El desarrollo de la diligencia debida en el ámbito europeo como impulso para el aseguramiento de mínimos en materia salarial

El Reglamento 2019/2088/UE, de 27 de noviembre de 2019, sobre la divulgación de información relativa a la sostenibilidad en el sector de los servicios financieros, establece normas armonizadoras de transparencia empresarial en este sector, disponiendo ciertas obligaciones de información para empresas con grandes dimensiones que operan globalmente, en los términos que se concretan en su articulado, que afectan a normas internas de las empresas dedicadas al salario, conocidas como políticas de remuneración, como se extrae de su artículo 5, titulado "transparencia de las políticas de remuneración en relación con la integración de los riesgos de sostenibilidad".

Junto a ello, también establece ciertas reglas respecto de la "transparencia de las políticas relativas a los riesgos de sostenibilidad" (artículo 3), la "transparencia de la integración de los riesgos de sostenibilidad" (artículo 6), la "transparencia de la promoción de las características medioambientales o sociales y de las inversiones sostenibles en los sitios web" (artículo 10) y la "transparencia de la promoción de las características medioambientales o sociales y de las inversiones sostenibles en los informes periódicos" (artículo 11), que explican el importante impacto que la transición justa está teniendo recientemente en la regulación de las condiciones laborales, entre ellas el salario, en las cadenas globales de valor.

Concretamente, el artículo 5 del Reglamento 2019/2088/UE establece que los participantes en los mercados financieros y lo asesores, en sus políticas de remuneración, deben ofrecer información sobre la coherencia de estas políticas con la integración de los riesgos de sostenibilidad, debiendo publicar esta información en sus sitios web.

Asimismo, cabe destacar otras normas europeas que se refieren a las obligaciones de proporcionar cierta información, entre las que puede señalarse el Reglamento Delegado 2021/2178/UE, de 6 de julio de 2021, que completa al Reglamento 2020/852/UE, especificando el contenido y la presentación de la información que deben divulgar las empresas sujetas a los artículos 19 bis o 29 bis de la Directiva 2013/34/UE, en materia de sostenibilidad medioambiental. O el Reglamento Delegado 2023/2772/UE, de 31 de julio de 2023, por el que se completa la Directiva 2013/34/UE del Parlamento Europeo y del Consejo en lo que respecta a las normas de presentación de información sobre sostenibilidad, que expresamente se refiere a la divulgación de información en materia de retribución.

En la misma dirección, cabe señalar las normas europeas que se refieren a la diligencia debida, que se dictan en coherencia con 1 de los 15 Principios Rectores de la ONU sobre las empresas y los derechos humanos (2011) que las cadenas globales de valor deben seguir, en lo que aquí interesa destacar, en materia salarial, implementando para ello "políticas" y "procedimientos" dirigidos a cumplir su responsabilidad en materia de derechos humanos, lo que exige la identificación, prevención, reducción y publicación de información relativa a su cumplimiento.

Como manifestación de la diligencia debida, el Consejo de la Unión Europea aprobó, con fecha de 28 de noviembre de 2022, la Propuesta de Directiva, que fue adoptada con fecha de 23 de febrero de 2022, sobre diligencia debida de las empresas en materia de sostenibilidad, que ha quedado plasmada en la Directiva 2024/1760/UE, avanzando de esta forma en la autorregulación de las cadenas globales de valor, que tanta influencia tienen para la regulación del salario en las relaciones laborales globalizadas. Pese al limitado alcance del texto (GUAMÁN HERNÁNDEZ, A., 2022, p. 34), así como a la necesidad de avanzar en la articulación de las responsabilidades que se deriven en vía judicial para facilitar el acceso de las víctimas a las reparaciones (DURÁN AYAGO, A., 2022, p. 17-18).

La Directiva 2024/1760/UE tiene como objetivo la prevención del incumplimiento en materia de derechos humanos y el medio ambiente en las empresas que operan globalmente. Lo que está relacionado directamente con el salario de las personas trabajadoras, por lo que afecta también a la materia analizada en la presente monografía, como se deduce de las referencias al salario equitativo y al salario digno adecuado que las empresas deben garantizar. Así se extrae de la cita que la Directiva 2024/1760/UE sobre diligencia debida de las empresas en materia de sostenibilidad realiza al artículo 7 del Pacto Internacional de Derechos Económicos, Sociales y Culturales, donde se recogen estos derechos humanos.

Concretamente, la Directiva 2024/1760/UE, en sintonía con el Reglamento 2019/2088/UE anteriormente citado, establece la obligación empresarial de publicar información sobre la gestión empresarial en abierto (artículos 16 y 17 de la Directiva 2024/1760/UE sobre diligencia debida de las empresas en materia de sostenibilidad). Asimismo, contiene ciertas directrices destinadas a la integración de la diligencia debida en las políticas empresariales, la detección de los efectos adversos reales y potenciales que pueden afectar a las empresas, la prevención de los efectos adversos potenciales en los que pudieran incurrir a través del establecimiento de mecanismos de control interno, que incluyen la creación de canales internos de denuncia y el establecimiento de procedimientos de supervisión por parte de los Estados dirigidos a garantizar que las empresas cumplan con estas políticas de control interno, así como la eliminación de los efectos adversos reales de las políticas empresariales (artículos 5 a 10 de la Propuesta de Directiva sobre diligencia debida de las empresas en materia de sostenibilidad).

A este respecto, debe tenerse en cuenta que la Directiva 2019/1937/UE, de 23 de octubre de 2019, relativa a la protección de las personas que informen sobre infracciones del Derecho de la Unión, establece ciertas garantías para los denunciantes que formulen denuncias internas, respecto de las materias fijadas en sus artículos 2 y 3. Lo que permite dar solidez a los mecanismos de control interno anteriormente mencionados.

Todo lo que engarza con los mismos nuevos instrumentos de cumplimiento normativo interno de las empresas impulsados en el ámbito internacional a través de los Principios Rectores de las Empresas y los Derechos Humanos de las Naciones Unidas (2011), la Declaración Tripartita de Principios sobre las empresas internacionales y la política social de Naciones Unidas (1977, revisadas en 2022) o la Recomendación de la OCDE sobre el papel del gobierno en la promoción de la conducta empresarial responsable (2023), que fueron analizados en el apartado 2 de este capítulo y que serán estudiados en profundidad en el capítulo 4, cuando se analicen la regulación en el salario en las cadenas globales de valor. Pues su finalidad es reforzar la diligencia debida de las empresas, facilitando de esta forma una regulación de las relaciones laborales globalizadas, lo que ha hecho que las directrices internas de Naciones Unidas sobre diligencia debida sean replicadas en la Unión Europea.

IV. LA REGULACIÓN DEL SALARIO EN MERCOSUR

En 1991, se crea el Mercado Común del Sur (MERCOSUR), con la firma su Tratado Internacional por parte de la República Argentina, la República Federativa de Brasil, la República del Paraguay y la República Oriental del Uruguay, que se modifica en 1994 mediante el Protocolo Adicional al Tratado de Asunción sobre la Estructura Institucional del MERCOSUR, incorporándose Venezuela en 2013. Además de los anteriores países, MERCOSUR está integrada por los Estados asociados, que son aquellos Estados Miembros de la Asociación Latinoamericana de Integración (ALADI) firmantes de acuerdos parciales, entre los que se encuentran Chile, Colombia, Ecuador y Perú. A lo que también se unen algunas áreas económicas de América Latina, que han suscrito tratados con MERCOSUR, como son Guyana y Surinam, estando en proceso de integración Bolivia desde 2015. Igualmente, MERCOSUR también ha concluido algunos acuerdos comerciales con México y Cuba.

El objetivo originario de MERCOSUR fue la creación de un Mercado Común de libre circulación de bienes, servicios y factores productivos entre los Estados Parte. No obstante, MERCOSUR también persigue la consecución de objetivos sociales en la actualidad, como resultado de la evolución de sus políticas, que han logrado la creación de un Estatuto de la Ciudadanía, integrado por un conjunto de derechos fundamentales, entre los que se encuentran, la libre circulación de personas, la igualdad de derechos y libertades civiles, sociales, culturales y económicas, así como la igualdad de condiciones de acceso al trabajo, a la salud y a la educación (MUSSO, J.A., 2019, p. 167).

Concretamente, por lo que se refiere al ámbito de los derechos individuales y la materia analizada en la presente monografía, se reconoce, como derechos del Estatuto de la Ciudadanía del MERCOSUR, la remuneración y el salario mínimo, así como la igualdad y no discriminación, en lo que interesa destacar de la regulación del salario en el contexto de la globalización. Todo lo que permite afirmar que MERCOSUR tiene capacidad de incidir en la regulación de las relaciones laborales globalizadas. Pues estos mínimos deben respetarse por los Estados integrados y también por los Estados que mantienen relaciones comerciales con éstos.

De entre las normas más relevantes de MERCOSUR, cabe destacar el Protocolo de Asunción, firmado en 2005, con la finalidad de expresar el compromiso de los Estados con la promoción y la protección de los Derechos Humanos a través de textos específicos adoptados en el seno de MERCOSUR.

También el Plan Estratégico de Acción Social (PEAS), adoptado por los Estados en 2011, que tiene como objetivo la conformación progresiva de un Estatuto de la Ciudadanía, lo que se realiza mediante Instituto Social de MERCOSUR, creado en el año 2007. De los 10 Ejes del Plan Estratégico de Acción Social, cabe destacar, en lo que aquí interesa, el "Eje II: Garantizar los Derechos Humanos, la asistencia humanitaria e igualdades étnica, racial y de género", así como el "Eje VII: Asegurar el acceso al trabajo decente y a los derechos de previsión social", que se refiere expresamente a la mejora de la remuneración.

Y la Declaración Sociolaboral de MERCOSUR, que contiene las principales iniciativas para la consolidación de la dimensión social y ciudadana, habiendo sido revisada en 1998 y en 2015, para recoger, entre otros, el fortalecimiento del empleo y el trabajo decente. En particular, por lo que se refiere al salario, se reconoce el derecho a un salario que satisfaga las necesidades de las personas trabajadoras y de sus familias. A ello se une, con un carácter más general, las previsiones relativas a la libre circulación de las personas pertenecientes a los Estados Parte, así como la no discriminación entre personas trabajadoras transfronterizas (artículo 7 de la Declaración Sociolaboral de MERCOSUR de 2015), que tanta relevancia tienen para las relaciones laborales globalizadas. O la no discriminación por razón de sexo o de género entre mujeres y hombres, así como por razón de discapacidad (artículos 5 y 6 de la Declaración Sociolaboral de MERCOSUR de 2015).

Además de lo anterior, los Órganos Sociolaborales del MERCOSUR (OSL) adoptaron el Acuerdo Multilateral de Seguridad Social del Mercado Común del Sur y Reglamento Administrativo (1997), que permite garantizar las prestaciones con los límites dispuestos, así como existen cinco Planes Regionales, que se refieren al trabajo forzoso, al empleo infantil, así como a la libre circulación.

Por lo que todo este conjunto de normas, dirigidas a un gran número de países con relevancia en las relaciones comerciales internacionales, permite afirmar la influencia de MERCOSUR en la regulación de las relaciones laborales globalizadas, incluyendo aquellos aspectos más esenciales como la retribución de las personas trabajadoras que prestan servicios en los países integrados en MERCOSUR o de los países que mantienen relaciones comerciales con los Estados que forman parte.

V. LA PLURALIDAD DE NORMAS ESPAÑOLAS Y EL PAPEL DEL CONVENIO COLECTIVO EN LA REGULACIÓN DEL SALARIO

La regulación del salario en España ha estado influenciada por los Convenios de la OIT (MANEIRO VÁZQUEZ, 2020, p. 470-471; MELLA, 2019, p. 60), como podrá comprobarse en el análisis realizado en este apartado, siendo menor su impacto en los pronunciamientos judiciales (MIRANDA BOTO, 2020, p. 509). Por su parte, la legislación de la Unión Europea ha tenido menos relevancia en la regulación del salario en España, con excepción de aquellas disposiciones referidas a la igualdad y no discriminación salarial, debido a dos razones fundamentalmente. De un lado, la escasa capacidad de la Unión Europea para legislar en materia de salarios, por la repercusión que esta regulación tiene en la libre circulación de las personas trabajadoras, que se reduce, como hemos tenido ocasión de comprobar en el apartado dedicado monográficamente a esta cuestión, a la fijación de reglas o directrices que aseguren un salario mínimo, a la introducción de mecanismos que aseguren la transparencia salarial, a la provisión de mecanismos para la cobertura de las situaciones de insolvencia empresarial, así como a la introducción de mínimos que garanticen la libre circulación en los países de la Unión Europea, entre ellos en materia salarial. Por otro lado, la elevada adaptación de la regulación española a los mínimos internacionales regulados en la OIT recepcionados por la Unión Europea, que alcanzan en algunas ocasiones, como tendremos ocasión de comprobar con detenimiento, a la protección del salario en el caso de desplazamientos fuera de España, por su extensión fuera de este territorio.

De entre las disposiciones más relevantes reguladora del salario en España, cabe destacar el Real Decreto Legislativo 2/2015, de 23 de octubre, por el que se aprueba el Texto Refundido de la Ley del Estatuto de los Trabajadores, en adelante ET, que determina las fuentes básicas de la regulación, así como regula los derechos de las personas trabajadoras, entre los que se encuentra, el derecho al salario, como tendremos ocasión de comprobar.

A este respecto, el ET determina las fuentes de la relación laboral, que se concretan en las normas dictadas por el Estado en forma de disposiciones legales y reglamentarias; en los convenios colectivos negociados en distintos ámbitos, que comprenden desde los acordados en la empresa hasta el sector; en los pactos dados entre las partes; así como en los usos y costumbres locales y profesionales (artículo 3 del ET). Estas disposiciones mejorarán los derechos laborales recogidos en el artículo 4 del ET, entre los que se encuentran, en lo que aquí interesa subrayar, el derecho a la no discriminación (artículo 4.2.c del ET), que a su vez se concreta en la nulidad de los tratos discriminatorios (artículo 9 del ET) y en el derecho a la misma retribución por trabajos de igual valor (artículos 22.3 y 28 del ET), así como en el derecho a "la percepción puntual de la remuneración pactada o legalmente establecida" (artículo 4.2.f del ET).

Junto a ello, el artículo 26 del ET, que se dedica monográficamente al salario, establece otros derechos del trabajador, que serán objeto de análisis en los siguientes apartados, que se unen a las previsiones dispuestas en los artículos 27 a 33 del ET, que contienen determinados mínimos en relación con la fijación del salario, su percepción en forma y tiempo, así como la garantía de su devengo. Finalmente, existen también determinadas obligaciones empresariales de información a la representación de las personas trabajadoras en la empresa sobre el salario, que vienen igualmente a garantizar su percepción por las personas trabajadoras.

Como tendremos ocasión de comprobar, las previsiones anteriormente citadas regulan el salario de quienes realizan prestaciones de servicios en España (territorialidad normativa), así como a las personas trabajadoras españolas contratadas en España al servicio de empresas españolas en el extranjero, en atención a lo previsto en el artículo 1.4 del ET (extraterritorialidad normativa), aunque en este caso debe concordarse con el Reglamento nº 593/2008, que regula en el ámbito europeo la ley aplicable a las obligaciones contractuales (Roma I), habiéndose discutido la aplicabilidad del artículo 1.4 del ET para resolver conflictos (CARRASCOSA GONZÁLEZ, 2023, p. 66).

Por lo que son muy pocas las previsiones relativas a la regulación del salario de las empresas en el contexto de la globalización, incluso en aspectos de relevancia como su protección en las cadenas globales de valor o en los supuestos de descentralización productiva trasnacional. Sin perjuicio del importante impacto que tienen los citados principios de territorialidad y extraterritorialidad normativa en la regulación de las relaciones laborales globalizadas, con normas que han tratado de garantizar los derechos laborales y de articular los mecanismos de aplicación judicial, aunque muchas veces insuficiente por la opción de los convenios colectivos de regular el salario de las personas trabajadoras desplazadas en contadas ocasiones (LÓPEZ CUMBRE, 2018, p. 338).

Por todo ello, interesa identificar las normas reguladoras del salario en España, con el objetivo de analizar los mínimos establecidos, valorando su grado de adaptación a las normas internacionales, así como las mejoras introducidas. Por cuanto ello tiene relevancia para la regulación del salario de las personas trabajadoras que prestan sus servicios en empresas multinacionales que operan en el territorio donde residen, así como para las personas trabajadoras desplazadas. Un análisis que se detendrá en el estudio de las normas estatales, que son las competentes para la regulación de las condiciones de trabajo, sin perjuicio de la capacidad que tienen las Comunidades Autónomas para la ejecución de las normas laborales (artículo 149.1.7 de la CE). Tampoco se estudiará con detalle el contenido de los convenios colectivos, que tan solo en algunas ocasiones, como se estudia en el capítulo 2 de la presente monografía a cargo de la Profesora García Coca, han regulado del desplazamiento de las personas trabajadoras fuera de su territorio.

1. Una amplia protección del salario protegido, que incluye de la retribución

A diferencia de la regulación contenida en los Convenios de la OIT y de la Unión Europea, el ET realiza una amplia tutela de la protección de las cantidades adeudadas en concepto de salario, que comprende tanto el salario base como los complementos salariales previstos legalmente y en convenio colectivo.

De hecho, el artículo 26.1 del ET califica como salario "la totalidad de las percepciones económicas de los trabajadores, en dinero o en especie, por la prestación profesional de los servicios laborales por cuenta ajena, ya retribuyan el trabajo efectivo, cualquiera que sea la forma de remuneración, o los periodos de descanso computables como de trabajo". De este concepto, tan solo debe excluirse, por considerarse retribuciones extrasalariales, en atención al artículo 26.2 del ET, "las cantidades percibidas por el trabajador en concepto de indemnizaciones o suplidos por los gastos realizados como consecuencia de su actividad laboral, las prestaciones e indemnizaciones de la Seguridad Social y las indemnizaciones correspondientes a traslados, suspensiones o despidos".

También se excluyen, por tratarse de obligaciones que deben asumir las personas trabajadoras, "todas las cargas fiscales y de Seguridad Social" que le correspondan, que deberán ser satisfechas por ellas mismos, "siendo nulo todo pacto en contrario", según se establece en el artículo 26.4 del ET.

Por lo que la regulación española resulta mucho más garantista en la regulación del salario de las personas trabajadoras que las normas y textos adoptadas en ámbito internacional y europeo. Lo que tiene relevancia en las relaciones laborales globalizadas, especialmente a las que les resulte de aplicación la regulación española en virtud de los principios de territorialidad y extraterritorialidad normativa anteriormente aludidos, que quedarán en consecuencia más protegidas.

2. La fijación anual del salario mínimo mediante una norma legal y el papel de la negociación colectiva

En atención al artículo 26.3 del ET, "la negociación colectiva o, en su defecto, el contrato individual" determinarán "la estructura del salario", que deberá incluir tanto el salario base como los complementos salariales, sin adicionar a estos conceptos, como se ha indicado antes, las cantidades extrasalariales o los costes de Seguridad Social asociados a la contratación (artículos 26.2 y 26.4 del ET).

Junto a lo anterior, el salario en especie, incluso en el caso de las relaciones laborales especiales, deberá ser inferior al treinta por ciento de las percepciones salariales del trabajador, sin que pueda minorar en ningún caso la cuantía íntegra del salario mínimo interprofesional (artículo 26.1 del ET). Lo que tiene como objetivo garantizar que la retribución se liquida principalmente en metálico, facilitando que las personas trabajadoras puedan decidir libremente el destino de su salario, en sentido análogo a las disposiciones establecidas en los Convenios de la OIT. Si bien, la legislación española es poco garantista en la fijación de cómo se valora el salario en especie, lo que ha sido subrayado como una importante deficiencia, si se compara con las normas internacionales (MELLA, 2019, pp. 62 y 63).

El salario debe respetar el derecho constitucional de las personas trabajadoras a percibir "una remuneración suficiente para satisfacer sus necesidades y las de su familia" (artículo 35 de la CE).También debe respetar el principio de la política económica y social de que las vacaciones anuales sean retribuidas (artículo 40 de la CE). Todo lo que guarda correspondencia con los Convenios de la OIT sobre el salario mínimo y los textos internacionales acerca del trabajo decente.

En este sentido, la fijación del salario acordada por las partes, ya sea mediante la negociación colectiva o mediante el contrato de trabajo, deberá respetar el mínimo fijado anualmente por el

Gobierno, en atención a lo establecido en el artículo 27.1 del ET, que se refiere a los siguientes criterios, que se encuentran todos relacionados con el nivel de vida y que deben conectarse con el derecho constitucional a percibir una remuneración suficiente: "a) El índice de precios de consumo, b) La productividad media nacional alcanzada, c) El incremento de la participación del trabajo en la renta nacional, d) La coyuntura económica general". De hecho, el artículo 27.1 del ET establece la posible revisión semestral del salario mínimo, si se incumplieran las previsiones sobre el índice de precios, así como también ordena que la revisión del salario mínimo interprofesional no incida en los salarios profesionales, cuando éstos sean superiores. En el mismo sentido, también se establece igualmente la continuidad del salario fijado cuando resulte más favorable para la persona trabajadora que los establecidos en el orden normativo o convencional de referencia, sin que opere la compensación y la absorción. Pese a todo, lo cierto es que ninguna regla impide la congelación del salario mínimo o una evolución a menor ritmo que la subida de los precios (MELLA, 2019, p. 66).

Asimismo, la fijación del salario, en atención a lo establecido en el artículo 26.3 del ET, se realizará en función de "las condiciones personales del trabajador, al trabajo realizado o a la situación y resultados de la empresa". Por lo que esto permite una modulación del salario, una vez satisfecho el mínimo legal o el mínimo convencional, en función de la aportación de la persona trabajadora a la empresa, que puede facilitar la mejora de las condiciones salariales involucradas en la globalización, tanto si realizan por este motivo desplazamientos a otros países, como si permanecen en el territorio generando su prestación de servicios un alto valor para la empresa.

La cuantía debe concretarse en una cantidad económica, sin que se especifique su pago necesariamente en la moneda vigente en España en ese momento, sino que existe una referencia a que su abono puede realizarse "en moneda de curso legal", aunque esta previsión puede entenderse efectuada en realidad a la forma de abono, por la alusión que contiene el mismo precepto a la posibilidad de pago por transferencia bancaria (artículo 29.4 del ET).

Ahora bien, la cantidad económica acordada finalmente por la empresa y las personas trabajadoras debe respetar la igualdad y no discriminación, especialmente en relación con el sexo y el género de las personas trabajadoras, existiendo una amplia variedad de referencias legales sobre esta exigencia en el ordenamiento español, que se corresponden con muchas de las previsiones comentadas en ámbito internacional y europeo, como se expondrá en el apartado dedicado específicamente a esta cuestión.

3. Las garantías del salario: forma de pago, protección frente a insolvencias y obligaciones de documentación

El ET concreta las reglas relativas al pago del salario, que se basan en la puntualidad, así como en su abono periódico y regular, siempre dentro del mes de devengo, salvo en el supuesto del salario a comisión que puede liquidarse hasta en el plazo de un año desde la ejecución de la prestación de servicios (artículos 29.1 y 29.2 del ET). Lo que constituye una importante previsión, que garantiza el cobro regular, permitiendo de esta forma facilitar la prueba de la resolución causal del contrato de trabajo, prevista en el artículo 50.b del ET, cuando existen retrasos, como evidencia la reforma impulsada por la disposición final vigesimosexta de la Ley Orgánica 1/2025, de 2 de enero, de medidas en materia de eficiencia del Servicio Público de Justicia.

El abono del salario debe realizarse en la fecha y en el lugar acordado por las partes, o según los usos o las costumbres aplicables a la relación laboral acordada entre la empresa y la persona trabajadora, pudiendo abonarse en metálico, o bien mediante entidad de crédito, siempre que se informe a la representación legal de las personas trabajadoras en la empresa (artículos 29.1 y 29.4 del ET).

Asimismo, se establecen importantes reglas de documentación del salario, que se concretan en la obligación de documentar el contenido esencial del contrato de trabajo, aunque el principio de libertad de forma, que caracteriza al Derecho del Trabajo por su construcción a partir del Derecho Privado, permita generalmente la celebración de los contratos indefinidos ordinarios de palabra, siendo preceptivo su formalización por escrito en el resto de casos y generalmente cuando cualquier disposición establezca esta obligación (artículo 8.1 del ET). A este respecto, existe la obligación empresarial de realizar por escrito el contrato de trabajo también, en lo que aquí interesa destacar, de quienes realicen la prestación de servicios a distancia, así como de las personas trabajadoras contratadas en España al servicio de empresas españolas en el extranjero (artículo 8.1 del ET). Por lo que esto supone una importante garantía para las relaciones laborales globalizadas, por cuanto esta formalización aporta seguridad y transparencia en el cumplimiento de las obligaciones empresariales, siendo coherente con las normas internacionales que lo regulan. De hecho, se dispone también la obligación empresarial de informar por escrito a las personas trabajadoras sobre los elementos esenciales del contrato de trabajo y las principales condiciones de la ejecución de la prestación de servicio, cuando la duración sea superior a cuatro semanas, salvo que se haya formalizado por escrito (artículo 8.5 del ET). Lo que también supone una importante garantía de su abono, protectoras de las relaciones laborales globalizadas.

Junto a ello, hemos de resaltar las obligaciones empresariales de comunicación del contenido básico del contrato de trabajo, tanto a la autoridad laboral como a la representación legal de las personas trabajadoras en la empresa (artículos 8.2 y 8.3 del ET), que igualmente garantizan el cumplimiento de los mínimos legales en materia de salario y el respeto de las condiciones pactadas entre las partes. Por cuanto, estas obligaciones facilitan el control por terceros a ajenos al contrato de trabajo y la eventual prueba judicial.

Igualmente, otras reglas relativas a la documentación del salario son relevantes, como son la obligación empresarial de entregar un recibo individual y justificativo de su abono, que se regirá por el modelo oficial aprobado por el Ministerio, salvo previsión convencional o acuerdo de empresa con la representación legal de las personas trabajadoras en la empresa (artículo 29.1 del ET).

El modelo Ministerial del recibo de salario se regula en la Orden ESS/2098/2014, de 6 de noviembre, por la que se modifica el anexo de la Orden de 27 de diciembre de 1994, por la que se aprueba el modelo de recibo individual de salarios. Este modelo contiene los aspectos básicos del salario, que la empresa debe cumplimentar y entregar a la persona trabajadora, diferenciando entre todos los conceptos salariales (salario base, complementos salariales, horas extraordinarias, gratificaciones extraordinarias, salario en especie, los conceptos no salariales, así como las deducciones (Seguridad Social, IRPF, anticipos). Esta entrega puede realizarse en mano, o bien puede efectuarse por cualquier medio tecnológico, como correo electrónico o más usualmente mediante web corporativa, siempre que quede constancia de su recepción y que se garantice la posibilidad de impresión, aunque la falta de regulación de su entrega en formato electrónico ha generado cierta conflictividad (NIETO ROJAS, 2011, pp.83-90). Pese a que su entrega a través de medios electrónicos facilitaría el cumplimiento de la obligación empresarial de entrega del recibo de salario en el caso de las relaciones laborales globalizadas, donde resulta más frecuente la realización de la prestación de servicios en un espacio distinto a la sede física de la empresa.

Con el fin de garantizar la percepción de una cuantía mínima por parte de la persona trabajadora, el artículo 27.2 del ET establece la inembargabilidad del salario mínimo interprofesional, tanto mensual como anual, que ha sido modificado recientemente para hacer efectivo que la persona trabajadora reciba una percepción básica que cubra sus necesidades, incluso en el caso de que proceda el embargo de sus bienes, reforzando los Tribunales el sentido del cambio normativo. De hecho, la STS de 20 de octubre de 2022 (TOL9.291.686) concluyó que resulta inembargable el salario interprofesional, tanto en su cuantía mensual como anual, tras las reformas.

En otro orden de ideas, también existen importantes reglas de protección del salario, que comprenden su devengo cuando se determinará la nulidad total, pudiendo incluso exigir lo correspondiente a un contrato válido. Pues la percepción de las condiciones o retribuciones especiales, en el caso de nulidad parcial, estará sujeta al pronunciamiento judicial (artículos 9.1 y 9.2 del ET).También su percepción cuando existe imposibilidad de la prestación de servicios imputable a la empresa (artículo 30 del ET); la previsión de un interés por mora en el pago del salario del 10% de la cantidad adeudada (artículo 29.3 del ET); así como la protección frente a posibles insolvencias, con reglas específicas en caso de concurso (artículos 32 y 33 del ET, así como Ley 22/2003, de 9 de julio, Concursal, relativas a la clasificación de los créditos y a las ejecuciones y apremios).

4. Las especialidades para determinados tipos de personas trabajadoras, empleos o sectores de actividad

El artículo 2 del ET contiene un listado abierto de relaciones laborales especiales, cuya regulación jurídica, que se concreta en normas específicas, establece importantes previsiones en relación son el salario, que se apartan de la regulación común dispuesta en el ET. Tales como las indemnizaciones especiales para el personal de alta dirección (artículos 10 y 11 Real Decreto 1382/1985, de 1 de agosto, por el que se regula la relación laboral de carácter especial del personal de alta dirección); las reglas especiales del salario de los empleados de hogar cuando el empleador provisiona el alojamiento o la manutención, y la retribución en las horas de presencia (artículos 8 y 9.1 del Real Decreto 1620/2011, de 14 de noviembre, por el que se regula la relación laboral de carácter especial del servicio del hogar familiar); el reconocimiento de la clientela a los efectos de que exista compensación económica, la distribución del riego en caso de daños en el muestrario las herramientas de trabajo, la posible fijación del salario en forma de comisión con algunos límites y el cálculo de la indemnización en atención al promedio de los dos últimos años (artículos 5, 6, 8 y 11 del Real Decreto 1438/1985, de 1 de agosto, por el que se regula la relación laboral de carácter especial de las personas que intervengan en operaciones mercantiles por cuenta de uno o más empresarios, sin asumir el riesgo y ventura de aquéllas), entre otras.

El salario puede ser distinto en función del empleo, como se ha indicado anteriormente, así como de los sectores de actividad, puesto que el valor generado por las personas trabajadoras depende mucho de estos dos tipos de factores. Concretamente, en lo que hace a los sectores de actividad, la regulación estatal del salario mínimo interprofesional diferencia entre algunos tipos de sectores, como son el trabajo en el hogar familiar o en el campo (artículo 4 del Real Decreto 145/2024, de 6 de febrero, por el que se fija el salario mínimo interprofesional para 2024). Sin perjuicio de que se dispone una cuantía única de salario mínimo interprofesional, sin que existan diferencias en función de que la prestación de servicios se realice en el sector de la agricultura, la industria o los servicios.

A ello se suman los convenios colectivos sectoriales, que suelen mejorar el mínimo salarial fijado por Gobierno, estableciendo cuantías distintas en función del sector de actividad, sin que coincida necesariamente la estructura salarial. Pues precisamente su objetivo es establecer distinta cuantía salarial, en función del sector para lograr una mejor adecuación a las necesidades del sector. Esta negociación, sin embargo, suele limitarse a las cuestiones generales, sin que los nuevos temas que afectan a las relaciones laborales, como son la propia globalización hayan tenido un gran impacto (REVUELTA GARCÍA, M., 2021). Lo que sucede generalmente en todos los sectores productivos (ALMENDROS GONZÁLEZ, M.A., 2021).

Las diferencias comentadas sobre los tipos de relaciones laborales y los sectores de actividad contrastan con otra clase de reglas específicas que habitualmente suelen introducirse vinculadas al contrato de trabajo, que han sido consideradas contrarias a derecho, salvo que exista una causa de formación o de empleo que justifique su mantenimiento. Así, los contratos formativos tienen aparejada una retribución menor tanto en el régimen general del ET, como en los regímenes especiales que han regulado contratos formativos equivalentes, sin que esta diferencia se haya considerado discriminatoria, pese a que mayoritariamente suelan tener más presencia los jóvenes en este tipo de contratación. Así, el contrato de formación en alternancia deberá tener una retribución no inferior al 60% el primer año y el 65% el segundo año de la dispuesta para el grupo profesional y nivel retributivo en convenio colectivo, siempre con respeto al salario mínimo interprofesional (artículo 11.2.m del ET), el contrato en práctica tendrá la retribución que se fije en convenio colectivo, sin que pueda ser inferior al contrato de formación en alternancia ni al salario mínimo interprofesional (artículo 11.3.i del ET) o la relación laboral especial de residencia comporta una retribución fijada en atención al año de formación, sin perjuicio del salario base, del complemento de atención continuada y del plus de residencia en aquellos territorios donde está fijado (artículo 8 del Real Decreto 1146/2006, de 6 de octubre, por el que se regula la relación laboral especial de residencia para la formación de especialistas en Ciencias de la Salud).

Sin embargo, las especialidades que pueden introducirse en relación con el salario de las personas trabajadoras deben justificarse por razones ajenas a la duración del contrato de trabajo, así como al tiempo de trabajo. En este sentido, la legislación española, como la europea, dispone expresamente que las personas con contrato temporal o de duración determinada tienen los mismos derechos que las personas con contrato de trabajo indefinido, sin perjuicio de las peculiaridades que puedan establecerse por ley en relación con los contratos formativos, a las que se ha hecho referencia anteriormente, así como también caben diferencias en lo que hace a la extinción del contrato de trabajo (artículo 15.6 del ET) , que puede producirse sin indemnización cuando se resuelva por las causas consignadas en el contrato de trabajo (artículo 49.1.b del ET).

En la misma dirección, como se anunciaba antes, el tiempo de trabajo tampoco puede justificar una diferencia de trato más allá de la lógica aplicación del prorrateo, que justifica, en lo que aquí interesa destacar, la diferencia de salario entre un trabajador a tiempo completo y a tiempo parcial, cuando la cantidad adeudada se fija exclusivamente por el tiempo de trabajo. Así, se establece la igualdad de trato entre trabajadores a tiempo completo y a tiempo parcial en el artículo 12.4.d del ET, en función del tiempo de trabajo, como igualmente aclara el artículo 15.6 del ET, en relación con contratos de trabajo indefinidos y temporales, a los que se ha hecho referencia anteriormente. Todo lo que nuevamente vuelve a ser coherente con las normas internacionales, siendo relevante para la regulación de las relaciones laborales globalizadas a las que les resulte de aplicación la normativa española.

5. La igualdad de trato y la no discriminación en el empleo en relación con colectivos especiales de personas trabajadoras

El artículo 4.1.c del ET se refiere a la no discriminación por una amplia variedad de factores de diferenciación, como son la edad; el origen racial o étnico; la lengua dentro del Estado español; la orientación sexual, la identidad sexual, la expresión de género, las características sexuales, así como el sexo, incluida la conciliación o corresponsabilidad de la vida laboral y familiar; la discapacidad y la condición social.

En coherencia con lo anterior, el artículo 17 del ET, titulado la no discriminación en las relaciones laborales, declara la nulidad de la diferencia de trato no justificadas que afecten, en lo que aquí interesa destacar, a la retribución. Sin perjuicio de que puedan establecerse subvenciones, desgravaciones o medidas de fomento del empleo dirigidas a colectivos específicos, como se establece en el artículo 17.3 del ET. Estas medidas pueden también articularse mediante la negociación colectiva, como se dispone, en relación con las medidas para fomentar el acceso de las mujeres a todas las profesiones, en el artículo 17.4 del ET.

Por el importante problema social que supone la brecha retributiva en España, como en otros países de nuestro entorno, existen importantes previsiones dirigidas a detectar y a corregir los factores que determinan estas diferencias en esta condición de trabajo entre hombres y mujeres, lo que resulta relevante para las relaciones laborales globalizadas, donde puede igualmente provocarse diferencias retributivas de relevancia. Sin que puedan destacarse, por lo que se refiere a los salarios, previsiones específicas dirigidas a otros grupos poblacionales, como pueden ser los jóvenes, a los que se le había atribuido, en la fijación del salario mínimo interprofesional, un menor valor en su trabajo por estereotipos sociales, como el menor rendimiento o la incompleta formación, lo que fue declarado contrario al derecho, por discriminatorio, en la STC de 7 de marzo de 1984 (TOL79.321). Lo que supone una importante garantía para la regulación del salario en las relaciones globalizadas.

Así, la definición de los grupos profesionales de los convenios colectivos, que resulta claves para la determinación del contenido del contrato de trabajo y de la retribución de las personas trabajadoras en España, debe contener criterios y sistemas de fijación del salario respetuosos con la igualdad de trato, que deberán igualmente salvaguardar el principio de igual remuneración para trabajos de igual valor (artículo 22.3 y 28.1 del ET). De hecho, la empresa y las personas trabajadoras son competentes para acordar la inclusión en el grupo profesional (artículo 22.4 del ET) y para fijar la remuneración final por la prestación de servicio en el marco de todos los criterios mencionados anteriormente.

A estos efectos, el Real Decreto 902/2020, de 13 de octubre, de igualdad retributiva entre mujeres y hombres, contiene importantes previsiones dirigidas a la erradicación de la no discriminación y la corrección de la brecha de género, como son los criterios para la determinación de si un trabajo es de igual valor a otro (artículos 4 y 9 del Real Decreto 902/2020), las obligaciones empresariales en materia de transparencia salarial tanto de registro como de auditoría retributiva (artículos 3, 5, 6, 7 y 8 del Real Decreto 902/2020) y la tutela administrativa y judicial (artículos 10 y 11 del Real Decreto 902/2020). Todas ellas se corresponden con las importantes previsiones europeas comentadas anteriormente, aunque será necesario un mayor desarrollo de la transparencia retributiva. Por cuanto, la regulación española limita el acceso de la persona trabajadora a la información salarial del resto de personas trabajadoras de la empresa contenida en el registro retributivo, que se articula a través de la representación legal de las personas trabajadoras en la empresa (artículo 28.3 del ET), salvo que carezca de representación legal de las personas trabajadoras (artículo 5.3 del Real Decreto 902/2020), lo que precisará de una mayor adecuación.

VI. LA AUTOREGULACIÓN DEL SALARIO EN LAS GRANDES EMPRESAS, ESPECIALMENTE MULTINACIONALES, Y EN REDES TRASNACIONALES

Muchas empresas multinacionales están adoptando códigos éticos, de carácter unilateral y sin la intervención en consecuencia de la representación de las personas trabajadoras en las empresas, que recogen los derechos humanos más relevantes (SANGUINETI RAYMOND, 2022, p. 59) o los principales derechos laborales de los Convenios de la OIT fundamentales, como reflejo de la Responsabilidad Social Corporativa, en adelante RSC (NIETO ROJAS, 2017, p. 200). Entre estos derechos, se encuentran, en lo que aquí interesa destacar, el derecho a un salario suficiente y digno (SANGUINETI RAYMOND, 2022, p. 60).

Su origen está relacionado con la necesidad de las empresas globalizadas de evitar el daño reputacional que puede acarrearles la infracción de normas esenciales vinculadas a los derechos humanos. Por ello, este fenómeno se encuentra muy ligado a las conocidas como cadenas globales de valor (SANGUINETI RAYMOND, 2022, pp. 29-82), que escapan fácilmente al control de los Estados, por las limitaciones de las normas nacionales para regular las relaciones laborales globalizadas.

De hecho, estos códigos éticos disponen mecanismos de control en todo el proceso productivo, que se realiza a nivel global, dada las dificultades existentes de control cuando la producción se lleva a cabo en distintos países, así como cuando se carece de una regulación mínima uniforme como consecuencia de la diferente regulación legal aplicable en los distintos territorios y existen diversos niveles de aceptabilidad sobre las condiciones laborales.

Estos códigos éticos se acompañan de mecanismos de autoseguimiento que controlan el cumplimiento normativo de los estándares o de los principios éticos fijados por la propia empresa, incorporando en algunas ocasiones auditorías externas, que proporcionan objetividad y certeza al proceso de evaluación, aunque siempre es potestativo. En todo caso, el control sobre el cumplimiento de estos estándares o principios éticos, en lo que aquí interesa destacar respecto de sus diferencias con los Acuerdos Marcos Globales, es ajeno a las personas trabajadoras y a sus representantes en la empresa (BAYLOS GRAU, 2005, p. 110).

El carácter de voluntario para las empresas, que libremente pueden o no adherirse, les resta capacidad para la regulación de las relaciones laborales globalizadas (BAYLOS GRAU, 2005, p. 109). Su fuerza vinculante dependerá, como sucede con otro tipo de fuentes jurídicas que están desarrollándose con ocasión de la globalización, del sistema de garantías judicial de cada Estado.

En España, por ejemplo, se ha suscitado dudas sobre la fuerza vinculante de los códigos éticos, resolviendo la STSJ País Vasco 12 de abril de 2016 (TOL5.757.590) que las empresas se encuentran obligadas por las previsiones que incluyan de forma voluntaria en los códigos éticos, concluyendo sobre la improcedencia de un despido efectuado sin cumplir con el trámite de audiencia dispuesto en el código ético, que fue incorporado de forma voluntaria por la empresa. Sin perjuicio de que los códigos éticos, que también recogen ejemplos de conductas, únicamente tengan fuerza vinculante para las personas trabajadoras, según se ha interpretado igualmente en España, cuando tengan su respaldo en los convenios colectivos (SAN de 6 de marzo de 2018, TOL6.541.115).

En todo caso, la posibilidad de que las empresas puedan obtener certificaciones positivas sobre el cumplimiento de la responsabilidad social corporativa, junto con la minoración del riesgo reputacional y la mejora como marca frente a terceros (clientes, competidores, agentes sociales, trabajadores), están favoreciendo que las empresas implanten sistemas internos de control del cumplimiento normativo. Especialmente, como se estudiará en el capítulo 4, en las cadenas globales de valor.

Entre las diferentes certificaciones externas, cabe destacar la "SA8000 RSC", impulsada por la Social Accountability International, como entidad no gubernamental, en 1997. Se trata de una norma internacional de responsabilidad social corporativa, de carácter voluntario, que trata de asegurar el cumplimiento de los derechos humanos, emitiendo certificación positiva en caso de que la empresa respete su contenido mínimo. Para lo que se basan en las legislaciones nacionales, los instrumentos internacionales reguladores de los derechos humanos y las normas de la OIT. Particularmente, en lo que aquí interesa destacar, en materias como la remuneración (cobertura de las necesidades básicas del personal y alguna capacidad de gasto discrecional; no reducción del salario por razones disciplinaria, salvo regulación legal o convencional; documentación clara y periódica de la remuneración, el abono en efectivo o por cheque; abono de las horas extraordinarias en la misma o superior cuantía) y la no discriminación salarial (misma remuneración a trabajos de igual valor).

Junto a ésta, existen otras certificaciones, como la de "Sistema de Gestión de Responsabilidad Social SR10", elaborada por

IQnet, red internacional de entidades certificadoras de las más relevantes, en 2012, que se basa en los principios y sistemas de otras certificaciones, lo que facilita su gestión, como son la ISO 26000 (sistemas de responsabilidad social corporativa), la ISO 9001 (sistema de gestión de calidad), la ISO 14001 (sistemas de gestión ambiental) o la OHSAS 18001 (gestión de la prevención de riesgos laborales), entre otras. Por lo que se refiere a la materia salarial, la certificación de "Sistema de Gestión de Responsabilidad Social SR10" se refiere a que las empresas deben contar con una política retributiva que satisfaga un nivel de vida digno, con sistemas para compensar por las horas extraordinarias, así como con procedimientos para informar sobre el salario recibido.

Junto a estas certificaciones internacionales, también están otras como la de "Sistemas de Gestión de Responsabilidad Social SGE 21", elaborada por FORÉTICA, asociación de empresas y profesionales de la responsabilidad social empresarial, en 2017, que es la primera certificación europea, también alineada con los principios y con los sistemas de otras certificaciones, como las citadas anteriormente. Al igual que las anteriores, aunque con referencias más escuetas, recoge estándares sobre la igualdad y no discriminación.

Y más recientemente cabe destacar la Norma UNE 19604: 2023 "Sistema de gestión del compliance sociolaboral", que recoge la diligencia debida y los principios del buen gobierno corporativo, afectando a áreas como la política retributiva de la empresa y la igualdad y no discriminación, cuyos riesgos de incumplimiento trata de prevenir.

Por la importancia que esta forma de autoregulación ha tenido y posiblemente tenga en el futuro en el caso de las cadenas globales de valor, el análisis más detallado del contenido de la regulación del salario se realizará en el capítulo 4 de la presente monografía, dejando únicamente constancia en este apartado de la capacidad de autoregulación y de los instrumentos de los que se sirve para llevarla a cabo.

VII. CONCLUSIONES

1. Una amplia variedad de fuentes de regulación jurídica, de distinto origen y tipo

Como resultado inherente a la globalización que implica una mayor confluencia de normas de diferentes Estados, las relaciones laborales de las empresas y de las personas trabajadoras que desarrollan prestaciones de servicios se encuentran afectadas por normas que emanan de organismos internacionales y nacionales. Particularmente, por lo que se refiere al salario en las relaciones laborales globalizadas, ha de destacarse los Convenios de la OIT, que suelen reproducirse en muchas otras normas internaciones, así como en las legislaciones nacionales, como es el caso de España.

Asimismo, la capacidad para negociar condiciones de trabajo en aquellos espacios donde la intervención pública resulta completamente insuficiente también provoca que otros instrumentos jurídicos, de carácter privado, sean igualmente relevantes para la regulación del salario en las relaciones laborales globalizadas. Tales son los acuerdos, los convenios colectivos, los pactos colectivos y los pactos individuales que concretan aspectos de la regulación del salario en las relaciones laborales globalizadas. En particular, destacan los Acuerdos Globales de Empleo, como resultado de la negociación colectiva, que tienen gran capacidad de influencia en la regulación interna de las empresas multinacionales y en los acuerdos que alcanzan con los representantes de las personas trabajadoras.

A lo que cabe añadir, en último lugar, las normas de autorregulación que las grandes empresas se otorgan, especialmente cuando operan en diferentes países y en consecuencia intervienen en las relaciones laborales globalizadas, lo que acredita su capacidad para determinar la regulación del salario. Pues el principal objetivo de esta autorregulación es la fijación de un mínimo de condiciones laborales, en lo que aquí interesa destacar, que todas las filiales y todas las empresas que participan en la cadena de suministro cumplan.

Esta amplia variedad de fuentes que regulan el salario en las relaciones laborales globalizadas se concreta en normas que los Estados pueden aceptar, teniendo en este caso carácter obligatorio, en normas dictadas por los Entes suprarregionales o por los Estados de carácter obligatorio, que resultan de aplicación a las empresas que operan en el territorio, así como en normas obligatorias que los Estados tienen cierto margen para aplicar. Tales son los Convenios de la OIT, que son muy abundantes, como se ha indicado antes en materia salarial; los Tratados Internacionales, que suelen contener referencias a la obligación empresarial de fijar un salario suficiente; las normas de la Unión Europea, en cuanto a su capacidad para fijación de mínimos que facilitan la aproximación de las legislaciones en materia de salario de los Estados miembros; las normas de los Estados, como lo es en el caso de España el ET, que fijan con mayor detalle las obligaciones empresariales y los derechos laborales de las personas trabajadoras en materia salarial, entre otros.

Junto a lo anterior, esta amplia variedad de fuentes de carácter obligatorio se acompaña de una amplia variedad de normas inspiradoras de las relaciones laborales globalizadas, que carecen de esta capacidad para vincular, pero que tienen una importante relevancia en el caso de la fijación de mínimos en materia salarial. Tales son las Recomendaciones de la OIT, las Declaraciones, los Protocolos, los Principios, entre otros instrumentos, que realizan concreciones sobre lo dispuesto en las normas obligatorias, o bien avanzan en la incorporación de nuevas previsiones que tienen menos consenso o resultan más difíciles de cumplir.

2. *El respeto a los derechos humanos como límite a la libre regulación de los mercados y su impacto en la fijación de mínimos relacionados con el trabajo decente y el salario*

Las normas internacionales han ido acogiendo de manera progresiva la necesidad de establecer unas normas mínimas de carácter social, relacionadas con los derechos humanos, que permitan establecer límites a las empresas en sus operaciones comerciales. Lo que afecta a las relaciones laborales globalizadas, por cuanto estos mínimos deben observarse con independencia del lugar donde se desarrolle la prestación de servicios, concretándose algunos de ellos en la observancia de algunos mínimos en materia salarial.

Más recientemente, esta progresiva incorporación de mínimos relacionados con las condiciones laborales de las personas trabajadoras se ha vinculado con el trabajo decente, lo que ha provocado una mayor expansión de los mínimos laborales que las empresas deben respetar y una mayor sensibilidad en la consecución de un entorno laboral seguro y saludable.

En particular, por lo que se refiere al salario, estos mínimos están relacionados con las condiciones justas y equitativas, concretándose en la obligación empresarial de garantizar que el salario fijado permite la cobertura de las necesidades más esenciales, así como que la persona trabajadora recibe efectivamente la cantidad salarial comprometida, sin que se produzcan descuentos o derivación de responsabilidades que mermen esta cuantía.

Otros mínimos en materia salarial han experimentado un menor desarrollo, aunque suelen ser muy frecuente las referencias a la obligación empresarial de respetar los mínimos legales o convencionales de la legislación doméstica donde se ejecuta la prestación, a la obligación empresarial de documentar el pago del salario y de entregar periódicamente esta justificación, a la obligación empresarial de realizar una gestión transparente del salario o de comunicar a la representación legal de las personas trabajadoras la información de manera puntual e incluso desagregada con la finalidad de contribuir a la corrección de la brecha retributiva entre mujeres y hombres.

3. Los límites de las normas internacionales para asegurar los mínimos laborales (incluido el salario) y el mecanismo alternativo de la autorregulación empresarial

El principal obstáculo que encuentran las normas internacionales para garantizar la ausencia de unos mínimos legales parte de la necesidad de su ratificación, como se sabe, por parte de los Estados. Este mismo problema sucede también respecto de las normas adoptadas en los entes de integración suprarregional, aunque lo cierto es que algunas de las disposiciones europeas, como los reglamentos o las directivas, son directamente aplicables. Junto a lo anterior, las normas internacionales también encuentran el importante obstáculo de la ausencia de órganos administrativos y judiciales de control de carácter propios, lo que comporta nuevamente un importante obstáculo a la regulación por parte de las normas internacionales.

Por todo lo anterior, los mecanismos de autorregulación empresarial están desempeñando recientemente un relevante papel en la recepción de mínimos laborales de carácter internacional, que quedan recogidos, como disposiciones de obligado cumplimiento, en las normas internas de las empresas.

Para ello, se dotan tanto de disposiciones de obligado cumplimiento, como de mecanismos para asegurar su cumplimiento, lo que favorece un control interno por parte de la propia empresa, previniendo de posibles sanciones administrativas y demandas judiciales, como tendremos ocasión de comprobar en el capítulo 4 de esta monografía, dedicada precisamente al análisis de la regulación interna de las cadenas globales de valor.

Más allá de su capacidad para fijar la regulación interna de una cadena global de valor concreta la recepción de los principios de responsabilidad y buen gobierno corporativo están provocando que las normas internas de las cadenas globales de valor trasciendan a otras cadenas globales de valor y a otras empresas, como se expondrá en el capítulo 4 de esta monografía.

Capítulo 2: El salario de los trabajadores desplazados en la Unión Europea[1]

OLGA GARCÍA COCA
Profesora Contratada Doctora del Área de Derecho del Trabajo y de la Seguridad Social
Universidad Pablo de Olavide

---

[1] Proyecto: "El salario en el contexto de la globalización, las nuevas formas de organización empresarial y la economía digital". Propuesta de resolución provisional "Retos de investigación" del programa estatal del I+D+I orientada a Retos de la Sociedad, ref. RTI2018-096674-B-C21 DER.

I. INTRODUCCIÓN

En un mercado tan globalizado y competitivo como el actual, el desplazamiento de trabajadores en empresas con distintos centros de trabajo es una opción cada vez más común. El progreso tecnológico y la reducción de los obstáculos jurídicos al libre comercio han favorecido que se incremente el número de las empresas que deciden desarrollar sus actividades en países diversos a aquellos en los que se encuentran establecidas; y, que esa forma de organizarse tenga como consecuencia directa que se tengan que producir desplazamientos de trabajadores. Es evidente que, ante esta situación sean muchas las compañías que ven en la movilidad internacional de sus trabajadores una oportunidad para ampliar y expandir su negocio más allá de sus fronteras (SERRANO GARCÍA, M.J. 2015, p.1). De hecho, en los artículos 56 a 62 del Tratado de Funcionamiento de la Unión Europea (en lo sucesivo, TFUE) se establece la libre prestación de servicios dentro de la Unión. La libre prestación de servicios incluye la posibilidad que tiene un prestador de servicios establecido en un Estado miembro de desplazar temporalmente trabajadores a otro Estado miembro para prestar un servicio.

El art. 57 especifica que el prestador de un servicio podrá, con objeto de realizar dicha prestación, ejercer temporalmente su actividad en el Estado miembro donde se lleve a cabo la actividad, en las mismas condiciones que imponga ese Estado a sus propios nacionales. Según la jurisprudencia del Tribunal de Justicia de la Unión Europea (TJUE), la libre prestación de servicios podrá limitarse para alcanzar un objetivo legítimo, como la protección de los trabajadores, siempre que las medidas sean adecuadas para garantizar la consecución de dicho objetivo y no vayan más allá de lo necesario para alcanzarlo (STJUE de 3 de diciembre de 2020).

Sin profundizar en el marco legislativo de la UE en materia de desplazamiento de trabajadores, aspecto que se ha tratado con mayor abundamiento en el Capítulo I, es preciso destacar alguna de las normas que regulan las condiciones de trabajo y empleo de los trabajadores desplazados. En este sentido, se aplican tres Directivas: Directiva 96/71/CE sobre el desplazamiento de trabajadores efectuado en el marco de una prestación de servicios; Directiva 2014/67/UE relativa a la garantía de cumplimiento de la Directiva 96/71/CE, sobre el desplazamiento de trabajadores efectuado en el marco de una prestación de servicios, y por la que se modifica el Reglamento (UE) núm. 1024/2012 relativo a la cooperación administrativa a través del Sistema de Información del Mercado Interior («Reglamento IMI»); y la Directiva 2018/957/UE, que modifica la Directiva 96/71/CE sobre el desplazamiento de trabajadores efectuado en el marco de una prestación de servicios.

Existen otras Directivas europeas que tratan aspectos relacionados con los derechos laborales de los trabajadores desplazados, en este sentido la Directiva 2019/1152/UE, relativa a unas condiciones laborales transparentes y previsibles en la Unión Europea exige que se informe a cada trabajador de los aspectos esenciales de la relación laboral. Por otra parte, la Directiva (UE) 2020/1057, que entró en vigor el 1 de agosto de 2020, establece normas específicas con respecto a la Directiva 96/71/CE y a la Directiva 2014/67/UE para el desplazamiento de los conductores en el sector del transporte por carretera. A partir del 1 de agosto de 2022, se sustituye a la obligación de facilitar información establecida por la Directiva 91/533/CEE, concretamente en el artículo 6 de la Directiva 2019/1152/UE se exige a los empleadores que faciliten esa información a los trabajadores enviados a otro Estado miembro antes de su partida, y especifica también la información adicional que debe facilitarse a los trabajadores desplazados, a tenor de la Directiva 96/71/CE.

No obstante, quizás la norma europea de mayor calado para tratar las condiciones laborales de los trabajadores desplazados sea la Directiva 96/71/CE, la cual venía a garantizar que a estos trabajadores se le aplicasen los derechos laborales de los países de destino. Esta regla tenía una doble finalidad: de un lado, desde la perspectiva de los trabajadores, pretendía asegurarles la percepción de unas retribuciones correlativas al coste de la vida en los países donde temporalmente tenían que vivir por su condición de desplazados a los mismos; de otro lado, desde la perspectiva de las empresas, pretendía que, al ser similares los costes laborales para las empresas que realizaban esa actividad desde otro Estado a resultas de la libertad de circulación de servicios respecto de las empresas establecidas en el otro país de destino, ello impedía que se produjese una concurrencia desleal de las primeras respecto de las segundas, por cuanto que, de no establecerse esta regla, las primeras empresas aplicando los estándares laborales de sus países de origen podrían practicar un "dumping social" respecto de las empresas establecidas en el país de destino.

La Directiva 96/71/CE está basada en la libertad de prestación de servicios y no es una directiva social, es una normativa de máximos a escala nacional, ya que impide a los Estados miembros imponer garantías adicionales a las condiciones y requisitos de aplicación establecidos en el artículo 3.1. Por tanto, en su transposición al derecho interno los Estados miembros tienen limitado la inclusión de nuevas condiciones y también tienen prohibido endurecer los requisitos relativos a las mismas. Únicamente las disposiciones nacionales de orden público podrían respaldar estas acciones de forma restrictiva, ya que, de lo contrario, se vulneraría el derecho fundamental a la libre prestación de servicios con estas medidas proteccionistas. La Directiva permite expresamente a los Estados, en su transposición, flexibilizar o eximir determinados requisitos en atención a la corta duración del desplazamiento o a la propia naturaleza del servicio a prestar; exclusiones que, sin embargo, no pueden beneficiar a las ETTs (LLOBERA VILA, 2013, p. 211).

La seguridad social de los trabajadores desplazados (en el sentido de la Directiva 96/71/CE) queda regulada por los artículos 12, 13 y 16 del Reglamento (CE) núm. 883/2004 sobre la coordinación de los sistemas de seguridad social, y su Reglamento de

Ejecución (CE) núm. 987/2009. Estos Reglamentos ofrecen un marco jurídico que determina el Estado miembro en el que se asegurará al trabajador desplazado, así como otras condiciones que deben cumplirse para que la persona siga cubierta por la legislación en materia de seguridad social del Estado miembro en el que ejerce normalmente una actividad asalariada.

En el panorama nacional destaca la LDT, que incorpora al ordenamiento jurídico español la Directiva 96/71/CE. Lo que hace la norma de transposición es precisar los derechos de los trabajadores desplazados temporalmente a España por empresas no establecidas en nuestro país, identificando cuáles deben ser las condiciones de trabajo, materias que están reservadas en nuestro derecho a normas con rango de Ley. El texto de la Ley pretende, como es habitual en cualquier transposición de una Directiva comunitaria, la consecución de los objetivos pretendidos con su aprobación, a la vez que su integración correcta en el derecho laboral español. Para ello, se unen en su articulado la transposición literal de determinados aspectos de la Directiva junto a la aparición de instituciones propias de nuestro derecho.

Por otra parte, la transposición de la Directiva de 2018 de modificación de la regulación del desplazamiento de trabajadores a través del Real Decreto-Ley 7/2021, de 27 de abril, de transposición de directivas de la Unión Europea en las materias de competencia, prevención del blanqueo de capitales, entidades de crédito, telecomunicaciones, medidas tributarias, prevención y reparación de daños medioambientales, desplazamiento de trabajadores en la prestación de servicios transnacionales y defensa de los consumidores, no aporta grandes novedades respecto a lo contenido en la propia LDT, pero si contribuye a completar la norma, así como otras normas de rango legal como la Ley 14/1994, de 1 de junio, por la que se regulan las empresas de trabajo temporal; el texto refundido de la Ley sobre Infracciones y Sanciones en el Orden Social, aprobado por el Real Decreto Legislativo 5/2000, de 4 de agosto; y la Ley 23/2015, de 21 de julio, Ordenadora del Sistema de Inspección de Trabajo y Seguridad Social.

En lo que aquí interesa, el RDL 7/2021 introduce novedades respecto a la aplicación de la mayor parte de la legislación laboral española a los desplazamientos superiores a 12 meses (o 18 en caso de notificación motivada de la prórroga); a la regulación de las consecuencias del desplazamiento llamado informalmente «en cadena» de personas trabajadoras cedidas por empresas de trabajo temporal a empresas usuarias del mismo u otro Estado miembro de la Unión Europea («UE») o del Espacio Económico Europeo («EEE») para realizar un trabajo temporal en España; a la ampliación de las materias sobre las que debe garantizarse la aplicación de la legislación española a las condiciones de alojamiento y a los complementos o reembolso de gastos de viaje, alojamiento y manutención previstos para las personas trabajadoras que están fuera de su domicilio por motivos profesionales durante su estancia en España; y a la exigencia de transparencia en cuanto a la naturaleza salarial o extrasalarial del complemento que se abone por el desplazamiento, de manera que, a falta de esta, se presume que tiene naturaleza extrasalarial, impidiendo que sea descontado de la remuneración prevista en la legislación española.

II. CONCEPTO Y ESTATUS DEL TRABAJADOR DESPLAZADO.

El desplazamiento de trabajadores en la UE ha vivido en la última década un protagonismo notable, entre otros motivos, por el exponencial crecimiento de las prestaciones transnacionales de servicios como respuesta a la crisis financiera desatada en 2008; por la proliferación de empresas buzón en países de bajos costes laborales; por la existencia e incremento de los casos de fraude, discriminación y abusos y, sobre todo, por haberse producido en 2014 y 2018 reformas legales a escala europea para luchar contra la inseguridad jurídica, el dumping social y la competencia desleal. En la propia jurisprudencia europea se empezó a tratar este tema a través de sendas resoluciones que intentaron, de manera progresiva, reconocer la posibilidad de que, con independencia de la ley aplicable al contrato de trabajo internacional, los Estados pudieran hacer extensiva la aplicación de sus legislaciones o convenios colectivos a los trabajadores desplazados. Aunque se matizaba que esa extensión de las normas no podría ser ilimitada ni absoluta, al poder ser susceptible de provocar restricciones injustificadas a la libre prestación de servicios, por lo que sólo se admitían si estaban justificadas por razones de interés general y, siempre que sean proporcionadas y necesarias en relación con el objetivo perseguido En este sentido destacan, la sentencia del TJUE de 17 de diciembre de 1981; de 3 de febrero de 1982; y de 27 de marzo de 1990). (CONTRERAS HERNÁNDEZ, O. 2021, pp. 605-606).

Pero para poder concretar que se considera trabajador desplazado es necesario acudir a lo establecido en el art. 1.2 de la LDT, ya que en la misma se expone que "será trabajador desplazado, con independencia de su nacionalidad, el trabajador desplazado a España durante un período limitado de tiempo en el marco de una prestación de servicios transnacional, siempre que exista una relación laboral entre tales empresas y el trabajador durante el período de desplazamiento". Este desplazamiento se realizará por el tiempo necesario para realizar una tarea determinada y cuando finalice la prestación de servicios encomendada, el trabajador deberá regresar al lugar de trabajo en el país de la UE desde el que se hizo efectivo el traslado.

Ahora bien, la DA 1ª de la citada norma establece que "las empresas establecidas en España que desplacen temporalmente a sus trabajadores al territorio de Estados miembros de la Unión Europea o de Estados signatarios del Acuerdo sobre el Espacio Económico Europeo en el marco de una prestación de servicios transnacional deberán garantizar a éstos las condiciones de trabajo previstas en el lugar de desplazamiento por las normas nacionales de transposición de la Directiva 96/71/CE y la Directiva (UE) 2020/1057, sin perjuicio de la aplicación a los mismos de condiciones de trabajo más favorables derivadas de lo dispuesto en la legislación aplicable a su contrato de trabajo, en los convenios colectivos o en los contratos individuales. Por lo que la norma recoge dos posibles desplazamientos de trabajadores, de países de la UE a España y de España a otros países". Se trata de una situación en la que una empresa, al amparo de su libertad comunitaria de prestar servicios en cualquier parte del territorio de la Unión Europea, destina o traslada temporalmente a sus empleados a otro Estado para desarrollar una concreta actividad o servicio. Se produce, así, una situación de movilidad en el empleo más que un supuesto de migración "clásico" ya que "su objetivo no es la búsqueda de ocupación sino el cumplimiento de las obligaciones de un contrato de trabajo preexistente.

1. Factores que contribuyen al desplazamiento de trabajadores.

Como consecuencia de la globalización y de su repercusión en el mundo de las relaciones de trabajo cada vez se valora más en la empresa que existan trabajadores que presenten disponibilidad para viajar, convirtiéndose en uno de los requisitos más demandados en las ofertas de empleo. Así la disponibilidad para realizar desplazamientos empieza a liderar el mercado del trabajo.

Lo más habitual en este tipo de contratos con movilidad laboral es que exijan un candidato dispuesto a trabajar por proyectos y a pasar, al menos, el 80% de su jornada mensual en un país diferente al suyo, solicitando en algunas situaciones que el trabajador cambie de forma permanente de residencia. No obstante, más allá del fenómeno de la globalización existen otros factores que determinan la movilidad de los trabajadores, muchos de ellos relacionados con la búsqueda de nuevos horizontes profesionales para mejorar y evolucionar dentro del competitivo mundo laboral. Para fomentar la movilidad es necesario que, la oferta suponga un reto que le permita crecer como persona, forme parte de un plan de carrera profesional, etc., pues lo que este tipo de trabajador persigue es sumar aspectos positivos que enriquezcan su trayectoria laboral.

Actualmente, las empresas pueden establecer relaciones comerciales sin fronteras con entidades que se localicen en cualquier parte del mundo, este hecho supone la posibilidad de multiplicar los mercados en dónde tienen presencia las empresas españolas y abrir nuevos horizontes para los propios trabajadores, por lo que es conveniente encontrar trabajadores dispuestos a los desplazamientos, pero esto debe ir acompañado de una política empresarial motivadora, para que la movilidad sea un aliciente y no una sobrecarga más de trabajo. Es evidente que, existen países que por proximidad geográfica reciben mayor número de trabajadores, siendo este un factor clave para propiciar la prestación de servicios transnacional. Este factor es una de las razones que explican el destino mayoritario de los desplazamientos a aquellos países con los que se comparten fronteras (Francia y Portugal) y, también, aunque en menor medida, a Italia. La proximidad territorial y el idioma son factores que predisponen a la existencia de mayores vínculos empresariales de movilidad de empresas y trabajadores desplazados desde España a estos tres países.

También existen determinados sectores que fomentan esta movilidad, como es el caso de la construcción, el comercio mayorista y minorista y servicios auxiliares en los que hay demanda de mano de obra en varios países europeos; este sería el caso, por ejemplo, de Bélgica, Países Bajos y Reino Unido, Estados a los que se desplazan trabajadores desde España para prestar servicios, especialmente en el subsector de la construcción y otras actividades relacionadas (peones de construcción y reponedores).

Otro de los factores que puede haber influido en el desplazamiento de trabajadores desde España es el menor coste laboral y de seguridad social que, con la excepción de Portugal, tiene España en relación con los países a los que se envían más trabajadores desplazados. Esta circunstancia puede ser un incentivo en la contratación de empresas españolas para la prestación de determinados servicios en sus respectivos territorios, ya que aunque estas empresas deben respetar la remuneración del país de acogida (art. 3.1 Directiva 96/71/CE), los costes de la seguridad social siguen estando temporalmente vinculados al sistema de seguridad social español y quizás en este sentido pueda existir alguna ventaja competitiva frente a las empresas locales que tienen que asumir una mayor cotización sobre los salarios más altos.

Cierto es que, el propio sistema educativo actual propicia que los futuros trabajadores se abran hacia un perfil internacional con grandes posibilidades de movilidad laboral. Desde la universidad se propicia la movilidad al tener programas que permiten a los estudiantes cursar estudios en el extranjero, por lo que este hecho también se puede configurar como otro de los factores al cambiar la mentalidad de las nuevas generaciones, creando trabajadores que persigan siempre nuevas metas y quieran seguir formándose para alcanzar puestos clave que exijan cierto grado de movilidad.

Otro de los aspectos que proporcionan ventajas a la hora de desplazarse es la facilidad que presentan, hoy día, los transportes. Resulta realmente sencillo, cómodo y barato plantear viajes de trabajo, factor que influye, inexcusablemente, en la disposición de los trabajadores a realizar desplazamientos. Este hecho unido a las facilidades de comunicación que generan las TICS, supone una ecuación única para promover los perfiles enfocados a un puesto de implicaciones internacionales. De hecho, las empresas mejor valoradas en políticas de recursos humanos apuestan por la transformación digital y necesitan expandirse globalmente para que si misión pueda cumplirse. Así, este tipo de industria ha puesto en primera línea la movilidad laboral como un activo a cuidar dentro de las grandes y pequeñas empresas con horizontes internacionales. Cada vez está más presente en las empresas que para asegurar el rendimiento, hay que cuidar todas y cada una de las fases del ciclo de vida del trabajador (CARRASCOSA BERMEJO, D y CONTRERAS HERNÁNDEZ, O, 2021, p. 35)

2. Requisitos del trabajador desplazado

Para ser considerado trabajador desplazado se deben cumplir una serie de requisitos, en primer lugar debe existir una relación laboral con la empresa que va a prestar el servicio transnacional que es aquel realizado a España por las empresas incluidas en el ámbito de aplicación de esta ley durante un período limitado de tiempo en cualquiera de los siguientes supuestos: a) El desplazamiento de un trabajador por cuenta y bajo la dirección de su empresa en ejecución de un contrato celebrado entre la misma y el destinatario de la prestación de servicios, que esté establecido o que ejerza su actividad en España; b) El desplazamiento de un trabajador a un centro de trabajo de la propia empresa o de otra empresa del grupo del que forme parte; c) El desplazamiento de un trabajador por parte de una empresa de trabajo temporal para su puesta a disposición de una empresa usuaria que esté establecida o que ejerza su actividad en España (Cap. III).

Por otra parte, es necesario para que el trabajador sea considerado como trabajador desplazado que trabaje desde otro país de forma temporal. Esta característica implica que, si se cumple esta temporalidad, el desplazamiento no podrá exceder de los 24 meses, unido al requisito de haber cotizado al menos un mes en alguna empresa española, podrá seguir cotizando en España y disfrutar de las coberturas por accidente o enfermedad, siempre que comunique esta situación a la Seguridad Social, por lo que si no se notifica ni se cumplen esos requisitos el trabajador cotizará en el país de destino.

Sin embargo, aquellos trabajadores enviados temporalmente a trabajar a otro Estado miembro, pero que no prestan servicios en él, no son trabajadores desplazados. Este es el caso, por ejemplo, de los trabajadores en viaje de negocios (cuando no se presta ningún servicio), que asisten a conferencias, reuniones, ferias, que siguen una formación, etc. Estos trabajadores no están cubiertos por las Directivas sobre desplazamiento de trabajadores y, por lo tanto, no les son aplicables los requisitos administrativos ni las medidas de control establecidas en la Directiva 2014/67/UE relacionadas con la identidad del prestador de servicios, el número de trabajadores desplazados que se puedan identificar, la duración prevista del desplazamiento, la naturaleza de los servicios que va a prestar, etc. Hay que tener en cuenta que, por lo que se refiere a la coordinación de la seguridad social, los Reglamentos (CE) 883/2004 y (CE) 987/2009 establecen que, para cada actividad laboral transfronteriza (incluidos los «viajes de negocios») el empleador, o cualquier trabajador por cuenta propia afectado, tiene la obligación de notificarlo por adelantado al Estado miembro (de origen) competente, siempre que sea posible, esta obligación abarca cualquier actividad económica, aunque sea de corta duración. Estos Reglamentos tampoco prevén ninguna excepción para los viajes de negocios.

En la STSJ de Navarra de 23 de septiembre de 2010 se estableció la no consideración como trabajador desplazado, y la inaplicación de la Directiva, a un camionero contratado en Bulgaria por una empresa búlgara para prestar servicios de transporte por toda Europa con un camión matriculado en Bulgaria. La única conexión con España es la residencia familiar del trabajador en un pueblo de Navarra. El trabajador pretendía la aplicación del Convenio Colectivo de Transporte de Mercancías de Navarra y que se condenara a los demandados (su empleador búlgaro y una empresa española) a pagarle, solidariamente, las diferencias salariales correspondientes.

A la hora de fijar que normativa se tiene que aplicar a este tipo de trabajadores desplazados, es importante distinguir el tipo de desplazamiento y la prestación de servicios para determinar si su actividad laboral se regula dentro de la normativa que rige en su empresa nacional o, si por el contrario, hay que atender otras legislaciones. De hecho, si existe un convenio bilateral con el país de destino, el trabajador cotizara de acuerdo a ese convenio. En caso de que no haya convenio la obligación de cotizar en España permanece. Si el país de destino obliga a cotizar en su sistema de seguridad social, el trabajador deberá cotizar en los dos países.

Por ello, se hace necesario atender a la normativa internacional en cuanto al respeto de las condiciones de trabajo que deben tener estos trabajadores y que analizaremos en los siguientes apartados. De hecho, las empresas establecidas en España que desplacen temporalmente a sus trabajadores a otros Estados miembros de la UE o del EEE (Islandia, Liechtenstein, Noruega) en el marco de una prestación de servicios transnacional deberán garantizar a sus trabajadores las condiciones de trabajo previstas en el lugar de desplazamiento por las normas de transposición de la Directiva 96/71/CE, salvo que las condiciones de trabajo establecidas en su contrato sean más favorables. Las acciones u omisiones que incumplan las condiciones de trabajo aplicables serán infracciones administrativas tipificadas y sancionadas según la legislación laboral española. La Inspección de Trabajo y Seguridad Social podrá también iniciar de oficio el procedimiento sancionador tras comunicación de las Administraciones públicas vigilancia del cumplimiento de las condiciones de trabajo del lugar de desplazamiento.

3. Categorías de trabajadores desplazados.

Dentro del desplazamiento de trabajadores hay que matizar, en primer lugar, el tipo de empresa en la que trabajan y su sometimiento a la LDT, en segundo lugar la categoría de trabajadores teniendo en cuenta el desplazamiento, y por último la actividad que van a desarrollar teniendo en cuenta la temporalidad del desplazamiento. Es importante fijar de forma concreta estos conceptos para poder determinar las condiciones salariales de estos trabajadores.

Respecto al tipo de empresa y para determinar el ámbito subjetivo de aplicación de la normativa sobre trabajadores desplazados, hay que precisar que las empresas que admitan o envíen trabajadores para prestar servicios fuera de su centro de trabajo nacional, tendrán que estar establecidas en un Estado Miembro de la UE o en un Estado signatario del Acuerdo sobre el Espacio económico europeo. Aun así, lo que se desprende de la normativa, concretamente lo establecido en la DA 4ª de la LDT, es que se garanticen las condiciones de trabajo a aquellos trabajadores desplazados a empresas que no pertenezcan al ámbito comunitario, aunque este aspecto no queda del todo claro tal y como se expresa en propia legislación. Es preciso matizar que ya en el art. 1.4 del ET se establece que se aplicará la legislación española cuando las partes de la relación laboral sean nacionales pero el lugar de trabajo esté situado en el extranjero, sin que esa situación implique uno de los desplazamientos regulados en la LDT, pues ese desplazamiento podría tener carácter permanente y quedar cubierto por la protección del ET.

Lógicamente, hay que tener en cuenta que aquellos trabajadores censados en empresas con carácter multinacional van a tener más posibilidades de ser desplazados por la propia funcionalidad y dinámica de su empresa. Hay que recordar que estas empresas tienen estructuras diseminadas, estableciendo sus órganos de producción en distintos países, teniendo en cuenta no sólo las ventajas fiscales que les puede otorgar esta descentralización, sino también la permisividad o el grado de rigidez de las legislaciones laborales de los distintos Estados (GIL Y GIL, J. 2020, pp.7-11). Cuando se producen estos desplazamientos hay que atender a la duración de la actividad que lo origina para de esta forma poder clasificar la tipología de trabajador desplazado.

Si se atiende a lo contenido en la LDT, se considera trabajador desplazado a quien es enviado a realizar una prestación de servicios a otro lugar por cuenta y bajo la dirección de su empresa. En ese sentido, se recogen los trabajadores y prestaciones de servicios que cumplan con los rasgos del art. 1.1 del ET, el problema se plantea cuando en el país de destino esa prestación de servicios no fuera considerada laboral. Este conflicto se resuelve con lo contenido en la Directiva 96/71/CE que hace referencia a la existencia de una relación laboral previa que se ha suscrito atendiendo a los criterios del país de origen y no del de destino. Es evidente que, el ámbito subjetivo de la norma no se delimita únicamente por el elemento nacional, pues en la misma se determina que se considerará dentro del ámbito de aplicación de la norma a aquellos trabajadores que cumplan las notas del citado precepto 2.1. 2°, independientemente de la nacionalidad que tengan (RODRÍGUEZ PIÑERO, ROYO, M.C. 1989).

Una vez determinada la definición del ámbito subjetivo es preciso analizar los distintos tipos de trabajadores desplazados cuya catalogación va a depender del tipo de prestación de servicios que realicen en muchos casos. Para ello, es conveniente concretar la prestación de servicios encomendada a esos trabajadores que van a ser desplazados dentro del marco de la Unión Europea.

En primer lugar, se exige que exista un vínculo contractual entre la empresa que desplaza al trabajador y la empresa que va a recibir la prestación de servicios de ese empleado. La normativa requiere que exista esta relación jurídica, además de la preexistencia de vínculo laboral entre el trabajador desplazado y la empresa por cuenta de quien se realiza el desplazamiento. Esta exigencia no debe atender tanto al mantenimiento de una relación laboral con la empresa de procedencia durante el tiempo de desplazamiento, sino, más bien, a la ausencia de relación laboral con la empresa de destino durante ese mismo tiempo. Esta es una idea que desde el principio subrayó la mejor doctrina española, pero que quizá, y desafortunadamente, no haya asumido suficientemente el legislador comunitario, el cual, como luego veremos, sigue empeñado en invertir el foco de atención. En realidad, el pilar del desplazamiento es el mantenimiento de este vínculo. En segundo lugar, hay que concretar también que este vínculo ha de ser exclusivo, en el sentido de que no podrá admitirse como desplazamiento de la Directiva 96/71/CE aquel que suponga la configuración de una posición empresarial plural en la que la empresa receptora de los servicios transnacionales se erige también en empleadora del trabajador desplazado de forma que, el trabajador puede ser contratado por un empleador que pertenezca al mismo grupo que el empleador originario, sin que esta nueva contratación contradiga la temporalidad de la expatriación ni suponga una quiebra de la habitualidad del lugar de prestación de servicios (GÓMEZ ABELLEIRA, F.J. 2018, p.216).

Puede ocurrir que el objeto no tenga la finalidad de realizar la obra o servicio de forma exclusiva, ya que es probable que la prestación transnacional contratada tenga carácter auxiliar respecto de la obra o servicio principal, pero no es importante este requisito ya que en la LDT no se menciona el carácter exclusivo de la prestación de servicios.

Otro de los requisitos que contempla la normativa sobre trabajadores desplazados es el relativo al vínculo de las empresas que van a enviar y recibir trabajadores. En el art. 2.1.1 de la LDT se plantea que, aunque los vínculos jurídicos son distintos, pues no existen contratos previos de prestación de servicios entre las dos estructuras empresariales, parece que argumenta que los centros de trabajo sean de la misma empresa o incluso de empresas integradas en el mismo grupo empresarial. Sin embargo, la Directiva emplea como referencia el establecimiento y no el centro de trabajo y pueden plantearse dudas de interpretación, ya que en nuestro ordenamiento jurídico no toda estructura o establecimiento se puede considerar centro de trabajo, ya que hay que atender a lo establecido en el art. 1.5 ET.

En este sentido, si el desplazamiento se produce a empresas o estructuras que no tienen la consideración de centro de trabajo porque no atienden a las características dadas en nuestra normativa laboral, se puede decir que la legislación sobre desplazamiento temporal de trabajadores no se podría aplicar. Hay algunos autores que consideran que, independientemente, de la calificación del establecimiento que recibe al trabajador como centro de trabajo o no, se debe aplicar la normativa pues ésta tiene como finalidad salvaguardar que se respeten las condiciones de trabajo de los trabajadores que son desplazados en algún momento por un motivo u otro, teniendo en cuenta además que en el art. 2.1. 1° no se indican las características que debe tener el centro de trabajo. Por tanto, atendiendo a ese motivo y a la necesidad de proteger al trabajador se aplican las premisas establecidas en la normativa sobre trabajadores desplazados (MIÑAMBRES PUIG, C. 2000, pág. 128 y ss.)

En ese mismo artículo se contemplan los desplazamientos entre empresas que pertenezcan a un mismo grupo de empresas, aquí no existe relación en cuanto a la prestación de servicios, sino que la vinculación radica en la pertenencia a un mismo grupo empresarial. Aunque la motivación del desplazamiento debería de fundamentarse en que esos trabajadores ejerzan de forma puntual un determinado servicio a una de las empresas del grupo, para lo que será necesario que trabajen en ella un tiempo concreto. Parece que la idea de la normativa sobre trabajadores desplazados es establecer que la empresa que tiene distintos establecimientos en más de un Estado miembro atenderá al ordenamiento jurídico laboral vigente de cada uno de ellos, situación que se traslada a los desplazamientos que se produzcan entre las distintas empresas del mismo grupo empresarial que se instalen en distintos países de la Unión Europea.

Aun así, esta situación puede provocar algún problema de competencia desleal si el desplazamiento tiene por objeto que a los trabajadores se le apliquen las condiciones de trabajo del país de destino, dejando en segundo lugar la importancia o necesidad de la realización de una determinada prestación de servicios. Para evitar esta práctica la LDT no analiza el motivo que inicia el desplazamiento, sino que protege a los trabajadores independientemente de que exista necesidad por parte de la empresa de desplazar al trabajador entre empresas del mismo grupo. Es importante tener en cuenta el elemento transnacional, por lo que si la empresa de destino contrata finalmente a los trabajadores desplazados se pierde la esencia de la prestación y no habría justificación para aplicar legislaciones distintas a las del lugar de trabajo en cuestión.

4. La temporalidad del desplazamiento

Además del mantenimiento de una relación laboral entre empresa que desplaza y trabajador desplazado durante el período de desplazamiento, otro elemento característico del concepto de desplazamiento es su duración temporal. Así se desprende del artículo 2.1 de la Directiva 96/71, cuando define al trabajador desplazado como "todo trabajador que, durante un período limitado, realice su trabajo en el territorio de un Estado miembro distinto de aquél en cuyo territorio trabaje habitualmente". Lo importante, es destacar que el desplazamiento no puede ser permanente o sin término, pero no queda claro que hay que entender por período limitado.

Aunque no se establezca de forma clara a que se refiere la norma con período limitado, es evidente que, tanto la actividad que va a realizar como el vínculo que tiene con la empresa destinataria de su trabajo tiene naturaleza temporal. Si se atiende al concepto de "servicio", se observa como este puede abarcar servicios de muy distinta naturaleza, incluyendo aquellos cuya prestación se efectúa durante un período prolongado, incluso de varios años, por ejemplo, cuando se trata de servicios prestados en el marco de la construcción de un gran edificio. Asimismo, pueden constituir las prestaciones que un operador económico establecido en un Estado miembro realiza de manera más o menos frecuente o regular, incluso durante un período prolongado, para personas establecidas en uno o varios Estados miembros, como por ejemplo la actividad remunerada de asesoramiento o de consulta. Esta amplísima concepción de los servicios, en detrimento del concepto de establecimiento, permite al

Tribunal de Justicia (STJUE 11 diciembre 2003, C-215/01, Schnitzer,31) aligerar las cargas y restricciones de los prestadores de servicios, que estratégicamente pueden optar por no establecerse en los países en que operan, incluso aunque estas operaciones sean estables, frecuentes, regulares, prolongadas o cíclicas.

Si nos centramos en analizar conceptualmente a que se refiere la legislación cuando trata la temporalidad, parece que la simple expectativa por parte del trabajador de regresar al al país de origen y una vinculación con una libertad de servicios ampliamente concebida, podrían configurarse como elementos esenciales para definir y acotar el marco de temporalidad de la actividad. Estos servicios estacionales, cíclicos o repetitivos guardan estrecho parentesco con lo que en España conocemos como trabajo fijo-discontinuo, un trabajo que, pese a su discontinuidad o estacionalidad, es, en efecto, permanente o fijo. Difícilmente puede sostenerse que este tipo de tareas no forman parte del propio mercado laboral del país de destino (GÓMEZ ABELLEIRA, F.J. 2018, p.218-219).

A diferencia de lo establecido en la Directiva 96/71/CE, en la LDT no se hace referencia al tiempo de duración del desplazamiento, tan sólo se expone que habrá que atender a la naturaleza coyuntural del servicio. Cierto es que, aunque no se establezca expresamente de la definición se puede comprobar que analizando el ámbito de aplicación de la normativa española las situaciones que se describen van dirigidas a darle protección a trabajadores que vayan a realizar servicios con carácter temporal. De hecho, en el art. 3.8 de la LDT se hace referencia a la duración del desplazamiento atendiendo al período de un año desde el comienzo de la actividad en el país de destino, dando a entender a efectos de aplicación de ciertas disposiciones de la legislación española que esos desplazamientos constituyen medidas de movilidad sometidas a un plazo temporal determinado. En este sentido, el territorio español que reciba trabajadores desplazados de otros países de la UE sería el lugar de prestación habitual del servicio y, por tanto, se aplicaría lo establecido en la LDT.

No obstante, con el objetivo de evitar situaciones fraudulentas encaminadas a la rotación de trabajadores en un mismo puesto con la finalidad de dejar de aplicar las condiciones de trabajo establecidas en la legislación del país de destino, se impone la inclusión en el cómputo de la duración del desplazamiento de otro trabajador desplazado con anterioridad al que se hubiera sustituido. Muchas normativas de transposición de la Directiva no contemplan la duración del desplazamiento, pero sí hacen referencia a un período de tiempo anual que permita determinar la legislación aplicable a los trabajadores desplazados. En otras legislaciones europeas como la portuguesa, italiana, inglesa, danesa, francesa y luxemburguesa se establece un período de 8 días, en cómputo anual, para discernir si se aplican o no ciertas normas del Estado que recibe al trabajador.

Ahora bien, si el período de desplazamiento es superior a 12 meses (o 18 meses, si el empresario presenta una notificación motivada al país de acogida), el empresario deberá garantizar a su personal todas las condiciones de empleo obligatorias del país de acogida, excepto las relativas a la rescisión del contrato o a las pensiones de trabajo complementarias. En estos casos no se trata de un desplazamiento de larga duración u habrá que atender a los establecido, en cuanto a procedimiento y gestión, en la legislación del país de destino, ya que la propia Directiva 96/71/CE estima que el desplazamiento tiene que ser de corta duración o durante un período limitado. En la citada Directiva no se permite que los desplazamientos tengan carácter permanente, pero es preciso recordar que la inclusión de este aspecto matizando la duración viene recogido en el art. 3.1 bis de la Directiva 2018/957, teniendo las autoridades laborales del país de destino responsabilidad a la hora de garantizar que los empleadores no incumplan las condiciones de trabajo adicionales previstas en ese Estado miembro, dónde el trabajador va a ejercer la prestación de servicio con ese plazo temporal relacionada con el establecimiento de una duración máxima del desplazamiento.

5. Cuestiones acerca de la no consideración de trabajador desplazado

Es preciso atender al tipo de actividad para poder discernir si son trabajadores desplazados, ya que dependiendo del tipo de prestación de servicios que tenga que realizar se pueden establecer algunas especialidades. Este es el caso del sector del transporte por carretera, para este tipo de prestación de servicios se implantan algunas normas especiales en los supuestos de que se trate de una prestación de servicios en ejecución de un contrato celebrado entre la empresa y el destinatario de la actividad. Estas particularidades están relacionadas con la consideración o no de los distintos servicios excluyendo de esta definición a aquellos desplazamientos que consistan en operaciones de transporte bilateral que tengan lugar entre el estado de establecimiento y otro Estado Miembro; así como, a las operaciones de transporte paralelas que se desarrollen durante el transporte bilateral siempre que estas tengan lugar entre distintos Estados Miembros y se limiten a un servicio adicional en el viaje de ida o dos servicios adicionales en el viaje de vuelta en el caso de que no se haya hecho ninguno de estos servicios en el viaje de ida.

Sobre la consideración como trabajador desplazado a los que ejercitan su actividad en el transporte por carretera hay que atender al art. 1, apartados 1 y 3, y 2, apartado 1, de la Directiva 96/71/CE los cuales deben interpretarse en el sentido de que un trabajador que ejerce la actividad de conductor en el sector del transporte internacional por carretera en el marco de un contrato de fletamento entre la empresa que lo emplea, establecida en un Estado miembro, y una empresa radicada en un Estado miembro distinto de aquel en el que el interesado trabaja habitualmente es un trabajador desplazado al territorio de un Estado miembro con arreglo a las citadas disposiciones cuando la ejecución de su trabajo presenta, durante el período limitado en cuestión, un vínculo suficiente con ese territorio.

No tiene mayor importancia, a los efectos de considerar a un transportista como trabajador desplazado, "el hecho de que un conductor que se dedica al transporte internacional por carretera, suministrado por una empresa establecida en un Estado miembro a una empresa establecida en otro Estado miembro, reciba las instrucciones relativas a los servicios que se le encomienden y comience o termine los correspondientes recorridos en la sede de esa segunda empresa", ya que no será así "si la ejecución del trabajo de dicho conductor no presenta, sobre la base de otros factores, un vínculo suficiente con el mencionado territorio".

La existencia de un vínculo de este tipo se determina en el marco de una apreciación global de elementos, tales como la naturaleza de las actividades realizadas en el territorio en cuestión por el trabajador de que se trate y la intensidad del vínculo de las actividades de ese trabajador con el territorio de cada uno de los Estados miembros en los que opera, así como la parte que las mencionadas actividades en esos territorios representan en el servicio de transporte total". La sentencia del TJUE de 1 de diciembre de 2020 (FNV, asunto 815/18) enfatiza aquello que importa para considerar que estamos en presencia de un trabajador desplazado es, como ya se ha apuntado, que exista "un vínculo suficiente entre la ejecución de su trabajo y el territorio de un Estado miembro de aquel en cuyo territorio trabaje habitualmente", por lo que carece de relevancia que esa movilidad del trabajador se ejecute en el marco de un grupo de empresas, como en el caso en cuestión, para determinar la existencia o no del desplazamiento. La citada resolución, entre otras cuestiones, concluyó que esta norma y sus reglas de protección resultan aplicables a los trabajadores del transporte internacional por carretera.

Los argumentos jurisprudenciales determinantes para llegar a esa conclusión fueron atender a lo establecido en el art. 1, apartados 1 y 3, de la Directiva 96/76/CE, interpretado a la luz de su considerando 4. Pues la Directiva se aplica a las empresas establecidas en un Estado miembro que, en el marco de una prestación de servicios transnacional que puede consistir, ya sea en la ejecución de trabajos por una empresa, por cuenta de esta y bajo su dirección, en el marco de un contrato celebrado entre dicha empresa y el destinatario de la prestación de servicios, ya sea en el suministro de trabajadores para su utilización por parte de una empresa, en el marco de un contrato público o privado, desplacen trabajadores al territorio de un Estado miembro.

En la misma línea concluye que en el apartado 2 del artículo 1 de la Directiva 96/71/CE, únicamente se excluye del ámbito de aplicación de esta Directiva las prestaciones de servicios que impliquen al personal navegante de la marina mercante. De ello se deduce que, con excepción de estas últimas prestaciones, la citada Directiva se aplica, en principio, a toda prestación de servicios transnacional que implique un desplazamiento de trabajadores, cualquiera que sea el sector económico con el que se vincule esa prestación, incluido, por tanto, el sector del transporte por carretera.

En ese sentido, parece que la consideración de trabajadores desplazados a aquellos trabajadores móviles del transporte internacional por carretera está llena de interpretaciones jurídicas y jurisprudenciales que van más allá de considerar trabajadores desplazados, únicamente, a aquellos transportistas por cuenta ajena que realizan actividades de cabotaje o de transporte internacional no bilateral. Esto se deduce, por ejemplo, acudiendo al artículo 2 del Reglamento 1072/2009, a la Directiva 2014/67 que hace mención explícita de estos trabajadores en su artículo 9.1 b), al artículo 3.3 de la Directiva 2018/957 y a la Directiva 2020/1057 (considerando 7º y artículo 1º). Es importante esa valoración para que puedan aplicarse lo establecido en el art. 3.1 de la Directiva 96/71 que impone la obligación de garantizar ciertas condiciones laborales según las normas del Estado de acogida, cualquiera que sea el ordenamiento aplicable a la relación laboral (https://blog.uclm.es/oscarcontreras/tag/desplazamiento-de-trabajadores/). Por tanto, se puede decir que esa exclusión de los transportistas internacionales del ámbito de aplicación de la normativa que regula las condiciones de trabajo de los trabajadores desplazados tan sólo radica, en la ausencia del elemento locativo pues estos trabajadores no van a realizar un trabajo concreto en un centro determinado, no existe una empresa destinataria del servicio como tal que va a asumir dentro de su organización la incorporación de un nuevo trabajador, cuando no existe desplazamiento en sentido propio, ni tampoco vinculación con la empresa que recibe la mercancía.

En un primer momento, la inaplicación a sectores como los de camioneros fue necesaria para que el Gobierno español secundara la Directiva (UE) 2018/957, en este sentido el texto especifica (considerando 15 y art. 3.3), específicamente: "Debido a la elevada movilidad del trabajo en el transporte internacional por carretera, la aplicación de la presente Directiva en ese sector plantea problemas y dificultades jurídicas particulares, que se deben abordar, en el marco del paquete sobre movilidad, mediante normas específicas para el transporte por carretera que también refuercen la lucha contra el fraude y los abusos. La presente Directiva se aplicará al sector del transporte por carretera a partir de la fecha de aplicación de un acto legislativo que modifique la Directiva 2006/22/CE en lo relativo a los requisitos de control del cumplimiento y que establezca normas específicas con respecto a la Directiva 96/71/CE y la Directiva 2014/67/UE para el desplazamiento de conductores en el sector del transporte por carretera".

Existen otros pronunciamientos en los que se excluye la aplicación de la Directiva 96/71/CE, como el caso de la sentencia Dobersberger (C-16/18), de 19 de diciembre de 2019, el TJUE excluyó a los trabajadores que prestan servicios a bordo en trenes internacionales del ámbito de aplicación de la Directiva sobre el desplazamiento de trabajadores. Para llegar a ese fallo, establece que no se pueden incluir a estos trabajadores dentro del ámbito de protección de la Directiva al realizar una parte importante del trabajo inherente a tales servicios en el territorio del primer Estado miembro, donde comienzan o terminan su servicio.

En consonancia, la DT 6ª del Real Decreto-ley 7/2021, fija un régimen transitorio aplicable al sector del transporte por carretera, en materia de desplazamiento de trabajadores en el marco de una prestación de servicios transnacional en el que se establece que: "Las modificaciones de textos legales en materia laboral, contenidas en los artículos undécimo a decimocuarto de este real decreto-ley, no se aplicarán al sector del transporte por carretera entendido según la definición prevista en el artículo 4.a) del Reglamento (CE) n.º 561/2006 del Parlamento Europeo y del Consejo de 15 de marzo de 2006 relativo a la armonización de determinadas disposiciones en materia social en el sector de los transportes por carretera y por el que se modifican los Reglamentos (CEE) n.º 3821/85 y (CE) n.º 2135/98 del Consejo y se deroga el Reglamento (CEE) n.º 3820/85 del Consejo, hasta la entrada en vigor y en los términos previstos en la normativa española de transposición de la Directiva (UE) 2020/1057 del Parlamento Europeo y del Consejo, de 15 de julio de 2020, por la que se fijan normas específicas con respecto a la Directiva 96/71/CE y la Directiva 2014/67/UE para el desplazamiento de los conductores en el sector del transporte por carretera, y por la que se modifican la Directiva 2006/22/CE en lo que respecta a los requisitos de control del cumplimiento y el Reglamento (UE) n.º 1024/2012. Hasta la entrada en vigor de la normativa española a la que se refiere el párrafo anterior, el sector del transporte por carretera seguirá rigiéndose por la normativa en materia de desplazamiento de trabajadores en el marco de una prestación de servicios transnacional, en la redacción vigente a la fecha de entrada en vigor de este Real Decreto-Ley."

Tampoco se considera trabajador desplazado al transportista que realiza funciones de carga y descarga en los Estados miembros o terceros países que atraviese, siempre que esas operaciones no las realice en ese Estado, es decir, siempre que no realice transporte interno o de cabotaje. Lo mismo ocurre con los trabajadores que realizan transporte de viajeros internacionales, los cuales están excluidos del ámbito de aplicación de la normativa sobre trabajadores desplazados sin realizan operaciones de transporte bilateral de pasajeros. Esta actividad contempla el transporte internacional discrecional o regular de pasajeros realizando el conductor las siguientes operaciones: a) recogida de pasajeros en el Estado miembro de establecimiento y los deja en otro Estado miembro o en un tercer país; b) Recoge pasajeros en un Estado miembro o en un tercer país y los deja en el Estado miembro de establecimiento; o c) Recogida y deja pasajeros en el Estado miembro de establecimiento con el fin de realizar excursiones locales en otro Estado miembro o en un tercer país.

En este mismo sentido, no se considera trabajador desplazado cuando, además de realizar una operación de transporte bilateral, el conductor recoja pasajeros una vez y/o deje pasajeros una vez en Estados miembros o terceros países que atraviese, siempre y cuando no ofrezca servicios de transporte de pasajeros entre dos lugares situados dentro del Estado miembro que atraviese. Lo anterior también será de aplicación al viaje de vuelta (art. 20.1 de la LDT).

En la Directiva 96/71/CE también se excluyen los desplazamientos que afecten al "personal navegante" de empresas dedicadas a la marina mercante, este aspecto se recoge en la LDT acogiendo un criterio parecido al considerar también la exclusión adoptando el carácter imperativo de la Directiva. Así, entre otras, la sentencia del TJUE de 25 de octubre de 2001 (asuntos acumulados C-49/98, C-50/98, C-52/98, C-54/98, C-68/98 a C-71/98) ha establecido que el personal de una empresa establecida en un Estado miembro que es enviado temporalmente a otro Estado para realizar prestaciones de servicios no pretende en modo alguno acceder al mercado laboral de ese segundo Estado, pues tiene la intención de volver a su país de residencia después de haber concluido su prestación de servicios.

Sin embargo, la LDT aporta una particularidad relacionada con la exclusión, si quiera parcial, de aquellos desplazamientos del personal navegante decididos por empresas establecidas en Estados no pertenecientes a la Unión Europea o al Espacio Económico Europeo, ya que sobre este asunto no se dice nada en la Directiva que hubiese impedido su sujeción a las obligaciones empresariales establecidas en nuestro derecho interno en aquellos casos en los que estos desplazamientos estén unidos a una actividad de transporte marítimo que reúna los elementos definitorios de las operaciones transnacionales descritas en el art. 2.1.1ª de la LDT.

Cuando los trabajadores se desplacen con la única intención de asistir a acciones formativas en otros Estados miembros se puede decir que no se cumplen con los requisitos para considerar que están realizando una prestación transnacional, por lo que los desplazamientos no estarían dentro del ámbito de aplicación de la LDT. Esta situación se sobreentiende y parece hasta innecesario hacer mención de su exclusión en la normativa, no obstante, aquellos desplazamientos en los que los trabajadores tengan que realizar una prestación de servicios relacionada con la impartición de cursos de formación en otros Estados o en los que tengan que compatibilizar su actividad profesional con algún curso de formación, si quedan sujetas a lo establecido en la normativa al considerarse éstos trabajadores desplazados (GÁRATE CASTRO, J. 2011, pp. 33-34).

6. Derechos y condiciones labores de los trabajadores desplazados.

En esta situación los trabajadores pueden encontrarse indefensos ante los posibles incumplimientos de la empresa multinacional, sobre todo en todo lo referente a las condiciones laborales de estos. Al igual que cualquier otra empresa estos trabajadores tienen unos derechos humanos básicos que tienen que ser respetados, es por ello que los Estados también intervienen, cuando las empresas multinacionales tienen la sede o llevan a cabo actividades en su jurisdicción, aun a falta de un instrumento jurídicamente vinculante, en el plano internacional universal o regional, o de una directiva de la Unión Europea, o de una regulación de derecho interno.

Por este motivo, el objetivo de la Directiva 96/71/CE y de la LDT es conseguir que las empresas que desplazan trabajadores garanticen las condiciones de trabajo, cualquiera que sea la ley aplicable al su contrato de trabajo y durante el tiempo que dure el desplazamiento, para que no se vean desprotegidos por la aplicación de condiciones laborales más desfavorables. Ahora bien, se permite la aplicación de las normas del país de destino siempre que sean más favorables (art. 3.7 de la Directiva 96/71/CE) que las que se deriven del propio contrato de trabajo y de la referida Ley. Es preciso, por tanto, comparar si para poder si el contrato o la ley por la que se rigen aporta un marco de protección superior, igual o al menos equivalente al del país de destino. Si realizando esta comparación esto no es así la Directiva ordena que el Estado de destino dé efecto a sus disposiciones normativas o a cualquiera que sea las condiciones establecidas en el propio contrato de trabajo (sentencia del TJUE de 18 de diciembre de 2007).

No obstante, España, tras las decisiones adoptadas por el TJUE en su sentencia de 8 de diciembre de 2020, ya no tiene ninguna excusa para incorporar al ordenamiento jurídico español la Directiva 2018/957/UE, pues la norma pretendía elevar la protección de los trabajadores desplazados en el marco de una prestación de servicios, sobre todo, la de los trabajadores, que la propia Directiva califica de "trabajadores desplazados de larga duración" , es decir, los trabajadores desplazados por un período superior a 18 meses, y luchar de forma efectiva contra el abuso y fraude detectado en dichos desplazamientos, sin que ello ocasionara perjuicio alguno a las empresas que desplazan a tales trabajadores (MARCHAL ESCALONA, N. 2019, pp. 81-116).

Obviamente, las fórmulas elegidas por ambas directivas tienen como finalidad que las condiciones de trabajo y empleo de los trabajadores desplazados gocen de un grado de protección igual independientemente del Estado al que sean desplazados. Entre estas condiciones que deben ser respetadas se encuentra el salario y las cuantías del salario mínimo según queden estas definidas por el derecho nacional de aquel Estado, teniendo en cuenta la inclusión de aquellos importes que correspondan por la realización de horas extraordinarias. No obstante, el salario pertenece al "núcleo de disposiciones imperativas de protección mínima", que resultaran de aplicación general en el Estado de destino. Considerando que las legislaciones de los Estados miembros deberán ser coordinadas a fin de establecer un núcleo de disposiciones imperativas de protección mínima que habrán de ser respetadas, en el país de acogida, por los empresarios que desplacen a trabajadores para la realización de un trabajo temporal en el territorio del Estado miembro de la prestación de servicios; que dicha coordinación sólo podrá llevarse a cabo mediante el Derecho comunitario.

Por otra parte, la LDT aplica la protección en cuanto a las condiciones de trabajo a los desplazamientos realizados por empresas que se encuentren establecidas en algún Estado miembro de la Unión o del EEE como en otros Estados, atendiendo a lo establecido en el art. 1.4 de la Directica 96/71/CE. Cualquier exceso a lo contenido en la Directiva implica que la amplitud de la garantía sólo afecte a los desplazamientos que se produzcan entre Estados miembros o del Espacio Económico Europeo.

Es evidente que, las abundantes intervenciones normativas que se han dado desde Europa tienen como finalidad armonizar las legislaciones nacionales relativas a la regulación de las condiciones de trabajo de los trabajadores desplazados. Sin embargo, los desplazamientos están en ocasiones condicionados al nivel de protección que les otorguen las distintas normativas de los estados miembros ya que, aunque se haya transpuesto las distintas Directivas cada país tiene un margen de adaptación de estas a su panorama productivo y empresarial. Y entre esas condiciones de trabajo se encuentra la regulación del salario de los trabajadores que tiene algunas particularidades en cuanto a su configuración, estructura, desarrollo de los complementos salariales y su protección.

III. CONFIGURACIÓN DEL SALARIO DE LOS TRABAJADORES DESPLAZADOS.

1. La importancia del salario mínimo

Cuando en el art. 4.1 de la LDT se hace referencia al salario mínimo de los trabajadores se establece que para fijarlo hay que atender a lo establecido en la legislación laboral del país de destino, siguiendo lo establecido en la Directiva 96/71/CE. Sobre este asunto es preciso hacer un paréntesis para describir lo que desde Europa se viene recomendando a los Estados miembros a través de la reciente Directiva (UE) 2022/2041, de 19 de octubre, sobre salarios mínimos adecuados en la Unión Europea, con el objetivo de lograr unas condiciones de vida y de trabajo dignas y fomentar la negociación colectiva sobre la fijación de salarios, sobre todo porque esta normativa es la que van a tener que tener en cuenta los países de la Unión Europea cuando tengan que establecer los salarios mínimos legales aplicables en su territorio.

En este sentido, la Directiva de salarios mínimos establece los requisitos mínimos a escala de la Unión y fija las obligaciones procedimentales para la adecuación de los salarios mínimos legales. Otro de los objetivos es la mejora del acceso efectivo de los trabajadores a los derechos a la protección del salario mínimo, cuando así lo establezcan el Derecho nacional o los convenios colectivos.

Ahora bien, la imposición de los criterios se va a realizar dentro del respeto a la autonomía que tienen los interlocutores sociales y a su derecho a negociar y celebrar convenios colectivos, sin perjuicio de las competencias de los Estados miembros en la fijación del nivel de los salarios mínimos y de su decisión de establecer salarios mínimos legales, de fomentar el acceso a la protección del salario mínimo establecida en los convenios colectivos, o de ambas cosas. Tampoco afectará a la prerrogativa de los Estados miembros de aplicar o de introducir disposiciones legales, reglamentarias o administrativas más favorables para los trabajadores, o de promover o permitir la aplicación de convenios colectivos que sean más favorables para los trabajadores. No se interpretará en el sentido de que impida a los Estados miembros aumentar los salarios mínimos legales.

El ámbito de aplicación de la Directiva engloba a todos los trabajadores de la Unión Europea que hayan suscrito un contrato de trabajo o una relación laboral conforme a lo definido en el Derecho, los convenios colectivos o los usos vigentes en cada Estado miembro. Por lo que, su contenido es perfectamente aplicable a los trabajadores que se desplazan a España para trabajar y también para aquellos que son desplazados desde nuestro país a otro Estado de la Unión Europea, sin que se pueda aplicar a aquellos trabajadores que desarrollen su actividad en países del EEE.

La falta de aplicación de la Directiva sobre salarios mínimos a los países que conforman el EEE puede resultar perjudicial para las condiciones salariales de los trabajadores allí desplazados, ya que en la negociación de los salarios mínimos de esos países no se van a seguir las indicaciones, no obligatorias, dadas en la normativa europea para fijar unos salarios mínimos legales adecuados. En ese aspecto, los salarios se negociarían sin atender a los términos que justicia y equidad respecto a la distribución salarial del país que esté fuera de la Unión Europea, y sin que se pueda justificar que proporcionan un nivel de vida digno para los trabajadores sobre la base de una relación laboral a tiempo completo. Cada Estado miembro debe determinar y evaluar la adecuación de los salarios mínimos legales teniendo en cuenta sus condiciones socioeconómicas nacionales, incluidos el crecimiento del empleo, la competitividad y la evolución regional y sectorial. Para proceder a dicha determinación, los Estados miembros deben tener en cuenta el poder adquisitivo, los niveles y la evolución de la productividad nacional a largo plazo, así como las cuantías, la distribución y el crecimiento de los salarios.

Aunque la Directiva no impone a los Estados miembros en los que la formación de los salarios esté garantizada exclusivamente a través de convenios colectivos la obligación de introducir un salario mínimo legal cierto es que, lo que intenta es fijar criterios de adecuación que deben de determinarse de acuerdo con los usos nacionales. Para ello, se incluyen una serie de indicadores y orientaciones para los Estados miembros de forma que se puedan evaluar la adecuación de los salarios mínimos legales, las actualizaciones periódicas y oportunas, la existencia de órganos consultivos y la participación de los interlocutores sociales. La participación de los interlocutores sociales es una buena manera para que el proceso mantenga los principios de buena gobernanza enfocados a un proceso de toma de decisiones informado e inclusivo. Parece que la Directiva da respuesta y recoge algunos de los criterios jurisprudenciales establecidos por los tribunales comunitarios, así en la sentencia del TJUE de 12 de febrero de 2015(asunto *Sähköalojen ammattiliitto*ry contra Elektrobudowa Spolka Akcyjna) se declara que, para poder ser oponibles al empresario que desplaza a sus trabajadores a otro Estado miembro, las reglas que se encuentran previstas en el Estado de acogida y que afectan a esos elementos deben ser vinculantes y responder a los requisitos de transparencia; lo que implica que sean accesibles y claras.

Es importante, para lograr estos objetivos que los Estados miembros proporcionen a los interlocutores sociales información pertinente sobre la fijación y actualización del salario mínimo legal, para que ellos tengan la posibilidad de emitir dictámenes, y de recibir una respuesta motivada a los dictámenes emitidos antes de la presentación de propuestas, sobre la fijación y actualización del salario mínimo legal y antes de que se adopten decisiones definitivas (Considerando 29 y 30 de la Directiva de salarios mínimos). Sin perjuicio de la competencia de los Estados miembros para fijar el salario mínimo legal y permitir variaciones y deducciones, debe garantizarse que estas respeten los principios de no discriminación y proporcionalidad, por lo que deben perseguir un objetivo legítimo, así como respetar los principios de no discriminación y proporcionalidad. En ningún caso se impone a los Estados miembros la obligación de introducir variaciones o deducciones de los salarios mínimos.

Desde la perspectiva española, seguramente el diseño legal del SMI se adecúa razonablemente al marco de la Directiva, aunque serán necesarios ajustes, por ejemplo, en los criterios de fijación del art. 27 ET, además de otras actuaciones de promoción de la negociación colectiva y para el aumento de su tasa de cobertura, así como reformas en cuanto a la gestión de datos y estadísticas oficiales sobre cuestiones salariales y convenios colectivos. Pero, sobre todo, este nuevo texto europeo avala la política de progresivo incremento del SMI seguida en nuestro país en los últimos años, y constituye al tiempo un acicate para seguir avanzando más en ese sentido, lo que es clave para combatir la precariedad, la pobreza y la desigualdad (ALONSO ÁLVAREZ, D. 2021, pp. 33-55).

De hecho, existen algunas resoluciones jurisprudenciales en las que se establece el respecto del salario mínimo fijado en el Convenio Colectivo español, para aquellos trabajadores desplazados a otros países de la UE. Es el caso de la STSJ de Galicia de 1 de julio de 2020, en la que se confirma una sanción administrativa muy grave por el impago del salario mínimo (art. 8.1 de la LISOS). La multa se incrementa teniendo en cuenta el número de trabajadores afectados (17) y el perjuicio producido a los empleados. La empresa portuguesa no tuvo en cuenta el salario superior establecido en el convenio colectivo sectorial aplicable en España.

No obstante, aunque es evidente la importancia de la Directiva en cuanto a la configuración de los salarios de los trabajadores desplazados por los motivos anteriormente expuestos, su contenido es limitado ya que al no llegar a implantar un salario mínimo a nivel europeo, hay países que carecen de él (Austria, Dinamarca, Finlandia, Italia y Suecia), aspecto que puede presentar un problema para los trabajadores allí desplazados si atendemos a lo establecido en la LDT y en la Directiva 96/71/CE. Esta situación puede provocar problemas respecto a la fijación de los salarios de los trabajadores desplazados a esos destinos dónde no existe la obligación de garantizar un salario mínimo, pero esta cuestión de resuelve aplicando el principio de igualdad de trato y no discriminación. Este principio presente en la normativa sobre trabajadores desplazados hace referencia a que los Estados miembros deben garantizar las condiciones de trabajo más ventajosas para sus trabajadores desplazados de hecho, si el salario en el país de destino es inferior, ese hecho no les podría perjudicar por el hecho de estar desplazado (GÁRATE CASTRO, J. 2011, pp. 41-42.)

Es cierto que en la LDT se omite cualquier referencia a las concretas disposiciones españolas aplicables, en aspectos relativos a garantizar la igualdad de trato de las condiciones de trabajo establecidas en el art. 3. Pero este hecho no implica que no se vaya a aplicar la igualdad a las disposiciones tanto generales como específicas entre las que se encuentra el salario. Por lo que en lo que a la cuantía mínima del salario se refiere, se resolvería este problema atendiendo a la máxima marcada por la normativa en cuanto a la forma de calcular y habría que atender a la forma de calcular el salario abonando la cantidad que sea más favorable al trabajador, es decir, la prevista en el Estado de origen o la de la ley aplicable al contrato de trabajo del país de destino.

2. La estructura y determinación del salario.

Antes de abordar la estructura del salario de los trabajadores desplazados hay que tener en cuenta que la Unión Europea no posee competencias sobre cuestiones tan importantes como la remuneración de los trabajadores (art. 153.5 TFUE, antiguo art. 137 TCE, originario art. 118 TCEE), concluyendo que la fijación de las condiciones de trabajo entre las que se encuentra el salario es un asunto fundamentalmente nacional, con la sola condición de que esta definición, tal como resulte de la legislación o de los convenios colectivos nacionales aplicables, o de la interpretación que de ellos hagan los tribunales nacionales, no tenga el efecto de obstaculizar la libre prestación de servicios entre los Estados miembros. Este hecho implica que los ordenamientos jurídicos internos de los diversos Estados miembros recogen niveles de protección laboral y social diferentes; y tales diferencias pueden ser utilizadas por las empresas con la única finalidad de obtener unos costes laborales inferiores y, en sentido inverso, mayores beneficios

De ahí que aquellas que se encuentran situadas en Estados miembros con estándares sociales más bajos ocupen una posición competitiva superior. Lo que puede condicionar la elección del país en el que se decide desarrollar una actividad económica con fundamento en la libertad de establecimiento y resulta especialmente peligroso, en los supuestos de descentralización productiva transnacional basados en contratas y subcontratas (SERRANO GARCÍA, M.J. 2015, p.3).

Para que no se produzcan situaciones que favorezcan el dumping social, el cual se origina por la divergencia de legislaciones laborales nacionales en los Estados miembros de la UE y la imposibilidad de armonizar a escala regional los derechos laborales (FOTINOPOULOU BASURKO, O. 2015, pág.252), hay que tener en cuenta lo que tanto la normativa nacional como la internacional establece en lo que a las condiciones de trabajo de los trabajadores desplazados se refiere.

Por otra parte, la negociación colectiva también constituye un elemento importante a la hora de determinar el salario, por lo que es conveniente hacer un análisis para poder comprobar cómo se concretan las distintas cuantías salariales de los trabajadores desplazados. Las condiciones laborales fijadas en los convenios y acuerdos colectivos de la empresa de destino son perfectamente aplicables a los trabajadores desplazados, sobre todo si son más beneficiosas para el trabajador cuando estos ejerzan una actividad idéntica a los trabajadores que están censados en la empresa del país dónde son desplazados. Así pues, el empleador debe identificar el convenio o acuerdo colectivo de sector ampliado que se aplica, teniendo en cuenta los trabajos ejercidos por los trabajadores desplazados. Además, debe informar a sus trabajadores desplazados sobre el convenio o el acuerdo colectivo aplicable.

Si hacemos referencia a los convenios colectivos revisados aparecen únicamente dos en los que se trata esta temática pero de forma bastante sucinta. Es el caso del Convenio Colectivo del Cemento y el Convenio Colectivo para las empresas del Grupo Generali (Seguros la Estrella). El primero de ellos se refiere a esta cuestión pero sólo en relación a los desplazamientos fuera del territorio nacional tratando específicamente la cuestión del abono de los gastos y el 25% de la dieta fijada en el convenio colectivo provincial así como el derecho del trabajador a un viaje al domicilio habitual por cada tres meses de desplazamiento con cargo a la empresa. Por su parte el Convenio Colectivo para las empresas del Grupo Generali (Seguros la Estrella) se refiere al desplazamiento a cualquier centro de trabajo de los diferentes Estados Miembros de la Unión Europea pero no lleva a cabo una regulación detallada teniendo en cuenta las especiales peculiaridades del supuesto y más concretamente las condiciones de los trabajadores sometidos a tal desplazamiento en particular, cuál sería el convenio colectivo aplicable y si tendrían o no derecho a seguir vinculados al convenio de origen. Tampoco se recoge la posibilidad de tener en cuenta la decisión personal del trabajador para una movilidad de esa índole, máxime si es definitiva, de manera que si acepta se regularan en el convenio previsiones concretas como condiciones del desplazamiento (viajes y alojamiento), derechos de información sobre condiciones de vida y de trabajo, derechos económicos, permisos periódicos, seguridad y salud o repatriación. En el caso de una negativa del trabajador el empresario debería de desistir o iniciar la vía del despido por causas empresariales.

Aunque existen normas especiales como la LDT, en el ET no se establece ninguna regulación al respecto y son las empresas, generalmente de mayores dimensiones, a través de su propia regulación interna las que tratan esta cuestión con un alto grado de estandarización. La regulación convencional en estos casos se limita con enorme frecuencia a fijar el régimen económico, especialmente respecto de la cuantificación del importe de las dietas en atención a la dimensión nacional o transnacional del desplazamiento. No obstante, en algunos casos se disponen reglas específicas para garantizar la adecuada tutela del trabajador (VV.AA. 2006, pp. 91-92).

2.1. Una primera aproximación a la determinación del salario.

Para poder fijar la remuneración (con sus distintos elementos) de un trabajador del Estado miembro de acogida hay que atender a normas de distinta naturaleza: disposiciones legislativas y otras disposiciones reglamentarias, distintos tipos de convenios colectivos (nacional, sectorial, local, de empresa) y el contrato de trabajo individual suscrito entre el empleador y el trabajador. En el caso de los trabajadores desplazados, solo se considerará remuneración aquella que reúna todos los conceptos salariales que se aplican, de forma obligatoria, a todos los trabajadores de la zona geográfica o del sector. Se consideran de aplicación obligatoria aquellos elementos establecidos por la legislación nacional o por convenios colectivos de aplicación universal o de cualquier otro modo de aplicación a todos los trabajadores locales de la zona geográfica o el sector de que se trate.

Para determinar el salario es preciso conocer el grupo profesional o categoría profesional de la prestación del trabajador desplazado, sobre la base del salario nacional en cómputo anual. Para llegar a este punto, la Directiva es reglada, señalando, en primer lugar, que los trabajadores desplazados tienen derecho a percibir el salario mínimo legal o convencional (de aplicación general) que comprende los incrementos por horas extraordinarias [(art. 3.1.c)]. Con posterioridad, en el art. 3.1 in fine se refiere a que la noción de cuantías de salario mínimo se definirá por la legislación y/o uso nacional del Estado miembro en cuyo territorio el trabajador se encuentre desplazado. Y finalmente, el art. 3.7 añade que los complementos correspondientes al desplazamiento forman parte del salario mínimo, en la medida en que no se abonen como reembolso de los gastos efectivamente realizados originados por el desplazamiento, tales como gastos de viaje, alojamiento o manutención.

Así, en la LDT se incluye en el concepto de salario mínimo, como aquel salario en cómputo anual y sin el descuento de los tributos, de sus pagos a cuenta y de las cotizaciones de Seguridad Social a cargo del trabajador, por el salario base y los complementos salariales, las gratificaciones extraordinarias y, en su caso, la retribución correspondiente a horas extraordinarias y complementarias y trabajo nocturno. En ningún caso se incluirán en la cuantía mínima del salario cualesquiera mejoras voluntarias de la acción protectora de la Seguridad Social. Con el fin de garantizar la transparencia y facilitar la labor de comprobación y control de las autoridades competentes, es necesario, sin embargo, que los elementos que forman parte de la remuneración puedan identificarse con suficiente precisión, de acuerdo con la legislación y las prácticas nacionales del Estado miembro de procedencia.

Por ello, la retribución salarial, de forma genérica, vendrá determinada por legislación o las prácticas nacionales del Estado miembro en cuyo territorio esté desplazado el trabajador y comprenderá todos los elementos constitutivos de la remuneración obligatorios en virtud de las disposiciones legales, reglamentarias o administrativas nacionales o de los convenios colectivos o los laudos arbitrales que, en dicho Estado miembro, hayan sido declarados de aplicación universal. Aunque esta afirmación tiene algunos matices para que no se produzcan situaciones menos favorables y discriminatorias respecto a los trabajadores desplazados, ya que las empresas que realicen estos desplazamientos tendrán que garantizar a los trabajadores desplazados en su territorio, sobre la base de la igualdad de trato, las condiciones de trabajo que en el Estado miembro donde se efectúe el trabajo estén establecidas.

Sin embargo, estos criterios se aplicarían respecto al salario base y respecto a aquellos complementos salariales personales y relacionados con la prestación de servicios o actividad, pero esta regla de comparación de trabajo de igual valor independientemente del lugar en dónde se realice en el trabajo, no ataña a lo establecido para los complementos específicos. La propia naturaleza o configuración de estos complementos salariales específicos requiere que, aunque son considerados parte de la remuneración, no pertenecen a la cuantía mínima del salario si están vinculados a gastos originados por el propio desplazamiento y no son aplicables a todos los trabajadores desplazados. Sin embargo, si se consideraran dentro del concepto de complementos además aquellos que perciban los trabajadores desplazados cuando estén obligados a viajar hacia y desde su lugar de trabajo habitual en el Estado miembro de acogida. Aunque es importante que esos pagos no se dupliquen en concepto de gastos de viaje, alojamiento y manutención.

Por lo que el propio TJUE (Sentencia del TJUE de 12 de febrero de 2015) para evitar conflictos ha ido desglosando que conceptos forman parte del salario mínimo, a efectos de la aplicación del art. 3.1 de la Directiva 96/71 (art. 4.1 de la LDT). En primer lugar, establece que el salario mínimo a garantizar en el Estado de acogida puede ser un salario fijado por horas y/o a destajo, basado en la clasificación de los trabajadores en grupos salariales, si así está previsto en los convenios colectivos pertinentes del Estado miembro de acogida, siempre que el cálculo y la clasificación se efectúen conforme a reglas vinculantes y transparentes, lo cual debe comprobar juez nacional si fuera necesario.

En segundo lugar y para poder configurar el salario de forma correcta es preciso tener en cuenta cualquier cuantía que se establezca en el Convenio Colectivo del Estado de acogida para que tengan como finalidad pagar o hacerse cargo de los gastos de desplazamiento, originados por la prestación de servicios, en el interior de ese estado, en idénticas condiciones a las que se supedita su inclusión en ese mismo salario abonado a los trabajadores locales con ocasión de un desplazamiento dentro del Estado miembro de que se trata. Como así determina la STSJ del País Vasco de 12 de mayo de 2009, en la que se señala que "a la prestación de servicios de carácter transnacional se le aplican las condiciones de trabajo previstas por la legislación española, y que, como el concepto salario incluye todas las percepciones recibidas, para el cálculo de lo percibido en este caso y compararlo con lo que debió percibir conforme a la legislación española hay que tener en consideración los complementos por desplazamiento abonados que no dieron cobertura a gastos de viaje, alojamiento o manutención efectivamente ocasionados".

En tercer lugar, la jurisprudencia comunitaria también incluye para el cálculo del salario mínimo un complemento de trayecto, que se abona a los trabajadores siempre que la duración del trayecto de ida y vuelta diario efectuado por éstos sea superior a una hora. Y, por último, también es preciso tener en cuenta que la paga de vacaciones que debe concederse al trabajador por la duración mínima de las vacaciones anuales remuneradas forma parte del salario mínimo al que dicho trabajador tiene derecho durante el período de referencia. Sin embargo, se excluyen de la configuración del salario de los trabajadores desplazados aquellos conceptos que tengan como finalidad cubrir el pago del dietas, manutención y alojamiento de estos trabajadores desplazados.

2.2. Cuantía de los complementos salariales.

Como parte de la determinación del salario hay que atender a la cuantía y tipos de complementos salariales que puede percibir el trabajador desplazado. Para ello, hay q estar a lo dispuesto en la Directiva 96/71/CE, puesto que los complementos son parte del salario del trabajador y deben seguir el mismo procedimiento marcado por la normativa europea. Los complementos salariales son un elemento accidental, pero de existir han de responder a una causa y se han de reconducir por alguno de los conceptos a que se refiere el apartado 3° del artículo 26 del ET, que son: las condiciones personales del trabajador, naciendo el derecho al complemento en atención a las cualificaciones profesionales que el propio trabajador posee; la naturaleza del trabajo realizado, siendo percibidos por el trabajador por razón de las características del puesto de trabajo o de la forma de realizar su actividad profesional; la situación y resultados de la empresa, los cuales están en función de la evolución económica de la empresa o del cumplimiento de objetivos prefijados. El objeto principal de estas prácticas empresariales que están muy generalizadas suele ser el de generar beneficios al trabajador que se desplaza, para garantizarle no solo en la medida de lo posible sus condiciones laborales, sino intentar mantener su capacidad económica.

La estructura del salario tiene carácter cerrado, pues todo complemento o partida que se añada al salario base ha de tener su causa en los tres conceptos antes expuestos. En líneas generales el trabajador desplazado tendrá derecho a percibir los complementos salariales personales y vinculados a la propia actividad que realiza en la empresa. Sin embargo, para realizar la comparación entre la cuantía del salario que al trabajador desplazado le corresponda conforme a la legislación aplicable a su contrato de trabajo y la garantizada según lo dispuesto en los apartados anteriores, serán tomados en consideración los complementos correspondientes al desplazamiento, en la medida en que no se abonen como reembolso de los gastos efectivamente originados por el mismo, tales como gastos de viaje, alojamiento o manutención.

En caso de que ni el contrato de trabajo ni las disposiciones aplicables a la relación laboral indiquen si los elementos del complemento específico por desplazamiento se abonan en concepto de reembolso de gastos efectivamente realizados a causa del desplazamiento o como parte de la remuneración ni, en su caso, cuáles son esos elementos, se considerará que la totalidad del complemento se abona en concepto de reembolso de gastos. Los complementos específicos por desplazamiento tienen a menudo varios fines, pero cuando tienen por objeto el reembolso de gastos realizados originados por el desplazamiento, tales como gastos de viaje, alojamiento y manutención, la Directiva 96/71/CE y la Directiva 2018/957 disponen que no pueden considerarse parte de la remuneración.

El complemento más característico del trabajador desplazado es el de destino en el extranjero, ya que se premia la disposición de entrar en programas de movilidad geográfica transnacional y se constituye como incentivo para que el trabajador acepte el desplazamiento. Sin embargo, existen resoluciones jurisprudenciales, en nuestro país, en las que se deniega el cobro de este complemento, es el caso de la sentencia del Tribunal Superior de Justicia de Canarias de 30 junio de 2009 en la que se ha denegado el cobro de la dieta de desplazamiento internacional, cuando siempre se había abonado aun cuando no se pernoctaba en el país extranjero. Ello supone la aceptación por ambas partes de que se estaba percibiendo una dieta, la de desplazamiento junto con la de vuelo, pese a que no se pernoctaba; por lo que tal dieta sustituye a la dieta de vuelo internacional, prevista legalmente pero inexistente. De hecho, podría considerarse si se viene abonando así desde hace años cuando el avión se desplaza a un país extranjero, sin pernoctar en él que existe una práctica empresarial que se ha incorporado al contrato como condición más beneficiosa que no puede ahora la empresa unilateralmente dejar de aplicar (MOLINA MARTÍN, AMPARO. La movilidad geográfica internacional de trabajadores. Régimen jurídico laboral. Navarra, 2010.)

Corresponde a los Estados miembros, de conformidad con su legislación o prácticas nacionales, establecer normas sobre el reembolso de estos gastos. El empresario debe reembolsar a los trabajadores desplazados estos gastos de conformidad con la legislación o las prácticas nacionales aplicables a la relación laboral. Dada la importancia de los complementos específicos por desplazamiento, es necesario que puedan determinarse sin incertidumbre las partes de los complementos específicos por desplazamiento que están destinadas al reembolso de gastos. El complemento o plus por desplazamiento que, en su caso, abone la empresa a la persona desplazada, si se considera reembolso de gastos efectivamente causados por el desplazamiento tiene naturaleza extrasalarial, salvo que se haya pactado expresamente su naturaleza salarial (CUATRECASAS, 2021, pp.2-3). Por tanto, no se tienen en cuenta a la hora de comparar los importes realmente pagados al trabajador y los importes debidos de conformidad con la legislación del Estado miembro de acogida.

Ahora bien, existen otros complementos que si tienen carácter salarial y forman parte de la remuneración de los trabajadores desplazados. De hecho, es completamente aceptable que, si el empresario exige que el trabajador realice un trabajo suplementario o en unas condiciones concretas, la citada prestación suplementaria se vea compensada para el citado trabajador sin que dicha compensación se tenga en cuenta para calcular el salario mínimo. Por ejemplo, hay países en los que, en el sector de la construcción, se ha incluido el incremento por horas extraordinarias, el complemento de nocturnidad, el complemento por domingos o festivos, las vacaciones no disfrutadas, el subsidio extra por vacaciones, la prima de fin de año y la paga extraordinaria «de Navidad». Las primas por trabajos sucios, pesados o peligrosos serían aplicables a los trabajadores desplazados siempre que cumplan las condiciones para beneficiarse de ellas.

Hay algunos complementos salariales que pueden cobrarse en función de la participación de los trabajadores en la situación y resultados de la empresa, tales como bonus, comisiones, etc. En este sentido, el trabajador desplazado tiene derecho al cobro de estos complementos, ya que trabaja para la empresa y es productor de los beneficios y resultados independientemente que en un determinado espacio temporal esté desplazado a otro centro de trabajo en un lugar distinto al habitual. Por tanto, estarán sujetos ahora a la misma escala salarial y tendrán los mismos bonos, allowances y reembolso de gastos que el resto de los trabajadores del Estado de acogida. Este cambio requerirá que los empleadores sigan de cerca los requisitos mínimos retributivos en los países de destino, más allá de atender exclusivamente al salario mínimo como lo hicieron anteriormente.

Los trabajadores con asignaciones a largo plazo, es decir con desplazamientos superiores a 12 meses, tienen derecho a todas las condiciones de empleo del país de destino (derechos, protecciones, beneficios relacionados con la antigüedad, etc.), excepto las relativas a las formalidades de celebración y extinción del contrato de trabajo y los regímenes complementarios de jubilación. Si bien sería posible evitar esta exigencia limitando las asignaciones a 12 meses con una posible extensión de seis meses, aunque esta restricción afectaría seriamente a las estrategias de los programas de movilidad.

Como es sabido, los trabajadores enviados temporalmente a trabajar en otro Estado miembro, pero que no prestan servicios en él, no son considerados trabajadores desplazados y, por tanto, no están protegidos por la normativa sobre trabajadores desplazados. Este es el caso de los trabajadores que realizan desplazamientos profesionales (sin prestación de servicios) para asistir a reuniones, formaciones, conferencias y ferias. Por lo tanto, no les son aplicables las particularidades referidas a complementos y salario base, sólo se incrementará su retribución en concepto de las dietas que le abone su empresa por el viaje puntual que realice, pero no forman parte del colectivo por la propia naturaleza del desplazamiento.

2.3 Algunos ejemplos en el pago de complementos salariales a los trabajadores desplazados.

La implantación de los complementos salariales en la retribución de los trabajadores desplazados puede ser un tema espinoso que la jurisprudencia ha ido resolviendo en algunas situaciones que se van a describir en este apartado. De hecho, en líneas generales se califica estos complementos como primas de expatriación, y establece que su ratio essendi radica en el reconocimiento del esfuerzo personal que supone el cambiar de residencia para prestar servicios en otro país y adaptarse a sus específicas peculiaridades, de igual forma que la partida retributiva denominada diferencial, que se destina a compensar al trabajador desplazado por el mayor coste de vida entre el país de origen y el de destino. Si bien es cierto que de acuerdo con el Estatuto de los trabajadores no han de considerarse como salario las cantidades satisfechas por la empresa que no estén destinadas a compensar, sensu stricto, la prestación de los servicios, de forma que sólo es salario la retribución que se satisface al trabajador como contraprestación a la actividad laboral ejecutada.

Pero la jurisprudencia ha ido flexibilizando ese criterio adaptándolo al estudio del caso concreto, pues por ejemplo, si como consecuencia del desplazamiento del actor a México, fue la propia empresa demandada quien confeccionó las condiciones retributivas correspondientes partiendo de tal hecho, no sólo a través de lo que se constituye el trabajo prestado, sino así mismo de las cantidades destinadas a compensar, por medio de diversas partidas, todo lo que implica la movilidad a aquel país, en los términos que refiere la carta de desplazamiento y el documento de política de asignaciones internacionales de larga duración, medios probatorios que evidencian la voluntad efectiva de la demandada de integrar como retribución compensatoria de naturaleza salarial todos aquellos conceptos (sentencia del Tribunal Superior de Justicia de Andalucía, de 7 noviembre de 2013).

El empresario cuando decide desplazar a sus trabajadores es consciente que debe abonar una serie de cantidades para intentar paliar las diferencias en las condiciones de vida que puedan provocarse a raíz del proceso de expatriación. En definitiva, lo que va a tenerse en cuenta es la mayor o menor diferencia de las condiciones del país de destino con España. Cuando se hace mención a la alternativa de compensar al trabajador por motivo de la movilidad geográfica en un particular Estado y no en otro, no se debe caer en el error de reducirlo todo al punto de vista económico, sino que es preciso ampliar miras. De esta forma, además del diferente coste de vida, hemos de observar también elementos tales como podría ser la peligrosidad del Estado de destino, la distancia con el país de origen o el idioma oficial (COLOMER BLASCO, T. 2001, pp.40-43).

Este plus, por tanto, varía en función de las características del país de destino, para paliar la diferencia en los niveles de vida y necesidades económicas que se pueden presentar en los distintos países europeos, por lo que su fijación dependerá de las condiciones de vida que en el país extranjero existen y su semejanza o no con las del país de origen del trabajador. De esta manera, es un complemento como el que hemos visto de destino en el extranjero, pero observamos que se tiene más en cuenta la vinculación del contrato con el puesto de trabajo, teniendo en cuenta variables concretas del país de destino del trabajador, intentando compensar de manera económica un perjuicio o incomodidad que puede suponer la vida en un país con calidad de vida inferior a la que se disfruta en España.

Las dietas por desplazamiento pueden constituir un problema cuando el empresario decide, de forma unilateral, modificar la cuantía de este. Si ese cambio engloba el total de las dietas que se abonan por manutención para los trabajadores desplazados al extranjero, la jurisprudencia considera que se lleva a cabo una modificación sustancial de condiciones de trabajo. Así se ha pronunciado el Tribunal Supremo en su sentencia de 12 de septiembre de 2016, en la que, al producirse una modificación de las dietas por desplazamiento, sin acreditar causa para ello, supone una importante reducción de las indemnizaciones por manutención en los desplazamientos al extranjero, comportando esos cambios una modificación sustancial de las condiciones de trabajo. No parece admisible que una empresa altere a forma de compensar los gastos que su plantilla debe afrontar como consecuencia de los desplazamientos laborales y que descartemos la entrada en juego del régimen de las modificaciones sustanciales del contrato de trabajo por el hecho de que se trate de compensar gastos y de prestaciones no salariales.

3. Principio no discriminación en la retribución salarial.

El principio de igualdad de remuneración se aplica mediante el Derecho derivado no solo entre mujeres y hombres, sino también entre los trabajadores con contratos de duración determinada y los trabajadores con contratos indefinidos comparables, entre trabajadores a tiempo parcial y trabajadores a tiempo completo y entre trabajadores de empresas temporales y trabajadores comparables de la empresa usuaria. Estos principios incluyen la prohibición de cualquier medida que discrimine directa o indirectamente por motivos de nacionalidad. No obstante, la aplicación del principio de igualdad salarial en los trabajadores desplazados puede presentar problemas, pues es complicado para un empresario mantener una igualdad salarial entre sus trabajadores presentes en distintos países, del mismo modo, que tampoco podremos pretender que los trabajadores que ocupen un mismo puesto en un país determinado, gocen del mismo salario si uno de ellos es nacional del lugar de prestación de servicios y el otro es un trabajador desplazado al territorio. En muchas ocasiones será la propia jurisprudencia la que aportará luz a estos conflictos o desigualdades que se produzcan.

De todas formas, las normas internacionales y nacionales han aportado algunas indicaciones al respecto, ya en el TFUE, en su art. 157, se hacía referencia al principio de igualdad en la remuneración intentando paliar las diferencias o posibles discriminaciones en los salarios de mujeres y hombres por trabajos de igual valor. Con arreglo a este artículo, cada Estado miembro garantizará la aplicación del principio de igualdad de retribución entre trabajadores y trabajadoras para un mismo trabajo o para un trabajo de igual valor. Por lo tanto, dicho artículo impone, de manera clara y precisa, una obligación de resultado y tiene carácter imperativo tanto en lo que respecta a un «mismo trabajo» como a un «trabajo de igual valor». Así, el TJUE en su sentencia de 3 de julio de 2021 (asunto C624/19) ha declarado que, dado el carácter vinculante del artículo 157 TFUE, la prohibición de discriminación entre trabajadores y trabajadoras se impone no solamente respecto a las actuaciones de las autoridades, sino que se extiende también a todos los convenios colectivos relativos al trabajo por cuenta ajena, así como a los contratos entre particulares.

La idea de la Directiva 96/71/CE es intentar que los trabajadores tengan una protección equivalente más que garantizar una igualdad de trato absoluta entre los trabajadores. No obstante, este aspecto fue mejorado por la Directiva 2018/957/UE que introdujo que los trabajadores desplazados cobrarán igual sueldo por igual trabajo, añadiendo este concepto a las condiciones de los trabajadores desplazados. En este sentido, se hace referencia con esta modificación del art. 3.4 de la LDT, al trabajo de igual valor en la misma línea de lo establecido en el propio art. 28 del ET. Aunque no se expone claramente en la normativa europea se entiende que se aplica también a los trabajadores desplazados por empresas españolas en el marco de una prestación de servicios transnacional.

Aunque la noción de trabajo de igual valor tiene como finalidad proteger situaciones discriminatorias que puedan darse en el marco de una relación de trabajo entre hombres y mujeres, esto podría equipararse al concepto de trabajo de igual valor aplicado a la prestación de servicios de un trabajador desplazado y de un trabajador que realiza las mismas funciones en el mismo grupo o categoría profesional en nuestro país o en el extranjero. Trabajo de igual valor es aquel en el que coincidan "la naturaleza de las funciones o tareas efectivamente encomendadas, las condiciones educativas, profesionales o de formación exigidas para su ejercicio, los factores estrictamente relacionados con su desempeño y las condiciones laborales en las que dichas actividades se llevan a cabo en realidad sean equivalentes" (Art. 28.1 ET). Si atendemos a las instrucciones dadas en nuestro país para poder aplicar este principio, que también es perfectamente aplicable a los trabajadores desplazados hay que atender a una serie de premisas que son las que determinan si, efectivamente se trata de un trabajo de igual valor para poder establecer el salario base según categoría o grupo profesional.

4. El salario en especie de los trabajadores desplazados.

El trabajador desplazado puede recibir lo que se denomina el salario en especie, también denominado retribución flexible, que tiene como característica principal que se trata de una retribución salarial no monetaria, es decir, que nunca puede tratarse de dinero en efectivo. En suma, esta modalidad salarial, viene a ser ese complemento que compensa el incremento de coste de vida en el país de destino, con el objetivo de que el trabajador no pierda en calidad de vida. Así, existen diversas maneras de retribuir en especie, entre otras, el cheque restaurante o uso de un comedor para los trabajadores desplazados, la concesión del uso de un coche de empresa o un abono transporte, así como el disfrute de una vivienda de la que podrá disfrutar el trabajador sin pagar ningún tipo de alquiler o pagar una cantidad inferior a la de mercado. También podrán en este sentido, disfrutar los trabajadores expatriados seguro médico y/o de vida, viajes para el empleado y su familia para volver al país de origen, España.

Alguno de ellos merece especial atención por las particularidades que puede presentar, tal es el caso del ticket restaurante pues parece que el abono de este concepto no responde al gasto invertido por el actor en su manutención como consecuencia del trabajo prestado en los días efectivos de la actividad, sino que obedece a lo que la empresa entiende como uno más de todas las compensaciones, que tiene que llevar implícita el desplazamiento temporal del lugar habitual de trabajo a otro distinto. No obstante, el abono por comida puede fundamentarse en distintas causas (sentencia del Tribunal Supremo de 24 de enero de 2003), ya que en el propio ET al construirse la noción de salario se puede establecer una presunción "iuris tantum" de que todo lo que recibe el trabajador del empresario le es debido en concepto de salario. Presunción que, por consiguiente, puede ser desvirtuada, o bien mediante la prueba, que corresponde a quien niega la condición salarial de la percepción discutida, de que la cantidad abonada obedece a alguna de las razones que enumera el art. 26.2 ET; o bien acreditando que su abono está establecido con tal carácter indemnizatorio en una norma paccionada, en cuyo caso, quien niegue la validez del pacto habrá de demostrar que la previsión del Convenio encubre en realidad el abono de un auténtico salario en especie o que el concepto discutido no es encuadrable en el previsto del Convenio.

Otra de las formas de retribución en especie que se producen con más frecuencia es el pago de los gastos de alquiler y vivienda. El disfrute de una vivienda en el extranjero por parte del trabajador expatriado, puede tener diversas fórmulas que entre las partes pactarán, así puede ocurrir que la vivienda sea propiedad de la empresa y ceda su uso al trabajador o que sea éste último quien decida alquilar una vivienda y el empresario pague las mensualidades o al menos parte de ellas. Es decir, el trabajador puede disfrutar de un alquiler de vivienda sin pagar nada a cambio o pagando una cantidad muy inferior a la que correspondería a efectos del mercado. Está constatado por la jurisprudencia que la intención explícita de la empresa mediante el abono del coste de la vivienda se enmarca en la política de compensaciones por el desplazamiento del trabajador al extranjero, estimando estas cuantías dentro del salario en especie. La empresa ha pasado a retribuir una suma dedicada a vivienda del trabajador no limitándose a suplir un gasto adicional soportado por éste, ya que el trabajador no se halla temporalmente desplazado por razón del contrato, sino que necesariamente reside en la localización de destino fijada en el mismo. En definitiva, el alquiler de la vivienda constituye salario, tanto si la empresa incluye una cantidad en la retribución mensual destinada a ese concepto, como si abona directamente la renta arrendaticia de la vivienda que ocupa el trabajador (Sentencia del Tribunal Supremo de 21 de febrero de 2020). Lo lógico es que este concepto salarial venga definido en un documento denominado "Anexo de condiciones de expatriación", que firman empresa y trabajador antes del comienzo de la prestación de servicios transnacional. Será en ese momento, de hecho, cuando se determine en ocasiones su propia naturaleza.

Aunque la naturaleza de esos gastos parece que se contempla en la jurisprudencia como salarial, existen otras resoluciones que lo califican como extrasalarial si el empresario compensase con él un gasto realizado como consecuencia de la actividad laboral. Por lo que, es importante determinar bien la tipología de gasto en el propio acuerdo de desplazamiento transnacional, ya que su consideración como salarial o extrasalarial puede modularse atendiendo al caso concreto, para poder acreditar y demostrar mediante pruebas, que la finalidad del plus de gastos de alquiler o vivienda era compensar un gasto determinado que se ha ocasionado por la prestación del propio trabajador y que no responde a una propia contraprestación laboral.

El uso del vehículo de empresa puede constituir salario en especie, pero al igual que ocurre con los gastos de vivienda y alquiler, existen diferentes circunstancias o situaciones que pueden sucederse cuando una empresa pone a disposición del trabajador un vehículo. De este modo, el trabajador puede que lo destine, exclusivamente, a uso particular (no laboral), a un uso mixto particular laboral, o a un uso exclusivamente laboral. Lo importante de esta diferenciación que puede darse es que la calificación de la naturaleza del importe equivalente al uso será diferente en función del supuesto de que se trate. En este sentido, la jurisprudencia estima que se puede calificar de salario en especie aunque se destine al "beneficio particular y exclusivo del empleado" (STS de 21 de diciembre de 1990) o se trata de una "utilización, consumo u obtención, para fines particulares" (sentencia del Tribunal Supremo de 24 de octubre de 2001), diferenciando el tipo de uso para calificarlo de forma que, si el uso era exclusivo, todo el importe sería salario en especie, pero si el uso es mixto, la jurisprudencia ha optado por un reparto de importes, normalmente basado en la normativa fiscal (STSJ de Castilla y León de 23 de julio de 2007).

Por último, si el vehículo se utiliza exclusivamente para fines profesionales, y como recuerda la sentencia del Tribunal Supremo de 21 de diciembre de 2005, el mismo constituirá "un medio o herramienta necesario (...) para el normal desarrollo de su labor por parte del empleado, por lo que la puesta a disposición del automóvil por parte de la empresa no tuvo como finalidad proporcionarle una retribución por su trabajo, sino que respondió a la necesidad de su utilización para el buen desempeño de su labor ". El uso de vehículo a cuenta de la empresa, bien puede considerarse como un salario en especie al que se refiere el art. 26.1 Estatuto de los trabajadores, pero, para ello, es necesario que se den determinadas condiciones que fija el Tribunal Supremo en la sentencia de 21 de diciembre de 2005.

El uso del vehículo de empresa está vinculado a la propia actividad del trabajador desplazado, ya que puede resultar necesario para ejercer la prestación de servicios encomendada, al ser manifiesta la necesidad de desplazarse con habitualidad, bien para controlar la labor de los vendedores que, en su caso, puedan depender de él, o bien para visitar directamente a determinados clientes. Por consiguiente, debe descartarse, ya desde este momento, la idea de que la principal función que la atribución del uso del automóvil estuviera llamada a cumplir fuera la de formar parte de la retribución (salario en especie), sino que el vehículo constituía claramente un medio o «herramienta» necesaria para el normal desarrollo de su labor por parte del empleado. Ahora bien, si queda acreditado que no existe relación entre el uso del vehículo y la actividad usándolo el trabajador, por ejemplo, durante el fin de semana en beneficio propio del trabajador, sin mayor concreción y claridad, no puede afirmarse que esta forma de utilización ha sido acordada entre empresario y trabajador como compensación por la labor a desarrollar, pues caben también otras posibilidades, tales como la mera tolerancia por parte de la empresa o, incluso el incumplimiento contractual en este punto por parte del empleado. Por tanto, el vehículo no puede considerarse salario si estaba destinado para su utilización por motivos estrictamente profesionales sin que a ello obste que se le permitiese utilizar el mismo fuera de su horario de trabajo, no acreditándose que fuese una forma de retribución.

Otra forma de salario en especie pueden ser los incentivos que se establecen en el contrato laboral, que vienen a ser, en muchas ocasiones, la motivación principal para el trabajador desplazado. Pueden darse diversos casos como, por ejemplo, el incentivo por cumplimiento de objetivos anuales (cumplimiento de objetivos por año natural). Este incentivo se abonará si se cumplen los objetivos previamente establecidos, y en función de su alcance se abonarán dichos incentivos en el primer trimestre del año siguiente a la fecha de expatriación. Otro incentivo puede plantearse como aquel que premia la permanencia a largo plazo y cumplimiento de objetivos.

Pero es preciso saber que este incentivo está unido a la permanencia del trabajador en el país de destino por lo que, si el trabajador desplazado interrumpe o finaliza su actividad en el extranjero de forma voluntaria antes del cumplimiento del citado periodo, ese incentivo no se abonará y el trabajador no tendrá derecho a reclamarlo. En caso de que el trabajador fuera desplazado a otro país por la empresa el porcentaje del incentivo se revisará, en función del nivel de riesgo de este, aplicando el mismo de manera proporcional al tiempo de estancia en cada país. Ahora bien, puede ocurrir que la finalización del desplazamiento de produzcan por razones inherentes al trabajador y sea la propia empresa la que finalizará la expatriación por sí misma antes de cumplirse los meses acordados. En esta situación, la empresa tendrá que abonarle al trabajador desplazado la parte proporcional del incentivo de permanencia a largo plazo correspondiente a su estancia internacional.

A modo de conclusión, hay que señalar que finalmente se ha de señalar que todos estos complementos, salariales como extrasalariales, no son entre ellos consolidables, lo que supone que, una vez el trabajador finalice el proceso de expatriación y regrese a su país de origen, perderá dichos. No obstante, para el cálculo de la indemnización por despido, se deberán tener en cuenta aquellos que gozarán de una naturaleza salarial, si en el momento del despido el trabajador se encontraba en el país de destino y, por tanto, percibía estos complementos salariales (sentencia del TSJ de Madrid de 9 de marzo de 2016).

5. Obligaciones del empleador en materia de salario

Como se ha comentado una de las principales obligaciones del empleador respecto a sus trabajadores desplazados es garantizar a su trabajador un nivel de remuneración (salario + complementos salariales) correspondiente al importe de la remuneración de un trabajador empleado por una empresa establecida en el país de origen del trabajador, que pertenezca a ese mismo grupo profesional.

En este sentido, el empresario está obligado a respetar el salario mínimo en los términos contenidos en la legislación nacional y comunitaria. Como se ha indicado anteriormente, la empresa de origen será la responsable de que el trabajador reciba al menos el salario mínimo previsto en la normativa laboral española, a no ser que la regulación en el país de origen resulte más ventajosa para el trabajador.

Sin perjuicio de lo anterior, se deberá abonar en todo caso la cuantía mínima del salario prevista en los convenios colectivos y laudos arbitrales aplicables en el lugar y en el sector o rama de actividad de que se trate para el grupo profesional o la categoría profesional correspondiente a la prestación del trabajador desplazado. Se entienden por cuantía mínima del salario, en cómputo anual y sin el descuento de los tributos, los pagos a cuenta de estos impuestos y de las cotizaciones de la Seguridad Social a cargo del trabajador, incluyendo el salario base y los complementos salariales, las gratificaciones extraordinarias y, en su caso, la retribución correspondiente a horas extraordinarias y complementarias y trabajo nocturno. En ningún caso se incluirán en la cuantía mínima del salario cualesquiera mejoras voluntarias de la acción protectora de la Seguridad Social.

La comparación entre los distintos importes de remuneración se deberá llevar a cabo con los importes brutos y sin tener en cuenta los gastos profesionales, pagados aparte de la remuneración. Esta comparación permitirá determinar el importe de la asignación correspondiente al desplazamiento que debe abonarse al trabajador, en su caso, como complemento de su remuneración para compensar la posible diferencia de remuneración entre la remuneración aplicable en el país de destino y la abonada en virtud de la legislación del país de origen.

Cuando el empleador no justifique el pago de la totalidad o de parte de la asignación correspondiente al desplazamiento en concepto de remuneración o de gastos profesionales, en virtud del contrato de trabajo o de la ley por la que este se rige, la totalidad de la asignación se considera abonada en concepto de reembolso de gastos y quedará excluida de la remuneración.

IV. PARTICULARIDADES DEL SALARIO RESPECTO A LA MULTIACTIVIDAD DE LOS TRABAJADORES DESPLAZADOS.

La libertad de empresa en el marco de una economía de mercado que el art.38 CE consagra, presupone que cualquier forma de organización empresarial, entre la que se incluye la descentralización productiva o contratación externas de obras o servicios, será conforme a Derecho y, por ende, lícita. La irrupción de las denominadas empresas de multiservicios, que no están especializadas en ningún segmento de actividad, sino que ofrecen simultáneamente una amplia gama de servicios y actividades también pueden presentar particularidades a la hora de determinar el salario de los trabajadores desplazados.

Estas empresas se dedican a ofrecer una amplia gama de servicios (limpieza, vigilancia, jardinería mantenimiento, conserjería, etc.), a empresas que conciertan con ellas una contrata global. A falta de un convenio colectivo propio del sector o subsector de empresas de servicios integrales, que abarque todas las actividades que pueden prestar simultáneamente estas empresas, en muchos casos sin guardar una mínima homogeneidad productiva entre sí, la realidad convencional en las empresas multiservicios registra una amplia diversidad de situaciones. El primero de los problemas que plantean estas empresas, en cuanto a las condiciones laborales de los trabajadores que prestan servicios en ellas, es el relativo a la carencia o ausencia de un convenio colectivo propio del sector o subsector de empresas de servicios integrales, que abarque todas las actividades que pueden prestar simultáneamente estas empresas, en muchos casos sin guardar una mínima homogeneidad productiva entre sí, la realidad convencional en las empresas multiservicios registra una amplia diversidad de situaciones.

La solución a este problema es acudir al convenio sectorial para determinar el salario y otras condiciones de trabajo, contribuyendo a la creación de situaciones nada uniformes, ya que existen empresas multiservicios que optan por aplicar el convenio correspondiente al sector considerado principal entre las varias actividades que desarrollan para otras empresas, aunque este hecho puede perjudicar el salario de los trabajadores , pues la empresa puede seleccionar el convenio sectorial económicamente más competitivo o rentable desde el punto de vista empresarial, lo que permite abaratar los costes e imponer unas condiciones salariales menos ventajosas para estos trabajadores. Parece que la solución de acudir al convenio sectorial no parece que sea la más apropiada a la hora de fijar el salario de los trabajadores, sobre todo porque hay empresas que al tener distintas actividades aplican diferentes convenios sectoriales en cada caso, por lo que resultan de aplicación tantos convenios como contratas existan en la empresa multiservicios (CAVAS MARTÍNEZ, F. 2018, p. 122).

Obviamente la aplicación del convenio es clave para la determinación del salario de los trabajadores de la empresa y también de aquellos que realizan la prestación de servicios en nuestro país o en otros países de la UE. Sobre este controvertido asunto el Real Decreto-ley 32/2021, de 28 de diciembre, de medidas urgentes para la reforma laboral, la garantía de la estabilidad en el empleo y la transformación del mercado de trabajo ha querido aportar algo de luz sin llegar a prestar una solución clara y uniforme, más bien se dedica a recoger lo ya establecido sobre el asunto en las últimas resoluciones jurisprudenciales. Al hilo de estas, en la norma no se limita la subcontratación a servicios especializados ajenos a la actividad principal de la empresa, tampoco se ha impuesto un principio de equiparación salarial, ni se ha extendido la responsabilidad de la empresa principal, como en algún momento se llegó a plantear. En definitiva, parece que en lo que aquí interesa la única "novedad" consiste en la determinación del convenio colectivo aplicable en la contrata y subcontrata.

Para ello se modifica el art. 42 del ET y se introduce un nuevo apartado en el que se establece que "el convenio colectivo de aplicación para las empresas contratistas y subcontratistas será el del sector de la actividad desarrollada en la contrata o subcontrata, con independencia de su objeto social o forma jurídica, salvo que exista otro convenio sectorial aplicable conforme a lo dispuesto en el título III. No obstante, cuando la empresa contratista o subcontratista cuente con un convenio propio, se aplicará éste, en los términos que resulten del artículo 84" (THIBAULT ARANDA, J. 2022, p.119) Aunque la propia estructura de este tipo de empresas hace que sea muy difícil determinar una actividad preponderante que permita su inclusión en un convenio colectivo sectorial concreto. Esta singularidad determina que el criterio de la actividad principal no siempre sea el más adecuado a efectos de seleccionar un convenio aplicable a la totalidad de la empresa, esto tendría sentido si las restantes actividades que desarrolla la empresa multiservicios carecen de un convenio sectorial específico (ESTEVE SEGARRA, A. 2016, pp. 153-154).

Todo lo dicho se aplica también a las dificultades de determinar el salario aplicable cuando es la empresa multiservicios la que plantea el desplazamiento de trabajadores a otros países para prestar un servicio temporal y limitado. La normativa sobre trabajadores desplazados no contempla un supuesto tan particular como el del traslado por empresas multiservicios. Teniendo en cuenta que la dinámica de estas empresas es establecer unas condiciones salariales muy por debajo de las del sector de actividad de que se trate en cada caso, por lo que en el caso de los trabajadores desplazados habrá que asegurar que en el país de destino no cobren cuantías todavía inferiores de las que perciben por la misma actividad en el país de origen, siendo ese el objetivo fundamental de las normativas aunque no traten de manera específica la realidad de las empresas multiservicios.

Por lo que, la particularidad y problemática de estos trabajadores no deviene en el empeoramiento de las condiciones por el propio traslado, sino en la falta de negociación colectiva que reúna todas las características de la actividad sin que este hecho perjudique a las partidas salariales. Sería interesante que se estableciera una negociación colectiva a nivel sectorial para huir de los convenios de empresa existente que imponen a los empleados, trasladados o no, condiciones salariales y de trabajo más gravosas. Las empresas multiservicios presentan una baja implantación sindical, por carecer de representantes de los trabajadores y por su dispersión geográfica, lo que provoca el auge en los últimos años de los convenios de empresas multiservicios.

CONCLUSIONES

La globalización y la proliferación de un mercado único en el que se producen desplazamientos de trabajadores favorece que los Estados miembros promuevan normas que protejan a los trabajadores y empresarios en el marco de una prestación de servicios de carácter transnacional. Lo que interesa es que se evite cualquier práctica de incurra en una competencia desleal y que afecte a los derechos de los trabajadores y empresas, los cuales son los verdaderos protagonistas de estas actuaciones de movilidad.

Del estudio de la normativa europea se puede deducir que a pesar de tener como finalidad principal la protección de las condiciones laborales de los trabajadores desplazados, parece que pretende favorecer el tejido empresarial propiciando la libre circulación de servicios y dejando en manos de los Estados miembros adecuar las normas a su propio beneficio, aunque poco a poco van adquiriendo un carácter más social.

Existen situaciones que deben revisarse y analizarse a fondo, y son aquellas relacionadas con la afectación de la Directiva 96/71/CE a los prestadores de servicios que operen en Estados menos desarrollados económicamente, que han visto reducido o eliminado uno de sus principales factores de competitividad en el mercado interior de servicios. Se puede producir fraude o la elusión de normas de los países de origen o de destino, a través de establecimientos ficticios, el falso desplazamiento mediante supuestos trabajadores por cuenta propia, entre otras, precisan de una acción más ambiciosa y omnicomprensiva que difícilmente puede ser materializada exclusivamente a través de una modificación legal del derecho derivado. Se necesitan cambios o modificaciones profundos a nivel político e institucional que provoquen una mayor convergencia social europea, por ejemplo, a través de una mayor armonización de las normas laborales, la incorporación de un protocolo social en los Tratados o la materialización más rápida de la Autoridad Laboral Europea que, en relación con el desplazamiento de trabajadores en la UE, tendrá un papel decisivo para lograr una mejor cooperación entre autoridades laborales a escala nacional en busca de un mayor control y supervisión que permita luchar de forma más efectiva y coordinada contra el fraude y el abuso que se produce en determinados supuestos de desplazamiento.

La cuestión salarial se presenta como una cuestión controvertida, pues es un elemento que puede incidir en equilibrar la competencia entre las empresas. Este hecho hace que los Estados miembros hayan intentado siempre tenerla bajo su potestad reguladora, dejando a la Directiva 96/71/CE en un segundo plano e incluso mermando el efecto pretendido por ella.

Por otra parte, en el análisis realizado acerca de la legislación aplicable en España sobre las condiciones laborales de los trabajadores desplazados se llega a la conclusión que no existe precepto en el derecho español vigente que de forma inequívoca y explícita asegure en nuestro país el objetivo pretendido por la Directiva: que a aquellos trabajadores desplazados temporalmente a España por empresas establecidas en otros Estados miembros en el marco de una prestación de servicios les serán aplicables determinadas condiciones de trabajo establecidas por la legislación española.

A la hora de determinar el salario mínimo la Directiva de salario mínimos establece que serán los Estados miembros los que finalmente fijen estas cuantías, pudiendo observarse diferencias entre un país y otro. Tan sólo se establece que esa configuración no obstaculice la libre prestación de servicios entre los Estados miembros, pero a la hora de determinar ese salario hay que tener en cuenta las condiciones salariales aplicadas en el Estado miembro de origen, y las vigentes en el Estado miembro de acogida, debe tomarse en consideración la clasificación (de los trabajadores en grupos salariales) efectuada por el Estado miembro de origen, cuando es más favorable para el trabajador, por lo que sólo se podrá conocer, tras determinar, cuantificar y sumar los diversos componentes del salario derivados de su articulación.

Respecto a las empresas multiservicios se puede decir que la selección del convenio colectivo aplicable a las empresas multiservicios es una cuestión que lleva atormentando a la doctrina científica y a la doctrina judicial desde la irrupción de estas empresas en nuestro mercado de trabajo. Siendo la solución ofrecida por la norma legal y por la jurisprudencia insuficientes ya que no acaban de abarcar la multiplicidad de situaciones suscitadas por las empresas multiservicios, con lo cual el tema seguirá ocupando la atención de la doctrina científica y los órganos judiciales.

La aplicación de distintos convenios sectoriales plantea muchos problemas en la gestión de personal de los trabajadores, por lo que sería conveniente una regulación paccionada propia y homogénea para todos los trabajadores de la empresa multiservicios, acorde con la especificidad de este modelo de negocio.

Capítulo 3:
Especialidades y salario de los trabajadores cedidos por empresas de trabajo temporal[1]

OLGA GARCÍA COCA
Profesora Contratada Doctora de Derecho del Trabajo y de la Seguridad Social

---

1 El presente Trabajo ha sido realizado en el marco del Proyecto Coordinado de I+D+I: "El salario en el contexto de la globalización, las nuevas formas de organización empresarial y la economía digital" (RTI2018-096674-B-C21), financiado por el Ministerio de Ciencias, Innovación y Universidades. Investigador principal: Prof. Dr. D. Santiago González Ortega.

DE PERSONAL. 1. FUNCIONAMIENTO Y ORGANIZACIÓN DE LAS PEO. 2. PRINCIPALES DIFERENCIAS ENTRE LAS PEO Y LAS EOR. 3. PROBLEMAS JURÍDICOS DE LAS PEO. **VALORACIÓN FINAL.**

I. CESIÓN TEMPORAL DE TRABAJADORES A EMPRESAS EXTRANJERAS REALIZADAS POR ETTS

A la hora de analizar la actividad internacional de las ETTS es preciso estudiar dos ámbitos o perspectivas: por una parte, cuál es el entramado de derechos laborales mínimos que se garantizan a los trabajadores cedidos internacionalmente por ETT; y por otra, cuál resultaría ser, en defecto de sumisión o elección expresa, la jurisdicción competente y la ley aplicable a la hora de dirimir las posibles controversias que puedan surgir entre los contratantes. En el primero de estos puntos es dónde se va a centrar este capítulo analizando, concretamente, el salario de estos trabajadores.

Para ello, hay que observar como en la citada LDT se hace alusión a los trabajadores desplazados por una empresa de trabajo temporal puestos a disposición de una empresa usuaria establecida o que ejerza su actividad en el mismo Estado que la empresa de trabajo temporal o en otro Estado miembro de la Unión Europea o signatario del Acuerdo sobre el Espacio Económico Europeo. En estos supuestos los trabajadores son enviados por España para realizar un trabajo en el marco de una prestación de servicios transnacional en cualquiera de los siguientes supuestos: a)por cuenta y bajo la dirección de la empresa usuaria en ejecución de un contrato celebrado entre la misma y el destinatario de la prestación de servicios, que esté establecido o que ejerza su actividad en España; b) en un centro de trabajo en España de la propia empresa usuaria o de otra empresa del grupo del que forme parte.

Al igual que ocurría con los trabajadores desplazados analizados en el anterior capítulo, el estudio va a incidir en aquellas situaciones de desplazamiento que se generan cuando se trasladan trabajadores de una ETT española a una empresa usuaria que se encuentre fuera de nuestras fronteras (Disp. Adic. III). Es importante conocer las obligaciones que la LDT marca para estas situaciones de desplazamiento temporal, sin perjuicio de lo establecido en el artículo 3.7 de esta ley.

En el supuesto de que, pese a la apariencia formal de desplazamiento según este apartado, la persona trabajadora, mientras presta sus servicios en España, quede sometida al poder de dirección de la empresa establecida o que ejerza su actividad en España, será de aplicación el régimen jurídico relativo al desplazamiento previsto en el apartado 1.1.°.c) del artículo 2 de la LDT, sin perjuicio de la exigencia de las responsabilidades oportunas en caso de constituir cesión ilegal de personas trabajadoras.

Ambas cuestiones se analizan de forma individualizada en los siguientes apartados de este trabajo. Como se ha indicado, por lo que se refiere al desplazamiento temporal de trabajadores en el marco de la prestación de servicios realizada a través de una ETT, debe advertirse que en la práctica, son dos las situaciones de cesión de trabajadores que dan lugar a un fenómeno de contrato de trabajo con elemento extranjero: bien la contratación por parte de una ETT española con el fin de poner al trabajador a disposición de una empresa usuaria extranjera, bien la contracción por parte de una ETT extranjera para poner al trabajador así contratado al servicio de una empresa usuaria española.

1. Determinación del marco jurídico de las cesiones.

En nuestro país la posibilidad de contratar trabajadores para posteriormente cederlos a otras empresas que demanden sus servicios es una práctica permitida y regulada en la LETT de 1 de junio sobre Empresas de Trabajo Temporal (BOE de 2 de junio de 1994). Es cierto que, esta forma de realizar la prestación exige que existan necesidades coyunturales y temporales. En la citada norma se define ETT como aquella empresa cuya actividad consiste en poner a disposición, de forma temporal, de otra empresa usuaria trabajadores por ella contratados, precisando que la contratación de trabajadores para cederlos temporalmente a otra empresa sólo podrá efectuarse a través de empresas de trabajo temporal debidamente autorizadas en los términos previstos en esta Ley.

En la propia Ley 14/1999 existen previsiones normativas que se han ido introduciendo con el fin de garantizar la adecuación de la legislación interna española con las Directivas comunitarias. Lo que se pretende con la adaptación a las Directivas comunitarias es el reconocimiento recíproco dentro del territorio de la UE de la licitud y validez de la autorización administrativa obtenida en el país de origen de la ETT, que la habilitará para actuar lícitamente tanto dentro del propio Estado que la concedió, como en territorio de cualquier otro país del ETT, sin necesidad de obtener una nueva autorización administrativa específica para ello, siempre que los fenómenos de contratación en los que medie la ETT estén previstos en la normativa del estado en el que pretenda actuar.

Así pues, las ETTS pueden obtener esa autorización si cumplen con lo establecido en el art. art. 2 de la LETT. Deben disponer de una estructura organizativa que le permita cumplir las obligaciones que asume como empleador en relación con su objeto social; dedicarse exclusivamente a la actividad constitutiva de empresa de trabajo temporal, sin perjuicio de la posibilidad de actuar como agencias de colocación cuando cumplan los requisitos exigidos legalmente al efecto; encontrarse al corriente en el cumplimiento de sus obligaciones tributarias y con la Seguridad Social; garantizar el cumplimiento de las obligaciones salariales, indemnizatorias y con la Seguridad Social mediante la constitución de un depósito o de aval o fianza bancarios de carácter solidario; no haber sido sancionada con suspensión de actividad en dos o más ocasiones; y haber incluido en su denominación los términos "empresa de trabajo temporal" o su abreviatura "ETT".

Como es sabido, la LDT es el resultado de la trasposición a nuestro derecho interno de la Directiva 96/71/CE y con su llegada añade un nuevo Capítulo, el VI, rubricado «Actividad transnacional de las empresas de trabajo temporal», a la LETT, ya que la Directiva contemplaba en su ámbito de protección también a las ETTS. Este nuevo Capítulo VI de la LETT consta, a su vez, de dos secciones distintas. La primera, rubricada «Actividad en España de empresas de trabajo temporal de la Unión Europea y del Espacio Económico Europeo», que comprende los artículos 22 a 25; y la segunda, rubricada «Actividad en la Unión Europea o en el Espacio Económico Europeo de las empresas de trabajo temporal españolas», los artículos 26 y 27.

Cuando se hace referencia a la actividad transnacional de las ETTs, hay que citar inexcusablemente la LDT, ya que en su articulado impone a las empresas que desplacen trabajadores el respeto a las disposiciones mínimas sobre condiciones de trabajo vigentes en el país de acogida, cualquiera que fuese la legislación aplicable al contrato de trabajo de los trabajadores al servicio de la empresa desplazada, también desplazados con ella. En este último caso, se aplican condiciones más restrictivas o protectoras a los trabajadores desplazados; por ejemplo, no se aplica la excepción de considerar las condiciones salariales y de vacaciones en España, aunque la duración sea inferior a los 8 días. La legislación española siempre ha previsto, respecto a las ETTs que desplazan trabajadores temporales a territorio español que, además de garantizar el núcleo duro de condiciones y las asociadas a los desplazamientos de larga duración, deben cumplir las condiciones establecidas en la ley general aplicable sobre ETTs en España. Esta ley impone la igualdad de trato de los trabajadores desplazados teniendo en cuenta los derechos de los trabajadores de la empresa usuaria (art. 11 y 22 de la LETT), de acuerdo con la transposición española de la Directiva sobre el trabajo a través de ETTs (Directiva 2008/104/CE).

Si una ETT española desplaza trabajadores a Islandia, Noruega, Liechtenstein o Suiza, donde la Directiva de ETTs no es de aplicación, la solución que se busca es la aplicación de la legislación de ETTs del Estado miembro de origen; en nuestro caso, la LETT. La norma se refiere a dos situaciones; a la contratación por empresas españolas con empresas de trabajo temporal comunitarias, para en un segundo momento referirse a una situación radicalmente inversa, que es la posibilidad de que las ETTs españolas puedan satisfacer las necesidades temporales de mano de obra de empresas comunitarias.

De todas formas, esa falta de previsión de la cesión de trabajadores transnacional fue modificada por la Ley 35/2010 de 17 de septiembre, de medidas urgentes para la reforma del mercado de trabajo permitiendo la puesta a disposición de trabajadores para realizar una prestación internacional. Es importante determinar el tipo de prestación y el lugar dónde va a realizarse, ya que se van a producir distintas entradas y salidas en el territorio español en diferentes momentos, siendo incluso habitual que la prestación de servicios del trabajador contratado por un ETT se desarrolle sucesivamente en diferentes territorios nacionales en virtud de distintos contratos de puesta a disposición concertados con empresas usuarias situadas en diferentes Estados.

Los trabajadores desplazados por ETTs están dentro de marco de protección otorgado por las normas internacionales. De hecho, el art. 56 del Tratado Constitutivo de la Comunidad Europea, establece que «quedarán prohibidas las restricciones a la libre prestación de servicios dentro de la Comunidad para los nacionales de los Estados miembros establecidos en un país de la Comunidad que no sea el del destinatario de la prestación». No sólo exige eliminar toda discriminación en perjuicio del prestador de servicios establecido en otro Estado miembro por razón de su nacionalidad, sino también suprimir cualquier restricción, aunque se aplique indistintamente a los prestadores de servicios nacionales y a los de los demás Estados miembros, cuando pueda prohibir, obstaculizar o hacer menos interesantes las actividades del prestador establecido en otro Estado miembro, en el que presta legalmente servicios análogos. Las actividades transnacionales de cesión de trabajadores por parte de empresas de trabajo temporal quedan también amparadas por la libertad de prestación de servicios, en función de la regulación de cada Estado Miembro, a tenor de lo establecido en la Sentencia del Tribunal de Justicia CE, asunto C-279/80, A. J. Webb, y asunto C-279/00 (GÓMEZ ARBOS, 2015, p. 1)

Por otra parte, en el panorama internacional es preciso hacer referencia a la Directiva 2008/104/CE del Parlamento Europeo y del Consejo de 19 de noviembre de 2008 relativa al trabajo a través de empresas de trabajo temporal ((DOUE núm. 327 de 5 de diciembre de 2008) cuyo objetivo principal es, sin duda, es mejorar las condiciones de trabajo de los trabajadores cedidos por las ETT, reconociéndose la aplicación del principio de igualdad de trato respecto de los trabajadores de la empresa usuaria contratados para el desempeño del mismo puesto de trabajo. Esta finalidad se fundamenta en el respeto de los derechos reconocidos por la Carta de los Derechos Fundamentales de la Unión Europea y más concretamente, se pretende garantizar el pleno respeto del artículo 31 de dicha Carta, que dispone que todo trabajador tiene derecho a condiciones de trabajo que respeten su salud, su seguridad y su dignidad, a la limitación de la duración máxima del trabajo y a períodos de descanso diarios y semanales, así como a un período de vacaciones anuales retribuidas. No obstante parece que este objetivo se puede ver limitado por el propio contenido de la Directiva al no otorgar carácter general al principio ya que sólo determinadas condiciones están inspiradas en el mismo y son aquellas referidas a las que al menos del apliquen a los trabajadores de la empresa usuaria; permitiendo la norma que algunas de ellas puedan establecer excepciones al principio de igualdad de trato, algunas con un alcance importante, con lo que dicho principio puede quedar maltrecho en la práctica. Pero estas excepciones a la igualdad de trato pueden estar justificadas en la necesidad "de hacer frente de manera flexible a la diversidad de los mercados laborales y las relaciones industriales, siempre que se respete el nivel general de protección de los trabajadores cedidos por empresas de trabajo temporal".

Además de este principio, la Directiva quiere justificar la cesión temporal de trabajadores atribuyendo, la misma, no sólo a las necesidades de flexibilidad de las empresas, sino también a la conciliación de la vida privada y profesional de los trabajadores, contribuyendo a la creación de puestos de trabajo y a la participación e inserción en el mercado de trabajo. La Directiva, más allá de la regulación del principio de igualdad de trato, ya apuntado, reconoce, de una forma un tanto deslavazada, algunos derechos de aplicación concreta a los trabajadores cedidos por ETT, que abarcan las cuestiones de acceso al empleo y de disfrute de las instalaciones y servicios comunes de la empresa usuaria, así como a la formación de los trabajadores cedidos. Es evidente que, el reconocimiento de estos derechos supone un avance, aunque sea limitado, desde la perspectiva de la protección del trabajador cedido, aunque su relevancia es escasa en el caso español. Hay que tener en cuenta que, con el principio de igualdad, citado anteriormente, no sólo se pretende mejorar la situación de los trabajadores cedidos sino también mejorar la imagen de las ETT en cuanto empleadoras de los mismos, ante los abusos en que, algunas de ellas, han incurrido en el pasado (GALA DURAN, C. 2009.pp. 16-20.).

Por otra parte, la Directiva 2014/67/UE, recuerda a los Estados miembros su deber de controlar, a través de sus respectivas Inspecciones, las condiciones específicas e individualizadas de desplazamiento de cada trabajador, aporta unos indicios tendentes a evitar que pasen desapercibidos ciertos episodios de desplazamiento temporal de trabajadores. Aunque la normativa nacional ya lo preveía, la Directiva 2018/957/UE, aclara que si dentro de este tercer tipo de desplazamiento se produce un desplazamiento en cadena (el que afecta a un desplazado a España por una empresa usuaria ubicada en otro Estado) la ETT que cedió al trabajador a esta empresa asume la plena responsabilidad del cumplimiento de las obligaciones asociadas a la Directiva de desplazamiento (GÁRATE CASTRO, J. 2019, p. 387).

Entre los convenios internacionales deben incluirse los acuerdos bilaterales celebrados en el marco del Convenio núm. 181 de 1997 de la OIT sobre Agencias de Empleo Privadas (BOE núm. 219, de 13 de septiembre de 1999) con el fin de evitar prácticas nacionales fraudulentas en los procesos de reclutamiento, colocación y empleo. En este sentido, el convenio apoya una mejor adecuación de la oferta y la demanda de trabajo y refuerza la cooperación entre los proveedores de servicios de empleo públicos y privados en ámbitos como el intercambio de información, los servicios básicos de puesta en relación de la oferta y demanda de empleo, y el apoyo activo. Los Estados fomentan la complementariedad de la prestación de servicios de empleo financiados con fondos públicos a grupos específicos del mercado laboral, en particular los que se enfrentan a barreras complejas para el empleo.

2. Ámbito subjetivo: análisis del perfil de trabajador cedido.

Como ya es sabido, el motivo de esta cesión temporal de trabajadores puede servir para compensar la insuficiencia de personal fijo o un aumento temporal de la carga de trabajo, en las pequeñas y medianas empresas, ya que son más sensibles que las grandes empresas a los costes de contratación y de despido de trabajadores en plantilla. Esta es la finalidad principal de la cesión, pero hay que tener cuidado porque si se utiliza de forma desproporcionada se puede disminuir la calidad de los derechos de los trabajadores cedidos, ya que muchas veces se necesita de personal cualificado para desempeñar las tareas.

Cierto es que, para la realización de algunas de las prestaciones de servicios encomendada es preciso que el trabajador tenga una determinada cualificación por lo que el perfil del trabajador cedido exige que tengan una concreta formación que, en ocasiones, por un motivo u otro es difícil encontrar entre los trabajadores de la propia empresa. Atendiendo a estas necesidades se puede decir que un trabajador temporal es aquel que no tiene un contrato indefinido y presenta una inestabilidad temporal. No obstante, la propia naturaleza del trabajador temporal ha cambiado (VON HIPPEL, C. 1997, pp. 93-100). Un uso correcto de la contratación a través de ETT requiere la existencia de una causa de temporalidad. No se puede contratar trabajadores cedidos por ETT para el desempeño de tareas que, dado su carácter permanente y estructural teniendo en cuenta la actividad de la empresa usuaria, deberían ser realizadas por trabajadores indefinidos.

La idea inicial era utilizar a los trabajadores temporales para cubrir una gran demanda o sobre carga en el trabajo, para sustituir a trabajadores permanentes durante el periodo que ellos estaban ausentes debido a la enfermedad o vacaciones o embarazo. Actualmente, debida a la competitividad del mercado, la flexibilidad organizacional, se ha reducido la plantilla introduciendo trabajadores temporales como estrategia organizacional, independiente si es en reducción de coste. En este sentido, se observa como el mercado Español se centra en el modelo teórico denominado de los "Insiders y Outsiders". Para este modelo, los trabajadores con contrato fijo serían los Insiders, indiferentes a la marcha económica, que no afectaría a su empleo, sino al de los Outsiders, que serían los trabajadores no fijos, que pueden provenir de las ETTs y no están dentro del sistema organizativo de la propia empresa, por lo que son trabajadores abocados a la inestabilidad como horizonte de vida, que van a vivir en la incertidumbre a lo largo de su vida laboral, porque no participan plenamente de una igualdad de oportunidades en el mercado del trabajo (aunque trabajen ocasionalmente) (BORRA MARCOS, C. 2018, p.16).

Otro de los aspectos importantes a tener en cuenta a la hora de determinar el perfil de los trabajadores cedidos es la formación en idiomas, sobre todo si van a realizar una prestación de servicios de carácter transnacional. Muchos de los trabajadores que aceptan estas ofertas de empleo no tienen cargas familiares, precisamente por tener una alta movilidad y también tendrán competencias más desarrolladas en las TICs, para poder llevar a cabo tareas en distintos puntos de trabajo por medio de las plataformas digitales que la empresa ponga a su disposición. También aquellos trabajadores que no tienen una cualificación alta y que no aportan un alto valor añadido en sectores de actividad industrial o de servicios tradicionales y que se encuentran en una situación que combinan los trabajos ocasionales y desregulados por salarios marginales con la situación de búsqueda de empleo, pueden finalmente aceptar ofertas de empleo relacionadas con la estancia en distintos países de la UE.

Es fundamental analizar, para examinar la intervención de las ETT en el mercado laboral, como es el perfil del trabajador segmentado por sexo, nacionalidad, edad y formación académica de los contratados. En primer lugar, en relación con el sexo, parece que mayoritariamente se hacen más contratos a hombres que mujeres, pero la diferencia no es demasiado significativa. En cuanto a la nacionalidad, se puede observar como el perfil predominante tiene nacionalidad española, aunque puntualmente en las ETTS se contrata porcentualmente más extranjeros de los que se contratan a nivel nacional. Por lo tanto, estas empresas pueden ayudar a la inclusión laboral de los extranjeros. Los contratos de puesta a disposición celebrados por ETT en el mismo año.

La edad es un factor importante a tener en cuenta, ya que en edades comprendidas entre 16 a 39 años es mayor el porcentaje de contratos celebrados por ETT, pero a partir de 40 años ocurre lo contrario. Por lo tanto, las ETT´s ayudan a insertarse en el mercado laboral sobre todo a personas en edad laboral hasta 30 años. El descenso tan significativo a partir de los 45 años podemos intuir que se debe a que la población encuentra trabajo siendo contratado directamente por empresa, sin necesidad de que exista de por medio una ETT. De estos datos obtenemos que el perfil más contratado por ETT´s va desde los 20 a los 34 años (Fuente: https://www.mites.gob.es/estadisticas/ett/welcome.htm)

Para terminar de examinar cómo es el perfil profesional que mayoritariamente contratan las ETT debemos conocer cuál es la formación que predomina en estas personas, concluyendo que los trabajadores más contratados por ETTs para ser posteriormente cedidos son los que tienen formación, BUP y asimilados, formación profesional, ESO y Bachillerato. Esto es muy probable que se deba a que cuando las ETT buscan un perfil con formación universitaria lo hacen para incorporarlo a las empresas a través de selección, ya que estos perfiles suelen ser más difíciles de encontrar y exigen cierta estabilidad laboral que un contrato con una ETT no puede proporcionarles. Aunque, en algunos casos se contrata profesionales con cualificación universitaria por ETT´s, no es lo más común. En el mercado laboral existen personas que tienen alta cualificación pero que no desempeñan funciones en las que se exige una formación universitaria o superior, sino que terminan realizando tareas más básicas sin cualificación alguna.

Todos estos datos relacionados con los perfiles de los trabajadores cedidos por ETTs hacen visible que las ETT no se debían dedicar a la mera cesión de trabajadores puesto que, se estaba desaprovechando su potencial. Estas empresas debían convertirse en grandes empresas de recursos humanos, gestionando todo tipo de servicios dentro del área de RR.HH.

3. Carácter transnacional de la prestación de servicios: objeto del trabajo a realizar, ubicación y domicilio social de la empresa usuaria.

Lo normal es que la prestación de servicios que revista carácter internacional se realice en el marco de la UE, pero nada impide que esta internacionalización de la actividad de la ETT se realice tanto dentro de la UE como en territorio de países de dimensión extraeuropea. Aunque por el momento, la LETT sólo hace referencia expresa a los supuestos de movilidad de los trabajadores dentro de territorio comunitario, concretamente en los arts. 22 a 27 de la norma. Así pues, el resto de las situaciones quedan carentes de regulación específica y, por lo tanto, sujetas únicamente a las previsiones generales sobre contrato de trabajo con elemento extranjero incluidas, con carecer general en la LDT, y en los posibles convenios bilaterales que el concreto país de destino hubiese podido suscribir con el Estado español. Eso sí, debe advertirse que, aunque las previsiones tanto de la LDT como del Capítulo IV de la LETT están específicamente dirigidas a regular el desplazamiento temporal de trabajadores dentro del espacio europeo, el propio legislador incluye una cláusula abierta que contempla un supuesto de eventual aplicación a otros fenómenos de movilidad geográfica internacional.

Así, la Disposición adicional cuarta de la LDT, indica que las disposiciones de la citada ley se aplicarán a los desplazamientos temporales que realicen las empresas establecidas en Estados distintos a los europeos, «en la medida en que tales empresas puedan prestar servicios en España en virtud de lo establecido en los Convenios internacionales que sean de aplicación». Como se puede apreciar, esta previsión está formulada en términos generales pero también resultará plenamente aplicable a las Empresas de Trabajo Temporal y a las Agencias Privadas de Colocación no europeas que pretendan actuar en territorio español, si es que existe un convenio que las autorice para realizar su actividad en territorio español, en cuyo caso, la aplicación de las previsiones de la LDT garantiza el respeto a los derechos laborales mínimos de reconocidos en la legislación española durante el tiempo que dure el desplazamiento (SELMA PENALVA, A. 2016, pp. 1-4).

A la hora de determinar la prestación de servicios a realizar la LDT no establece ninguna limitación, por lo que es preciso tener en cuenta las reconocidas en la LETT. En este sentido se excluyen este tipo de contrataciones para sustituir a trabajadores huelguistas en la empresa usuaria; para la realización de trabajos u ocupaciones especialmente peligrosos para la seguridad y la salud en el trabajo, en los términos previstos en la disposición adicional segunda de esta Ley y, de conformidad con ésta, en los convenios o acuerdos colectivos; para ser cedidos a otras empresas de trabajo temporal; y cuando en los doce meses inmediatamente anteriores a la contratación la empresa haya amortizado los puestos de trabajo que se pretendan cubrir por despido improcedente o por las causas previstas en los artículos 50, 51 y 52, apartado c), del ET excepto en los supuestos de fuerza mayor.

A veces es difícil delimitar esa necesidad temporal que implica la contratación de trabajadores a través de ETTS, ya que no se puede utilizar esta figura como vía de creación de empleo y colocación de trabajadores en un contexto de altas tasas de desempleo. Así la sentencia del TJUE de 14 de octubre de 2020 establece algunos límites para la cesión de los trabajadores, con la intención de aclarar alguna de las ambigüedades de la Directiva 2008/104/CE, en cuanto a la determinación del tipo de prestación y la evitación de fraudes en la cesión y contratación. En este supuesto el ordenamiento jurídico del país de destino del trabajador no establecía límites a las misiones sucesivas de un mismo trabajador en una misma empresa usuaria y no contemplaba la temporalidad de las necesidades de producción de la empresa usuaria como requisito de legalidad de la utilización de este tipo de contrato de trabajo.

Para poder limitar esas cesiones el TJUE ha establecido algunos criterios ante la supuesta permisibilidad de la Directiva 2008/104/CE que sólo dispone en su número 1 que "las restricciones o prohibiciones al recurso a la cesión temporal de trabajadores por empresas de trabajo temporal deberán estar justificadas exclusivamente por razones de interés general relativas, sobre todo, a la protección de los trabajadores cedidos por empresas de trabajo temporal, a las exigencias en materia de salud y seguridad en el trabajo o a la necesidad de garantizar el buen funcionamiento del mercado de trabajo y de evitar posibles abusos". Además, establece que la cesión debe estar marcada por la temporalidad, por lo que, si el período de actividad no tiene esa calificación, esta cesión podría constituir un indicio del recurso abusivo a las cesiones sucesivas, en el sentido del artículo 5, apartado 5, primera frase, de la Directiva 2008/104/CE.

Si se producen misiones sucesivas del mismo trabajador a la misma empresa usuaria se está perdiendo la propia esencia de las disposiciones de la Directiva, lo que constituye un abuso de esa forma de relación laboral, puesto que alteran el equilibrio que establece la Directiva entre flexibilidad para las empresas y seguridad para los trabajadores, menoscabando la segunda. La sentencia, por último, estima que no se da ninguna explicación objetiva al hecho de que la empresa usuaria en cuestión recurra a sucesivos contratos de puesta a disposición, incumbe al órgano jurisdiccional nacional examinar, en el contexto del marco normativo nacional y teniendo en cuenta las circunstancias de cada caso, si se elude alguna de las disposiciones de la Directiva 2008/104/CE, máxime cuando es el mismo trabajador el que la empresa de trabajo temporal cede a la empresa usuaria a través de esa serie de contratos.

En este sentido se puede decir que, la normativa comunitaria puede permitir esas cesiones para realizar prestaciones internacionales de forma sucesiva en la misma empresa usuaria, siempre que Estado miembro adopte medidas a fin de evitar que se eluda el cumplimiento de las exigencias establecidas en la Directiva 2008/104/CE, pudiendo constituir un indicio de abuso que las sucesivas misiones comporten un período de actividad más largo que el que cabe calificar razonablemente de «temporal»; lo mismo sucede con la ausencia de justificación objetiva del recurso a la ETT. Por otra parte, es criterio fundamental la equiparación de las condiciones de trabajo y de empleo de quienes prestan su actividad a través de ETT con el resto, dando una interpretación amplia al término "condiciones" (SEMPERE NAVARRO, A. 2021, p.4).

Otro de los problemas que se pueden presentar a la hora de concretar los derechos laborales de los trabajadores desplazados es el relativo a la ubicación de la empresa usuaria, porque puede ocurrir que su domicilio social no se encuentre en ningún Estado miembro. En la sentencia del Tribunal Supremo de 22 de marzo de 2022 en la que se ha de resolver una controversia surgida en torno a un contrato de trabajo firmado en España para una empresa radicada en Estados Unidos en relación con un trabajador que, al mismo tiempo, causa baja simultánea en otra empresa española del mismo grupo. El Tribunal expone que existe conexión laboral del demandante de forma ininterrumpida, sucesiva y continuada con distintas empresas de un mismo grupo, lo que determinaría únicamente conocer si el último empleador —en caso de no ser el grupo sino una de las empresas de este— tiene o no domicilio en España para proceder a determinar la competencia judicial de los tribunales españoles. En este caso, no tiene domicilio en España, pero el contrato laboral con la empresa extranjera para prestar servicios en el extranjero ha sido firmado en territorio nacional. Para confirmar este criterio la sentencia también hace referencia a los distintos vínculos que existen con la empresa—reconocimiento de la antigüedad, posibilidad de reversión, condición de expatriado— entre la empresa española y extranjera, ambas pertenecientes a un mismo grupo, que facilitan una decisión de esta naturaleza.

Sobre la determinación del criterio temporal no existen novedades respecto a si el traslado lo realiza una ETT o cualquier otra empresa. La duración del cambio de lugar de trabajo no debe superar un lapso de doce meses en un arco temporal de tres años. Ahora bien, no se distingue entre desplazamiento-traslado, y en lo que aquí interesa se habla de desplazamientos de trabajadores en el marco de una prestación de servicios transnacional (en los términos de la normativa comunitaria) que tengan el carácter de temporal. Y, a efecto del tratamiento de la cuestión referida a la protección de la seguridad y salud los trabajadores desplazados, se asimilan los desplazamientos inferiores a doce meses en un arco temporal de tres años, y los desplazamientos de duración superior, y se excluyen los traslados definitivos. O dicho de otro modo, resulta relevante, a efectos preventivos, que se trate de una modificación sustancial de la condición laboral «lugar de trabajo» reversible, de duración determinada. No es que las modificaciones definitivas o presuntamente permanentes no susciten cuestiones relevantes desde la perspectiva preventiva, que sí las suscitan; lo que sucede es que se trata de una problemática distinta, con perfiles diferenciados a la que plantean los desplazamientos temporales, especialmente respecto de obligaciones preventivas, que pueden ser de tracto único o de tracto periódico.

En el art. 40 del ET se regulan estos traslados o desplazamientos siempre que existan razones económicas, técnicas, organizativas o de producción en las que el empresario justifique el traslado del trabajador, las cuáles deben ser demostradas judicialmente ante una posible decisión de impugnación por parte del trabajador.

Por lo que, se debe tratar de movilidad geográfica cuando el traslado de un trabajador a un centro de trabajo distinto de la misma empresa exige e implica un cambio de residencia, justificado este cambio en la existencia de las causas anteriormente citadas. En este sentido, se puede decir que el traslado se produce cuando se dá un cambio de residencia del trabajador dis tinguiendo del desplazamiento en el que se exige un carácter temporal y no definitivo para realizar una actividad concreta, para lo que las empresas pueden exigir que estos trabajadores desplazados vivan durante el tiempo anteriormente establecido en un lugar distinto a su residencia, recibiendo por ello, además de los salarios, los gastos de viaje y las dietas.

A su vez, dentro de los desplazamientos internacionales de trabajadores de duración limitada, se ha de tener en cuenta que cabe que se trate de desplazamientos de corta o de larga duración. Y aquí dicha duración (corta, media o larga duración) modularía, como se tratará de exponer más adelante, la protección de la seguridad y salud de los trabajadores. Atendiendo a los plazos que, a otros efectos, se emplean en la normativa reguladora del desplazamiento transnacional de trabajadores, de un modo más instrumental que sustancial, se podrían distinguir: desplazamientos «relámpago» o de muy corta duración (inferiores a ocho días), de duración media (menos de tres meses), y de larga duración (más de tres meses). (QUINTERO LIMA, G. 2012, p. 187)

4. Algunas particularidades de las empresas de trabajo temporal y las empresas usuarias.

Sin perjuicio del cumplimiento de la normativa sobre entrada, permanencia, trabajo y establecimiento de los extranjeros en España y de las obligaciones tributarias de estas ETTS, la LETT fija las obligaciones de las empresas de trabajo temporal y usuarias (arts. 22-23).

Las empresas de trabajo temporal establecidas en otros Estados miembros de la Unión Europea o en Estados signatarios del Acuerdo sobre el Espacio Económico Europeo podrán desplazar temporalmente a sus trabajadores para su puesta a disposición de empresas usuarias establecidas o que ejerzan su actividad en España cuando se cumplan los siguientes requisitos: la empresa de trabajo temporal deberá, de conformidad con la legislación de su Estado de establecimiento, estar válidamente constituida y reunir los requisitos para poner a disposición de empresas usuarias, con carácter temporal, trabajadores por ella contratados, no siendo de aplicación la regulación contenida en el capítulo I de la LETT sobre autorización administrativa, garantía financiera, registro y obligaciones de información a la autoridad laboral; el contrato de puesta a disposición entre la empresa de trabajo temporal y la empresa usuaria, sin perjuicio de la legislación aplicable al mismo, deberá formalizarse por escrito y adecuarse a lo dispuesto en los arts. 6-9 de la LETT; la empresa de trabajo temporal estará sujeta a las obligaciones relacionadas con el desplazamiento de trabajadores en el marco de una prestación de servicios transnacional y deberá garantizar a sus trabajadores desplazados las condiciones de trabajo previstas en la misma.

Por otra parte, las ETTs deben comunicar el traslado a la autoridad laboral competente y hacerlo de la misma forma que se hace para aquellos trabajadores desplazados, pero para las empresas de trabajo temporal esa comunicación es obligatoria siempre, aunque el desplazamiento no sea superior a ocho días e incluyendo, además, en la comunicación de desplazamiento, a tenor de lo establecido en el art. 22 de la LDT: la acreditación de que, conforme a la legislación de su Estado de establecimiento, está válidamente constituida y reúne los requisitos para poner a disposición de empresas usuarias, con carácter temporal, trabajadores por ella contratados; la precisión de las necesidades temporales de la empresa usuaria que se traten de satisfacer con el contrato de puesta a disposición, con indicación del tipo de contrato de duración determinada utilizado conforme a lo dispuesto en el artículo 15 del ET; y además una declaración responsable por la que se confirme que el contrato de puesta a disposición entre la empresa de trabajo temporal y la empresa usuaria se ha formalizado por escrito en los términos legalmente previstos y, por otro lado, se garantice que los trabajadores desplazados por la empresa de trabajo temporal disfrutarán de las condiciones de trabajo previstas en la LDT.

Respecto a las empresas usuarias la norma es clara, y establece que éstas podrán celebrar contratos de puesta a disposición con las ETTs que estén válidamente constituidas y reúnan los requisitos para poner a disposición de empresas usuarias, con carácter temporal, personas trabajadoras por ellas contratadas. Hay que tener en cuenta que, la relación entre la empresa usuaria y el trabajador desplazado deben cumplir con las indicaciones de la LETT, es decir, el trabajador se va a someter al ámbito de dirección y control de la empresa usuaria en dónde va a desarrollar la tarea, aunque si hubiera que imponer una medida disciplinaria al trabajador, ésta tendrá que se analizada por la

ETT. Sin embargo, la empresa usuaria está obligada a velar por la salud laboral del trabajador y tendré que imponer las medidas preventivas necesarias para ejercer la prestación sin ningún riesgo para el mismo. Por otra parte, la empresa usuaria responderá subsidiariamente de las obligaciones salariales y de Seguridad Social contraídas con el trabajador durante la vigencia del contrato de puesta a disposición, así como de la indemnización económica derivada de la extinción del contrato de trabajo.

La relación entre el trabajador desplazado y la empresa usuaria deben atender a lo establecido en los arts. 15 a 17 de la LETT, en lo relativo a quien ejerce las facultades de dirección y control de la actividad que va a realizar el trabajador cedido, siendo en este caso competencia de la empresa usuaria durante el tiempo de prestación de servicios en su ámbito. Al igual que ocurre en la cesión de trabajadores entre empresas españolas, la empresa usuaria que considere que por parte del trabajador se hubiera se hubiera producido un incumplimiento contractual lo pondrá en conocimiento de la empresa de trabajo temporal a fin de que por ésta se adopten las medidas sancionadoras correspondientes.

Los trabajadores que se desplacen a España a realizar cualquier prestación de servicios en una empresa usuaria española tendrán que cumplir, a tenor de lo establecido en el art. 22.2 de la LETT la normativa sobre entrada, permanencia, trabajo y estancia de los extranjeros en España», como «de las obligaciones tributarias» por parte de las empresas de trabajo temporal a que se refiere el artículo 22.1 de la misma norma.

En cuanto al contrato de puesta a disposición debe indicarse las fechas estimadas de inicio y finalización del desplazamiento de trabajadores, ya sea en el momento de su firma o a través de una adenda al mismo en caso de necesidad sobrevenida. Es preciso que la empresa usuaria informe acerca del comienzo del trabajo transnacional para que la empresa de trabajo temporal pueda comunicar el desplazamiento al otro Estado al que es enviada la persona trabajadora. Las empresas usuarias serán responsables ante las autoridades españolas del incumplimiento de dicha obligación una vez que se haya producido el desplazamiento. Es importante tener en cuenta que no se podrán celebrar este tipo de contratos cuando no se haya realizado la perceptiva evaluación de riesgos laborales en el puesto de trabajo que se va a cubrir. La evaluación de riesgos se constituye como la única forma de intentar identificar al responsable en materia preventiva si se producen incumplimientos del deber de coordinación de actividades en materia preventiva que opera sobre ambas entidades cuando se ha concertado un contrato de puesta a disposición (MARTÍNEZ GIRON, J. 2004, p. 31).

No se podrán realizar contratos de puesta a disposición entre la empresa de trabajo temporal y la empresa usuaria cuando en los doce meses inmediatamente anteriores a la contratación, la empresa haya amortizado los puestos de trabajo que se pretendan cubrir por despido improcedente o por las causas previstas en los artículos 50, 51 y 52, apartado c), del ET, excepto en los supuestos de fuerza mayor previstos en el art. 8 c) de la LETT. Al igual que ocurre con los contratos de puesta a disposición para prestar servicios nacionales, la empresa usuaria tiene el deber de informar a los representantes de los trabajadores de la celebración del contrato y del objeto del mismo dentro de los diez días siguientes a la celebración. En el mismo plazo deberá entregarles una copia básica del contrato de trabajo o de la orden de servicio, en su caso, del trabajador puesto a disposición, que le deberá haber facilitado la empresa de trabajo temporal.

La ETT tiene la obligación de seguir velando por la salud laboral de sus trabajadores cedidos realizando tareas de vigilancia con cierta periodicidad, además de seguir ofreciendo la formación e información suficiente en materia preventiva. Por otra parte, debe asegurarse del nivel de cumplimiento de la empresa usuaria comprobando que tiene actualizada la evaluación de los riesgos del puesto de trabajo cubierto por el trabajador cedido. Hay que considerar que, si se produjera un accidente en el lugar de trabajo, con independencia de que se encuentre fuera del territorio español, se considerará accidente laboral, pero sobre este criterio la jurisprudencia ha establecido algunos matices. Es el caso de la sentencia del Tribunal Supremo de 6 de marzo de 2007, la cual se ha encargado de precisar que no todo lo que sucede durante la misión tiene una conexión necesaria con el trabajo, cuando no es propiamente desplazamiento, ni tampoco realización de la actividad laboral, máxime cuando ocurra en períodos ajenos a la prestación de servicios, de descanso o de actividades de carácter personal. Partiendo de esta doctrina, los accidentes o enfermedades producidos fuera del desplazamiento al lugar de prestación del servicio, los que no tengan una relación directa con el trabajo encomendado por el empresario o se produzcan en períodos ajenos a la prestación del servicio, como son los ocurridos durante los períodos de descanso o en actividades

Si existen representantes de los trabajadores desplazados la empresa usuaria no podrá negarles realizar sus tareas de representación, ya que la disposición adicional 3ª de la LDT, les permite realizar acciones administrativas o judiciales en los términos reconocidos a tales representantes por la legislación española; y, asimismo, los representantes de los trabajadores de las empresas que reciban en España la prestación de servicios de los trabajadores desplazados en el marco de la presente Ley tendrán respecto de dichos trabajadores las competencias que les reconoce la legislación española, con independencia del lugar en que radique la empresa de trabajo temporal.

5. Contratación de trabajadores desplazados por ETTS.

Cuando se produce una contratación de los trabajadores para ser cedidos a través de un contrato de puesta a disposición a empresas usuarias comunitarias hay que saber que este contrato, en un primer momento, no goza de protección. Es por ello que, independientemente, de si la prestación de servicios que van a realizar es nacional o no, es preciso que la ETT cumpla valide si se cumplen una serie de requisitos para poder cederlos o no. En primer lugar, es necesario que se cumplan las normas preventivas y que se haya realizado una correcta evaluación de riesgos en el puesto que se va a cubrir por medio de un contrato de puesta a disposición. Aparentemente, se opone a esta conclusión el hecho de que el artículo 22.1.c) de la propia LETT, refiriéndose a la ETT comunitaria, afirme que no le será de aplicación a la misma, literalmente, «el capítulo III de la presente Ley a excepción de lo dispuesto en el apartado 1 de su artículo 11».

Pero, esta conclusión la desmiente el artículo 24.5 de la propia LETT, según el cual "constituyen infracciones administrativas graves de las empresas usuarias las previstas en el artículo 20.2 de la presente Ley"; remisión ésta que debe entenderse hecha, al día de hoy, al artículo 19.2.b) del vigente texto refundido de la LISOS, en el que con toda rotundidad se indica que es infracción grave de la empresa usuaria "formalizar contratos de puesta a disposición... para la cobertura de puestos de trabajo respecto de los que no se haya realizado previamente la preceptiva evaluación de riesgos".

También es preciso asegurarse que la ETT comunitaria, con la que pretende contratarse, está capacitada para poder actuar como tal en nuestro país, comprobando no sólo que está legalmente constituida, sino también que no tiene prohibido actuar en otros países. Deben, por tanto, reunir los requisitos para poner a disposición de empresas usuarias, con carácter temporal, trabajadores por ellas contratados. Al igual que se tiene que facilitar a esa ETT, previamente seleccionada, información sobre el salario aplicable en España o en el país europeo en dónde se encuentre el puesto de trabajo que pretende cubrirse temporalmente. Con esa información lo que la ETT comunitaria tiene que hacer es comparar el salario aplicable en España y el salario aplicable en su país de origen al trabajador por ella desplazado, con la finalidad de pagar a dicho trabajador el salario que al mismo le resulte más favorable.

La ETT debe comunicar el desplazamiento, antes de su inicio y con independencia de su duración, a la autoridad laboral española competente por razón del territorio donde se vayan a prestar los servicios (art. 5.1 de la LDT). Esta comunicación debe contener una serie de datos de carácter genérico, exigibles a cualquier empresa incursa en desplazamientos transnacionales de sus trabajadores, los descritos en el art. 5.4 de la LDT que son específicos del traslado de trabajadores realizado por ETT, como la acreditación de que reúne los requisitos exigidos por la legislación de su Estado de establecimiento para poner a disposición de otra empresa usuaria, con carácter temporal, trabajadores por ella contratados, la precisión de las necesidades temporales de la empresa usuaria que se traten de satisfacer con el contrato de puesta a disposición, con indicación del supuesto que corresponda de los previstos en el artículo 6 de la LETT.

No obstante, la LDT no cierra el ámbito de contratación de las ETTs a aquellas que sólo sean de ámbito comunitario o pertenecientes a Estados del Espacio Económico Europeo, pues en la disposición adicional 4ª de dicha Ley afirma que sus preceptos «serán de aplicación a las empresas establecidas en Estados distintos de los previstos en… la presente Ley en la medida en que tales empresas puedan prestar servicios en España en virtud de lo establecido en los Convenios internacionales que sean de aplicación». Y a este efecto, parece claro que entre los convenios internacionales mencionados debe incluirse el Convenio núm. 181 de 1997 de la OIT, sobre las Agencias de Empleo Privadas, que fue originariamente ratificado por España, Etiopía, Finlandia y Marruecos.

Como es sabido, las ETTs españolas pueden celebrar contratos de puesta a disposición con empresas usuarias comunitarias o de Estados del Espacio Económico Europeo para satisfacer, igualmente, necesidades temporales de mano de obra. De hecho, en el año 2020 se llevaron a cabo casi 51.200 desplazamientos transnacionales de este tipo. Esta cifra apenas supone el 1,5% del total de personas desplazadas que solicitaron un certificado A1 durante ese mismo año, que fue de 3.675.687, ahora bien, hay que tener en cuenta que 15 de los 32 países considerados (entre los que se encuentra España) no facilitaron información al respecto, por lo que es previsible que la cifra sea mucho mayor (F. DE WISPELAERE, L. DE SMEDT, J. PACOLET, 2021, pp. 55 y 56).

A este efecto, los artículos 26 y 27 de la LETT sujetan a la ETT española, si es que pretende efectuar un desplazamiento transnacional europeo, a la regulación sustantiva contenida en sus Capítulos II y III de la normativa. Por supuesto, la aplicación virtualmente integral de la LETT a estos otros supuestos de hecho se entiende hecha —por exigencias de la Directiva 96/71/CE— sin perjuicio de la aplicación a los trabajadores de la ETT española, temporalmente desplazados para trabajar en Europa, de las condiciones de trabajo más favorables derivadas de lo dispuesto en la legislación aplicable a su contrato de trabajo, en los convenios colectivos o en los contratos individuales (MARTÍNEZ GIRÓN, J. 2004, p. 30).

II. CONDICIONES DE TRABAJO DE LOS TRABAJADORES CEDIDOS POR EMPRESAS DE TRABAJO TEMPORAL

La actividad fundamental de la empresa de trabajo temporal es la de poner a disposición de otra empresa usuaria, con carácter temporal, trabajadores por ella contratados, situación que, como hemos visto, puede darse bien por una ETT española que desplace trabajadores a otro país de la Unión Europea (o del Espacio Económico Europeo), bien por ETTS no españolas que desplacen trabajadores a nuestro país. Es por ello que, las empresas de trabajo temporal quedan sujetas a lo establecido en la LDT, debiendo garantizar a sus trabajadores desplazados las condiciones de trabajo que dicha ley prevé. De forma más concreta hay que atender a lo establecido en el art. 22.1.b de la LETT, que expresamente declara inaplicables las previsiones de la legislación española sobre el particular -capítulo III de la LETT, artículos 10 a 14-, con la única excepción de lo dispuesto en el artículo 11.1 de la LETT en punto a retribución, que sí resulta de aplicación.

En este caso, la relación mercantil de dos empresas radicadas en Estados distintos sirve de marco para que un trabajador vea modificada la condición laboral «lugar de trabajo» de un modo tan relevante que se hace necesario un cambio de residencia que lleva a su vez aparejado un cambio de Estado. Esta situación jurídica plantea numerosos problemas de muy distinto orden, referidos, por simplificar, a la determinación de la legislación aplicable a la relación laboral. Y estos problemas de determinación de las normas aplicables se proyectan no solo en la vertiente sustantiva (referida a los derechos y deberes dimanantes de la prestación laboral para todas las partes implicadas), sino también en la vertiente adjetiva (de la exigibilidad judicial y administrativa del cumplimiento del régimen jurídico sustantivo); de suerte que el carácter transnacional que adquiere la relación laboral provoca una distorsión en la relación jurídica, a la que se ha de devolver las zonas necesarias de certidumbre, especialmente por lo que se refiere a la protección de la salud laboral de los trabajadores desplazados (QUINTERO LIMA, G. 2012, p.180-221).

Es por ello que, las empresas de trabajo temporal quedan sujetas a lo establecido en la LDT, debiendo garantizar a sus trabajadores desplazados las condiciones de trabajo que dicha ley prevé. De forma más concreta hay que atender a lo establecido en el art. 22.1.b de la LETT, que expresamente declara inaplicables las previsiones de la legislación española sobre el particular -capítulo III de la LETT, artículos 10 a 14-, con la única excepción de lo dispuesto en el artículo 11.1 de la LETT en punto a retribución, que sí resulta de aplicación.

Como se ha comentado, para poder realizar esa actividad hay que cumplir una serie de requisitos y la ETT, a su vez, está obligada a garantizar a esos trabajadores desplazados una condiciones mínimas establecidas en la Directiva 96/71/CE, quedando sujetas a lo dispuesto en la disposición adicional primera de la LDT, de 29 de noviembre, sobre el desplazamiento de trabajadores en el marco de una prestación de servicios transnacional Estas condiciones han sido potenciadas, en última instancia, por la trasposición de la Directiva (UE) 2018/957, a raíz de la cual se mejora la protección de los trabajadores desplazados mediante la aplicación del principio de igualdad de remuneración y otras condiciones esenciales de trabajo entre los trabajadores cedidos por empresas de trabajo temporal de otro Estado miembro de la Unión Europea o del Espacio Económico Europeo y los trabajadores de las usuarias española.

Por otra parte, la aprobación de la Directiva 2008/104/CE del Parlamento Europeo y del Consejo de 19 de noviembre de 2008, relativa al trabajo a través de empresas de trabajo temporal se sitúa dentro de la política de flexiseguridad promocionada por las instituciones comunitarias y cuyo impacto real depende de la situación previa existente en el país de que se trate. En algunos países ese impacto será importante y podrá hablarse, sin ambages, de un "antes" y un "después"; en el caso de nuestro país podemos hablar de un nivel de impacto moderado por cuanto muchos de los contenidos de la Directiva ya estaban aquí presentes con anterioridad a su aprobación, ya sea como consecuencia de la aplicación de la LETT, o de la negociación colectiva (GALA DURÁN, C., 2009, p.15). Esta modificación fue relevante; hasta entonces, los ordenamientos nacionales de trece Estados miembros (Austria, Chipre, Croacia, Estonia, Eslovenia, Eslovaquia, Finlandia, Grecia, Hungría, entre otros) no contemplaban el derecho a la igualdad de trato de las personas cedidas desplazadas respecto de las personas trabajadoras cedidas a nivel nacional (HERNÁNDEZ CONTRERAS, O. 2022, p.45)

Las empresas de trabajo temporal tendrán que cumplir con las obligaciones previstas en dicho Estado para las empresas que desplacen temporalmente a sus personas trabajadoras en el marco de una prestación de servicios transnacional. Estas obligaciones deben entenderse sin perjuicio de las responsabilidades que correspondan a las empresas usuarias establecidas o que ejerzan su actividad en España de acuerdo con la legislación española, o a las empresas usuarias establecidas o que ejerzan su actividad en otros Estados miembros de la Unión Europea o en Estados signatarios del Acuerdo sobre el Espacio Económico Europeo. En este sentido y atendiendo a lo que establece la LETT en su artículo 22.1.c) de la LETT no será de aplicación el capítulo III de esta ley a excepción de lo dispuesto en el apartado 1 de su artículo 11. Este apartado establece que los trabajadores contratados para ser cedidos a empresas usuarias tendrán derecho durante los períodos de prestación de servicios en las mismas a la aplicación de las condiciones esenciales de trabajo y empleo que les corresponderían de haber sido contratados directamente por la empresa usuaria para ocupar el mismo puesto.

1. Derechos de los trabajadores desplazados por ETTs

Como se ha comentado, entre las obligaciones que tiene la ETT a la hora de ceder temporalmente trabajadores se encuentra el garantizar el cumplimiento de unas condiciones laborales mínimas para los trabajadores. Estos trabajadores, aunque sean cedidos a empresas usuarias que se encuentren fuera de nuestras fronteras tienen derecho a que se les apliquen las mismas condiciones esenciales de trabajo y empleo que a los trabajadores de la empresa usuaria. Todas ellas referidas a la duración de la jornada; horas extraordinarias; períodos de descanso; trabajo nocturno; vacaciones; días festivos; protección de las mujeres embarazadas y en período de lactancia, y de los menores; igualdad de trato entre hombres y mujeres; disposiciones adoptadas con vistas a combatir las discriminaciones basada en el sexo, la raza o el origen étnico, la religión o las creencias, la discapacidad, la edad o la orientación sexual; plan de igualdad de la empresa usuaria. (Sentencia del Tribunal Supremo de 13 de noviembre de 2019).

En la Directiva 2018/957/UE se establecen normas específicas para los trabajadores desplazados cedidos por empresas de trabajo temporal. El empleador (la empresa de trabajo temporal) debe garantizar a los trabajadores desplazados cedidos por empresas de trabajo temporal las condiciones de trabajo y empleo aplicables en virtud del artículo 5 de la Directiva 2008/104/CE relativa al trabajo a través de empresas de trabajo temporal, es decir, en principio y como mínimo, las que se aplicarían si hubieran sido contratados por la empresa usuaria para ocupar el mismo puesto. Los Estados miembros también pueden exigir que, además de lo dispuesto en el artículo 5 de la Directiva 2008/104/CE, los trabajadores desplazados cedidos por empresas de trabajo temporal se beneficien de las condiciones más favorables que se aplican a escala nacional a los trabajadores cedidos por empresas de trabajo temporal (GUIA PRÁCTICA SOBRE EL DESPLAZAMIENTO DE TRABAJADORES EN LA UE, 2019, p.13).

Desde un punto de vista formal, la LDT identifica también las fuentes de regulación de estas condiciones, afirmando en su artículo 3.4 que "a los efectos de esta ley, las condiciones de trabajo previstas en la legislación laboral española serán las contenidas en las disposiciones legales o reglamentarias del Estado y en los convenios colectivos de ámbito superior a la empresa aplicables en el lugar y en el sector o rama de actividad de que se trate". Desde el punto de vista de Derecho Internacional Privado, sería tanto como una explicitación de las normas que constituyen un "orden público laboral" que se aplicaría de forma imperativa a todos los trabajadores que prestaran sus servicios en un determinado Estado, por encima de la elección de la legislación aplicable que se hubiera podido producir.

Esta aplicación de las condiciones de trabajo españolas a los trabajadores desplazados a España no es completa ni automática. Se prevé, así, la posibilidad de que a estos trabajadores se les apliquen las condiciones de trabajo recogidas en la normativa nacional de sus empresas, en vez de las españolas, si esto resulta más favorable para ellos. Así lo dispone el artículo 3.5, que contiene otra excepción al principio general de aplicación de las condiciones de trabajo españolas, que permite soluciones alternativas si éstas resultan más favorables para los trabajadores: "Lo dispuesto en este artículo se entiende sin perjuicio de la aplicación a los trabajadores desplazados de condiciones de trabajo más favorables derivadas de lo dispuesto en la legislación aplicable a su contrato de trabajo, en los convenios colectivos o en los contratos individuales de trabajo".

La LDT establece también una regla para el cómputo de este período: la duración del desplazamiento se computará sobre un período de referencia de un año a contar desde su comienzo; con una particularidad, si el trabajador desplazado sustituye a otro que lo hubiera sido anteriormente para ocupar el mismo puesto de trabajo, se computará a estos efectos la duración de uno y otro desplazamiento, para evitar sustituciones de trabajadores para camuflar ficticiamente la duración del desplazamiento. Como se ve este supuesto no es aplicable a los trabajadores puestos a disposición por ETT extranjeras en España. (CALVO GALLEGO, F.J, RODRÍGUEZ PIÑERO, M GONZÁLEZ RENDÓN, M. p.310)

En cuanto a la protección social de estos trabajadores, hay que precisar que éste será dado de alta en la Seguridad Social española y será nuestro sistema de Seguridad Social el que deba hacer frente a las posibles prestaciones que el trabajador en concreto pudiera generar durante su estancia en el extranjero. Ahora bien, aunque esta cuestión resulte clara, más problemas prácticos determina la prestación de un concreto tipo de cobertura: la asistencia sanitaria. Y es que muchas veces el trabajador, contratado por una ETT española pero cedido a una empresa usuaria extranjera, precisa ser atendido en el país en el que se encuentra temporalmente, aunque siga manteniendo su vinculación con la Seguridad Social española. Debe entenderse entonces que, entrará en juego el principio de asistencia sanitaria gratuita de los ciudadanos europeos, aunque después se lleve a cabo una compensación económica entre los estados implicados. De esta forma, la atención la dispensará el país europeo en el que haya ocurrido el accidente, aunque los gastos de dicha actuación y tratamiento los soporte finalmente el país en el que el trabajador en cuestión se encontrase en alta en el momento del accidente. En cualquier caso, resulta esencial insistir en que las ETT españolas deberán garantizar a sus trabajadores las condiciones de trabajo más favorables previstas en la legislación del estado en el que temporalmente van a desarrollar sus servicios, siendo el incumplimiento de la aplicación de tales condiciones de trabajo una infracción administrativa, tipificada y sancionada según lo dispuesto en la normativa española.

Sobre esta cuestión existen algunas resoluciones jurisprudenciales que, en ocasiones, han decidido no compensar los gastos de asistencia sanitaria del trabajador desplazado en el extranjero. La sentencia del Tribunal Supremo de 4 de marzo de 2010 (TOL1.850.138) establece se centra en determinar si, un trabajador dado de alta en la seguridad social en España, desplazado al extranjero -en el presente caso a Francia- con tarjeta sanitaria europea, tiene derecho al reembolso de los gastos derivados de la asistencia sanitaria de carácter urgente -que requirió hospitalización e intervención quirúrgica- recibida en dicho país.

Tal y como recoge la sentencia, ni la jurisprudencia ni el art. 34 del Reglamento CE 574/1972, de 21 de marzo protege una urgencia que esté relacionada con una patología preexistente que no se genere como consecuencia de una enfermedad repentina cuyo tratamiento no pudiera aplazarse a su regreso (Sentencia de 2 de mayo de 1996, Paletta, C-206/1994, Rec. pg. I-2357, apartado 20) y que no pudieran así aplazarse en particular hasta el regreso del asegurado a su Estado de residencia" (apartado 40); así como que : "Tampoco puede interpretarse esta disposición en el sentido de que dicho derecho se limite únicamente a los casos en que la asistencia dispensada sea necesaria debido a una enfermedad repentina. En particular, la circunstancia de que la asistencia requerida por la evolución del estado de salud del asegurado durante su estancia temporal en otro Estado miembro esté eventualmente relacionada con una patología preexistente y conocida por el asegurado, tal como una enfermedad crónica, no basta para impedirle al interesado el derecho reconocido en el artículo 31 del Reglamento núm. 1408/1971 (apartado 41), para concluir, en el apartado 43 , en el sentido de que : "De todo lo anterior se desprende que un Estado miembro no puede supeditar la concesión de prestaciones en especie que el artículo 31 del Reglamento núm. 1408/1971 garantiza a los titulares de pensiones que se hallen en un Estado miembro distinto del de su residencia ni a un procedimiento de autorización ni a la exigencia de que la enfermedad que ha requerido la asistencia controvertida apareciera de forma repentina durante esta estancia haciendo inmediatamente necesaria la prestación de dicha asistencia".

2. Algunas especialidades relacionadas con el salario

Un tema esencial en la regulación de los desplazamientos transfronterizos de trabajadores lo es el relativo a los salarios que recibirán éstos durante su estancia en el Estado de prestación temporal de servicios. Es un tema esencial no sólo por cuanto afecta directamente a los intereses de los trabajadores, sino sobre todo porque es aquí donde pueden producirse las distorsiones de la competencia que la intervención comunitaria pretende evitar.

De ahí que la normativa haya previsto un régimen especial para los salarios de los trabajadores en misión (y cualquiera otro desplazado), que se encuentra en el artículo 4 de la LDT establece sistema salarial de aplicación a estos trabajadores, o una remisión a la normativa española en la materia, sino tan sólo un mecanismo de valoración y validación de la retribución que van a recibir. En efecto, el artículo 4.1 afirma que "los empresarios que desplacen trabajadores a España deberán garantizar a éstos la cuantía mínima del salario prevista en las disposiciones legales o reglamentarias o en los convenios colectivos a que se refiere el artículo 3.4 para el grupo o la categoría profesionales correspondiente a la prestación del trabajador desplazado". Como se ve, no se está señalando qué salario recibirán los trabajadores en misión, o cómo se determinará su cuantía. Tan sólo se dice que, una vez fijado éste como corresponda, normalmente de acuerdo con la legislación y los convenios colectivos del Estado de la ETT, su cuantía no podrá ser inferior a la que corresponderá pagar a un trabajador español que ocupara un puesto de trabajo equivalente.

Si se atiende a lo contenido en la Directiva 2018/957/UE se observa como en la misma no se define remuneración, pero especifica que, por lo que se refiere a los trabajadores desplazados, la remuneración incluye "todos los elementos constitutivos de la remuneración obligatorios en virtud de las disposiciones legales [...] nacionales o de los convenios colectivos [...] que [...] hayan sido declarados de aplicación universal". La Directiva 2018/957/UE establece que el concepto de remuneración se determinará al nivel apropiado, es decir, con arreglo a la legislación o las prácticas nacionales del Estado miembro de acogida. Por lo tanto, la Directiva no pretende determinar el concepto de remuneración ni definir ninguno de sus elementos constitutivos, ya que la remuneración (con sus distintos elementos) de un trabajador del Estado miembro de acogida puede fijarse mediante normas de distinta naturaleza: disposiciones legislativas y otras disposiciones reglamentarias, distintos tipos de convenios colectivos (nacional, sectorial, local, de empresa) y el contrato de trabajo individual suscrito entre el empleador y el trabajador.

En el caso de los trabajadores desplazados, solo se considerará remuneración los elementos obligatoriamente aplicables a todos los trabajadores de la zona geográfica o del sector. Se consideran de aplicación obligatoria aquellos elementos establecidos por la legislación nacional o por convenios colectivos de aplicación universal o de cualquier otro modo de aplicación a todos los trabajadores locales de la zona geográfica o el sector de que se trate, de conformidad con el artículo 3, apartado 8.

Por tanto, la remuneración comprenderá todas las retribuciones económicas, fijas o variables, establecidas para el puesto de trabajo a desarrollar en el convenio colectivo aplicable a la empresa usuaria. Deberá incluir, en todo caso, la parte proporcional correspondiente al descanso semanal, las pagas extraordinarias, los festivos y las vacaciones. Será responsabilidad de la empresa usuaria la cuantificación de las percepciones finales del trabajador y, a tal efecto, dicha empresa usuaria deberá consignar las retribuciones a que se refiere este párrafo en el contrato de puesta a disposición del trabajador (GUIA PRÁCTICA SOBRE EL DESPLAZAMIENTO DE TRABAJADORES EN LA UE, 2019, p.12).

Esto es, se utiliza un sistema muy similar al recogido en el nuevo artículo 11.1 de la LETT, en la redacción introducida por la ley 29/1999, de 16 de julio, de modificación de la Ley 14/1994, de 1 de junio, por la que se regulan las Empresas de Trabajo Temporal (BOE núm. 170 de 17 de julio de 1999) en el que se recoge un principio de equiparación salarial que opera también imponiendo un mínimo a la retribución que pueden cobrar estos trabajadores. Se fija un salario de referencia, más o menos el que vendría a cobrar un trabajador "normal" que ocupara el puesto de trabajo, y se establece éste como un mínimo para la retribución que podrán cobrar los trabajadores.

Desde otro punto de vista y en lo que a los costes que genera el desplazamiento se refiere, debe indicarse que, aunque se lleve a cabo en una ETT, y en este caso, el destino del trabajador sea un país extranjero, y resultarán plenamente aplicables las obligaciones que el art. 40 del ET prevé ante estas situaciones, indicando que en estos casos, será el empresario el encargado de hacer frente a las dietas y gastos de desplazamiento. Completando lo anterior, resulta interesante tener en cuenta que, el trabajador que temporalmente está desplazado para prestar sus servicios en un país extranjero en el marco de un contrato formalizado por una ETT, posee la condición jurídica de emigrante, y el empresario de dicho trabajador sigue siendo la ETT española, aunque circunstancialmente esté siendo utilizado por un empresario extranjero. Por ese motivo, la propia Ley 14/1999 se ocupa de especificar que los gastos de repatriación del trabajador (los derivados del viaje de retorno) correrán a cargo de la ETT española, confirmado por la ley de infracciones y sanciones en el orden social, al tipificar como infracción administrativa muy grave el abandono de los trabajadores emigrantes en país extranjero por parte del empresario contratante o de sus representantes autorizados.

El apartado 3 del artículo 4, por último, establece una regla relativa a la responsabilidad sobre los salarios de los trabajadores en misión en España. De acuerdo con este precepto, "En los desplazamientos definidos en la letra c) del artículo 2.1.1, la responsabilidad de la empresa usuaria respecto de las obligaciones de naturaleza salarial se ajustará a lo dispuesto en el artículo 16.3 de la LETT, de 1 de junio, por la que se regulan las empresas de trabajo temporal". Esto es, se aplicará la responsabilidad subsidiaria de la empresa usuaria respecto de las obligaciones salariales y de seguridad social contraídas por la ETT con el trabajador durante la vigencia del contrato de puesta a disposición. Por más que esta sea una regla general, teniendo en cuenta la especialidad del caso (un trabajador en misión cuya empleadora está en otro Estado), quizás no hubiera sido descabellado prever una responsabilidad solidaria para estos supuestos de trabajo temporal transnacional.

Queda, por último, la cuestión de la legislación de extranjería. Dado que las ETT extranjeras se hayan establecido en otro Estado, del que desplazarán a sus empleados, es previsible que éstos sean igualmente extranjeros, por lo que habrá que determinar las condiciones en las que estos trabajadores podrán entrar en España. El principio general en estos casos es el de neutralidad, entendiéndose que el hecho de ser desplazados por su empresa no altera en modo alguno su tratamiento legal en España como trabajadores extranjeros: según el nuevo artículo 22.2 de la LETT la entrada de trabajadores en misión de ETT extranjeras "se entiende sin perjuicio del cumplimiento de la normativa sobre entrada, permanencia, trabajo y establecimiento de los extranjeros en España".

3. Responsabilidad de las ETTs (Caso Terra Fecundis).

Cuando una ETT envía trabajadores a empresas usuarias de otros países puede incurrir en responsabilidad si no ha cumplido de forma diligente con la legislación relativa a la a la protección, pago y cotizaciones de estos trabajadores. En este sentido, se puede analizar el denominado caso Terra Fecundis, empresa instalada en Murcia que se dedicaba al envío de temporeros ecuatorianos y sudamericanos, en su mayoría al sureste, de Francia para realizar labores relacionadas con la vendimia en algunas épocas del año. Al parecer la empresa incurre en fraude al no cumplir con la normativa laboral en cuanto a la contratación y pago de los salarios de estos trabajadores, como así reconoce el Tribunal de Marsella en su sentencia de 10 de junio de 2022, y además en julio de 2021, Terra Fecundis ya había sido declarada culpable de hacer un uso indebido del procedimiento de desplazamiento europeo que permite a las empresas tener personal trabajando en el extranjero, pero solo para misiones limitadas en el tiempo. Sin embargo, Terra Fecundis remuneró a estos trabajadores desplazados con el salario mínimo francés, pero pagando sus cotizaciones sociales en España, donde son hasta un 40% más bajas, lo que abarata esta mano de obra vulnerable para los agricultores franceses. Los delitos imputados, en la sentencia de junio de 2022, fueron el trabajo disimulado y el tráfico ilegal de mano de obra a título lucrativo, que equivaldría a la cesión ilegal de mano de obra, en ambos casos con la circunstancia agravante de actuar en banda o grupo organizado.

Es importante analizar la sentencia desde una doble perspectiva: la responsabilidad laboral de la empresa (derecho privado) y los aspectos de seguridad social, en los que intervienen las administraciones nacionales de ambos estados (derecho público), aunque ambos niveles se entremezclan en ocasiones por el propio tribunal. En este sentido, vamos a realizar un análisis de la responsabilidad de la ETT, respecto a los incumplimientos laborales recogidos en la sentencia. El tribunal penal condenó a los acusados por el delito de empleo encubierto "ejecución de un trabajo disimulado". Este delito se basa principalmente en que se considera probado que la actividad de la ETT española no estaba amparada por las normas de desplazamiento, es decir, por la libre prestación de servicios (art. 56-62 TFUE). El tribunal considera que la empresa realizó una actividad permanente no declarada en Francia, que podría haber estado amparada por la libertad de establecimiento. Se considera probado que existía una estructura permanente en la que trabajaban de forma continuada 10 empleados de Terra Fecundis. Estos empleados, en su mayoría franceses, realizaban tareas comerciales, pero también controlaban la actividad de los temporeros a través de gestores locales y les proporcionaban alojamiento cuando la explotación no disponía de instalaciones. El tribunal consideró cierta jurisprudencia del TJUE sobre la distinción entre la libertad de prestación de servicios y la libertad de establecimiento y los criterios establecidos en el art. 4 Directiva de aplicación para determinar que no había desplazamiento.

Aunque en el periodo analizado aún no había finalizado el periodo de transposición de esta directiva, se entiende que es posible una interpretación conforme a esta, sobre todo porque esta directiva solo pretende promover la correcta aplicación de la Directiva 96/71/CE. Como señala la doctrina francesa, el enjuiciamiento de Terra Fecundis se ha visto facilitado por la inclusión expresa, en las categorías de empleo encubierto por ocultación de actividad, del caso en el que una persona se acoge a "las disposiciones aplicables al desplazamiento de trabajadores cuando su empleador realiza en el Estado en el que está establecido actividades relacionadas únicamente con la gestión interna o administrativa, o cuando su actividad se desarrolla en el territorio nacional de forma regular, estable y continua".

Por tanto, no parece que la ocultación se refiera a la actividad de traslado de trabajadores, ya que la empresa española aparecía en las declaraciones de IVA intracomunitario, anunciaba públicamente su actividad, utilizaba autobuses con su nombre y era bien conocida en el sector, así como por la propia Inspección francesa con la que estaba en contacto desde 2004. La principal apreciación es que, aunque la actividad agrícola era temporal, la actividad en Francia era continua. Además, en las declaraciones de 178 temporeros nacionales de terceros países contratados por Terra Fecundis, la mayoría afirmó no haber trabajado para esta empresa en España, aunque algunos admitieron haber realizado algunos trabajos en España (no se sabe en qué proporción) y que habían sido contratados específicamente por Terra Fecundis para ser enviados a Francia.

A este último respecto, parece relevante destacar que la transposición de la Directiva de Desplazamiento en Francia exige que la persona trabaje para el empresario que le desplaza habitualmente antes del desplazamiento (Art. L 1261-3 del Código de Trabajo), mientras que en España y según la jurisprudencia del TJUE parece posible contratar trabajadores para ser desplazados. La sentencia no niega la actividad de la empresa en España, pero considera probado que el 95% de la actividad de la empresa se desarrolla en Francia. Parece deducirse que el tribunal francés considera que Terra Fecundis es una empresa buzón, lo que será relevante a efectos de seguridad social. La sentencia no distingue entre la obligación de establecimiento de la filial y la prestación de servicios realizada por la ETT española desde España, respecto a los trabajadores asignados a los agricultores franceses. Difícilmente la filial pudo asignar/desplazar, durante los 4 años analizados, a trabajadores ecuatorianos sin autorización para residir y/o trabajar en Francia, que se desplazaron desde España y que solo estaban autorizados a trabajar en España. Además, Terra Fecundis no pagó una compensación específica por las vacaciones no disfrutadas e incumplió su obligación preventiva de realizar en Francia, los procedimientos contra Terra

Fecundis se han visto facilitados por la inclusión expresa, en las categorías de trabajo encubierto por simulación de actividad.

Respecto a la responsabilidad por el impago de los salarios puede interesar a las autoridades españolas, ya que Terra Fecundis debería haber pagado cantidades más elevadas en España, aunque éstas no se determinan en la sentencia. En cuanto a las horas extraordinarias no pagadas, aunque las investigaciones demuestran que los límites de tiempo de trabajo semanal no se sobrepasaron en su mayor parte, se afirma vagamente que en algunas explotaciones y en determinados períodos se sobrepasaron, llegando a 60 o incluso 70 sin que se cuantifique el impago. Se considera probado que ningún trabajador cobró las horas extraordinarias y que, según la inspección francesa, hubo una instrucción a los trabajadores para que mintieran al respecto. Además, se deduce que existía un sistema de doble facturación de franjas por el que no se declaraban las horas extras, ahorrando así costes.

La sentencia afirma explícitamente que algunos empresarios franceses admiten que "la naturaleza y el tiempo" dictan los horarios y que el tiempo adicional trabajado se recuperaba, aunque no se especifica cómo. Tanto en Francia como en España, el tiempo de trabajo y descanso es una cuestión de prevención de riesgos laborales que corresponde a la empresa usuaria según la legislación de la UE. De hecho, solo la llamada vigilancia de la salud es una responsabilidad directa de la ETT. Por eso llama la atención que no se haga referencia a la responsabilidad de los empresarios franceses por estos incumplimientos graves del tiempo de trabajo. Por último, Terra Fecundis fue condenada por una infracción de la vigilancia de la salud por no haber realizado reconocimientos médicos al inicio de la actividad. En España, es obligatorio ofrecer estos reconocimientos médicos, pero el trabajador puede rechazarlos. En el caso que nos ocupa, parece que solo se realizaron algunos de los reconocimientos antes de salir de España. Sin embargo, según se deduce de la sentencia francesa, dichos reconocimientos médicos son obligatorios para la empresa española antes del desplazamiento, ya que es un requisito para trabajar en Francia que la ETT debería haber respetado. La sentencia no se refiere a si el cumplimiento de este requisito para trabajar en Francia debería haber sido objeto de control por parte de las empresas usuarias francesas (CARRASCOSA BERMEJO, D y CONTRERAS HERNÁNDEZ, O, 2021, p. 78-82).

III. LAS PROFESSIONAL EMPLOYER ORGANIZATION (PEO) Y OTRAS NUEVAS FORMAS DE GESTIÓN DE PERSONAL.

Este fenómeno de las PEO, nace en Estados Unidos con el objeto de suministrar trabajadores que prestan servicios en los centros de trabajo de la empresa cliente, quedando como encargada de la gestión de las cargas sociales y las empresas cliente de pagar a la PEO y dirigir la actividad del trabajador. Por lo que se trata de una entidad que entabla una relación de trabajo conjunto con un empleador al ceder trabajadores a ese empleador, lo que permite que la entidad comparta y administre muchas responsabilidades y obligaciones relacionadas con los empleados. Esto permite a los empleadores subcontratar sus funciones de recursos humanos; que ellos gestionen los beneficios de los empleados; la administración de la nómina, las obligaciones respecto a la seguridad social y cualquier otro aspecto que tenga relación con la gestión del talento humano de la empresa. Estas empresas son las encargadas de gestionar las nóminas, los beneficios y otras responsabilidades de Recursos Humanos para las personas empleadas de una empresa cliente

Normalmente, las PEO cuentan con personal con amplia experiencia en recursos humanos, asuntos legales y tributarios, atención al cliente y contabilidad. Las empresas se asocian con las PEO para reducir los costos de administración de los beneficios, agilizar las operaciones de nómina y expandirse con éxito a un mercado internacional sin tener que establecer su propia entidad. Estas organizaciones pueden guiar a las empresas de manera rentable a través de los desafíos de la contratación conforme a la legislación aplicable en los países dónde tenga lugar la prestación de servicios, Además, las PEO son útiles porque mitigan los costos del seguro médico y de los beneficios para las empresas.

Se configuran como entidades que ofrecen una relación de coempleo, convirtiéndose las personas que contratas en colaboradores de la empresa además de tener que residir dónde la empresa tenga un registro comercial. Realmente el responsable legal de sus propios trabajadores es la empresa y el PEO tan sólo se limita a ayudar en las funciones relacionados con los RRHH. Otra de las figuras de gestión de empresas que permite la contratación de trabajadores son los denominados empleadores registrados, (Employer of Record), en este caso se trata de una organización que se encarga de contratar a trabajadores de forma indefinida en nombre de otra empresa, y tiene una trascendencia en el mercado de trabajo mucho más global y universal. Esta empresa que realiza la contratación aprende todo sobre sus servicios, responsabilidades, y esta es la diferencia principal que tiene este tipo de contratación respecto a las PEO o las agencias de personal.

Por otra parte, las EOR tienen la capacidad de funcionar como empleadores legales de cualquier persona que contrates a través de ellos. En estos casos, aquellas personas que se configuren como trabajadores de esa EOR firman contratos de trabajo con la misma, no con la empresa dónde desarrolla finalmente la actividad, dado que el EOR es el empleador legal, puedes trabajar con cualquier persona en cualquier lugar donde el EOR tenga un registro comercial.

Una EOR es un socio valioso para las empresas que se expanden internacionalmente, sobre todo, para las que buscan contratar personas empleadas en una variedad de países diferentes. La normativa y las expectativas culturales en materia de empleo y compensación pueden cambiar de forma considerable de un país a otro. La EOR puede ayudar a las empresas a sortear estas diferencias legales y culturales, y a expandirse con éxito a nuevos mercados. De hecho, se presentan como entidades con suficiente capacidad para gestionar las nóminas, los recursos humanos y los beneficios de una empresa con personas empleadas en más de un país, está creada para ayudar a las empresas a afrontar los desafíos empresariales internacionales.

Los nuevos mercados en el exterior presentan nuevas oportunidades de crecimiento. Las empresas de todos los mercados están sopesando los costos y beneficios de la expansión internacional, conociendo los desafíos, pero reconociendo las oportunidades. A medida que una empresa va armando el rompecabezas de un nuevo emprendimiento internacional, la EOR puede proporcionarle confianza en algunas áreas clave. Con una EOR que gestione y administre la nómina y los beneficios, su empresa puede asegurarse de que está compensando a las personas empleadas internacionales de acuerdo con la legislación local. Eso significa que las personas empleadas estarán satisfechas y serán productivas, y usted tendrá la base de una buena reputación con el Gobierno local y en la comunidad.

1. Funcionamiento y organización de las PEO.

La actividad de una PEO en su nivel más básico comprende la puesta a disposición de las personas empleadas de la empresa en la nómina de la PEO, es una solución de coempleo. Los empleados de la PEO reciben las instrucciones de trabajo de la empresa dónde van a realizar la prestación de servicios pertinente, pero la PEO es la que se encarga de administrar la nómina y otros beneficios de los trabajadores.

Además, las PEO pueden ofrecer beneficios de viaje al trabajo, gastos flexibles, tiempo libre remunerado, licencia por enfermedad y otros beneficios que normalmente se incluyen en un paquete de empleo; trabajar con una PEO no limita la flexibilidad de la empresa cuando se trata de la compensación de las personas empleadas. Por otra parte, son grandes conocedoras de la normativa para evitar que las empresas incumplan con los derechos laborales de los trabajadores, investigando el posible impacto que esas legislaciones puedan tener y realizando los ajustes necesarios para garantizar unas condiciones mínimas de trabajo. El mundo de las leyes laborales internacionales es complejo y está en constante cambio, y las empresas se enfrentan a auditorías y multas cuando no cumplen la normativa local en materia de nómina, impuestos y beneficios, entre otras consideraciones. Cuando una empresa se expande a un nuevo país, necesita los conocimientos y las prácticas que solo se obtienen de una cuidadosa investigación y supervisión.

Cualquier empresa puede utilizar una PEO para ayudar a tercerizar las tareas administrativas de Recursos Humanos, finanzas y legales. Sin embargo, las pequeñas y medianas empresas son las que más se benefician al trabajar con una PEO. Esto se debe a que las pequeñas y medianas empresas pueden centrarse en la gestión de las funciones principales del negocio a la vez que tercerizan estas cargas administrativas a una PEO. Además, no todas las empresas tienen experiencia directa cuando se trata de requisitos de Recursos Humanos, legales o tributarios. Estas áreas de negocio se pueden tercerizar fácilmente a las PEO, que se especializan en estas funciones directamente.

2. Principales diferencias entre las PEO y las EOR

Las PEO y las EOR globales son similares pero no iguales. Un PEO estándar se utiliza para subcontratar tareas de RR.HH. y administrativas, pero no pueden asumir la responsabilidad legal total de los colaboradores ni ayudar a las empresas a contratar a nivel internacional. Cuando una empresa cliente se asocia con una PEO, las dos entidades entran en una relación de coempleo conjunto y comparten el estatus de empleadores legales de los colaboradores. Sin embargo, las EOR tienen la posibilidad de convertirse en empleador legal del trabajador, asumiendo todos los requisitos y riesgos legales.

Las PEO tienen como particularidad que, aunque administren y supervisan el trabajo diario de sus colaboradores, hacen revisiones de desempeño y determinan el pago de cada persona, no tienen que preocuparse por cumplir con las leyes laborales y de impuestos locales del colaborador. En cambio, una EOR establece su entidad en el país de origen del nuevo colaborador y administra los contratos de trabajo, los pagos y los impuestos que cumplen con las leyes laborales locales de cada colaborador.

A diferencia de las PEO, los EOR brindan una gestión de riesgos superior y beneficios para los colaboradores y te evitan tener que lidiar con los proveedores de seguros y el papeleo. Los EOR brindan un seguro completo, que incluye responsabilidad general, compensación laboral y otros tipos de seguros requeridos por el país de residencia de cada colaborador, asumiendo también la responsabilidad total del acuerdo laboral para la empresa cliente.

Hay diferencias entre estas dos figuras en lo que al número de colaboradores exigido se refiere, ya que para las PEO se exige un mínimo de cinco a diez y, sin embargo, las EOR pueden funcionar sin tener que alcanzar un número de colaboradores. En el ámbito de protección y acceso a beneficios competitivos, las PEO ofrecen a las empresas locales atención médica, planes de jubilación, seguros de vida, etc., mientras que las EOR administran la cobertura de beneficios en todo el mundo cumpliendo con los requisitos legales del país en dónde se desarrolle la prestación de servicios.

3. Problemas jurídicos de las PEO.

Realmente el funcionamiento de las PEO no dista de lo que se conoce en nuestro país como cesión temporal de trabajadores, pero en este caso la cesión se produce hacia una empresa extranjera, por lo que merece especial atención analizar los problemas jurídicos que puede originar esta situación para los trabajadores cedidos. Esta práctica, aunque es legal en muchos países de la Unión Europea, entra en conflicto con la normativa laboral española, ya que se encuentra muy cerca de la figura conocida como cesión ilegal de trabajadores.

Atendiendo a lo establecido en el artículo 43.2 del Estatuto de los Trabajadores, "se entiende que se incurre en la cesión ilegal de trabajadores contemplada en este artículo cuando se produzca alguna de las siguientes circunstancias: que el objeto de los contratos de servicios entre las empresas se limite a una mera puesta a disposición de los trabajadores de la empresa cedente a la empresa cesionaria, o que la empresa cedente carezca de una actividad o de una organización propia y estable, o no cuente con los medios necesarios para el desarrollo de su actividad, o no ejerza las funciones inherentes a su condición de empresario". Esta situación de cesión ilegal podría darse en el supuesto de estas organizaciones profesionales dado que ellas no son las verdaderas empleadoras, y por ende, no ejercen las funciones inherentes a la condición de empresario (tales como organización y control o régimen disciplinario, entre otras). Parece que existe un alto riesgo de que pueda declararse una cesión ilegal entre la Organización Profesional de Empleo y la empresa extranjera que efectivamente contrata a los trabajadores.

Si se produce la declaración de cesión ilegal de trabajadores, la PEO puede tener responsabilidad, ya que en el art. 8 de la LISOS se establecen sanciones de diversa índole y dependiendo de la gravedad de la infracción serán de un importe económico u otro. Tanto la empresa cedente como la empresa cesionaria serán solidariamente responsables de las obligaciones contraídas con los trabajadores y ante la Seguridad Social. Por otra parte, desde el punto de vista laboral, los trabajadores afectados tendrán el derecho a adquirir la condición de fijos, a su elección, en la empresa cedente o cesionaria. Y en última instancia, aunque no es muy frecuente, podrían incurrir en responsabilidad penal asociadas a este tipo de situaciones.

No obstante, los Tribunales ya se han pronunciado sobre estas prácticas considerando que se trata de una cesión ilegal, tal es el caso de la sentencia del Tribunal Supremo de 23 de febrero de 2022, en la que se considera que existe cesión ilegal de trabajadores cuando la empresa que contrata al trabajador no pone realmente en juego su organización, entendiendo por tal sus medios materiales y organizativos propios -que es lo que justifica que estemos en el campo de las contratas lícitas del artículo 42 del ET y no en el de la cesión ilícita del artículo 43 del ET- y, consiguientemente, ejerce respecto al trabajador contratado el poder de dirección y el poder disciplinario, de una manera real y efectiva. En este sentido, ha dejado claro el Supremo, el hecho de que la empresa cedente (es decir, la empresa que contrata al trabajador), sea quien le pague los salarios y quien le dé de alta en Seguridad Social no es indicativo de que la cesión ilegal no exista. Y, finalmente, tampoco es óbice para la posible existencia de la cesión ilegal el que la empresa cedente contrate también a determinados mandos intermedios que dan órdenes a los trabajadores presuntamente cedidos ilegalmente pero que, en realidad, dichos mandos intermedios reciben las órdenes de los mandos superiores de la empresa cesionaria, es decir, que ellos mismos -esos mandos intermedios- pueden ser, a su vez, trabajadores cedidos ilegalmente».

Otra de las situaciones que pueden generar problemas en las PEO es la contratación de trabajadores de otros niveles profesionales para realizar actividades que no se adaptan a su formación, provocando salarios más bajos y problemas de clasificación dentro de la propia entidad, siendo una desventaja para los trabajadores así contratados. El enfoque práctico de las PEO y la empresa cliente es la actuación conjunta para evitar discriminación en la aplicación de normas laborales

Las PEO pueden llegar a contratar seguros que cubran y protejan a los empleados que colaboran con las distintas empresas dónde tienen contratados sus servicios y, normalmente, cubren la cotización por desempleo y pueden ofrecer, dependiendo de tu ubicación y la calidad del proveedor, un seguro de salud. Pero las PEO rara vez cubren la protección del trabajador en cuanto a la remuneración que debe recibir en el supuesto de que los colaboradores/ trabajadores sufrieran daños materiales o corporales en el transcurso de la actividad que realizan, por lo que, si en esa empresa se incrementaran esos riesgos, es recomendable que los trabajadores contraten su propio seguro para cubrir esos daños si se ocasionaran.

Al tratarse de un modelo relativamente reciente en España (aunque a raíz de la pandemia de Covid19, ha empezado a extenderse), habrá que ver su evolución a futuro, y aunque evidentemente la última palabra la tienen los tribunales, dada la configuración y forma de poner a disposición de esas empresas extranjeras los trabajadores, estamos ante un supuesto que bordea claramente la cesión ilegal de trabajadores, con todas las repercusiones que esto puede conllevar para las empresas que decidan recurrir a este tipo de servicios en España. El hecho de que la mayoría de empresas que ofrecen servicios PEO no cuenten con representantes de los trabajadores, que los empleados en muchos casos están en supuestos de teletrabajo 100% remoto (desde sus domicilios particulares) y sin contacto con otros trabajadores en España, hace que sea más difícil inspeccionar y sancionar a estas empresas, lo cual no significa que su forma de proceder sea lícita y pase el filtro de la cesión ilegal de trabajadores.

IV. CONCLUSIONES

Los empleadores deben conocer bien la legislación laboral interna del país dónde desplazan a los trabajadores para poder estudiar las condiciones de trabajo que se le ofrecen tanto en la propia normativa como en la negociación colectiva que se aplique al contrato.

Otro de los aspectos importantes a tener en cuenta es si las empresas pueden mantener condiciones de trabajo, diferentes y no homologables entre sí, para sus trabajadores, dependiendo del lugar dónde éstos presten sus servicios. Ello es así porque gran parte de este se sostiene sobre normas que tienen carácter imperativo que imposibilitan la implementación en España de condiciones de trabajo clásicas de países anglosajones y que independientemente de la ley aplicable establecida en una norma de conflicto o del fuero que pueda conocer de una controversia en concreto no podrán ser desarrolladas o impuestas en España. Un claro ejemplo de este tipo de situaciones se da en los "agresivos" procesos de selección laboral utilizados en países de tradición jurídica anglosajona y que son nulos en España por permitir, entre otras cosas, preguntar sobre la condiciones religiosa o sexual del potencial trabajador o por su estado de embarazo.

Podría pensarse que el contenido de los arts. 6.2 y 7.1 LETT (que supedita la duración de los contratos de puesta a disposición a las causas de temporalidad *ex* arts. 11 y 15 ET) y el contenido del art. 15.5 ET (incluyendo los contratos celebrados a través de una ETT), podrían estar garantizando la adecuación de nuestro ordenamiento a las directrices de la Directiva 2008/104. Sin embargo, debe tenerse en cuenta que, en el marco del art. 15.5 ET, la contratación de través de ETT es «una» de las posibles a tener en cuenta y, por consiguiente, no está pensada para combatir exclusivamente el abuso en los supuestos de cesión. De hecho, podría plantearse si el art. 15.5 ET sería aplicable si todos los contratos se han formalizado a través de una ETT. No obstante, aunque se admitiera que efectivamente estas dos medidas (causalidad y art. 15.5 ET) son adecuadas a los ojos de la Directiva 2008/104, este mismo marco normativo interno y la interpretación de este podrían estar describiendo algunos «puntos ciegos», en los que las medidas contra el abuso podrían no ser efectivas, o bien, se vieran, ciertamente, debilitadas.

Con la aprobación de la Directiva 2018/957, se introdujeron cambios de gran calado en la Directiva 96/71, tales como el reconocimiento de la remuneración, otros complementos, las condiciones de alojamiento y la protección reforzada a los trabajadores desplazados de larga duración para no vulnerar la libre prestación de servicios. Las nuevas reglas son compatibles con lo dispuesto en el art. 56 TFUE y con la jurisprudencia precedente sobre la materia. Así se concibió durante el procedimiento legislativo ordinario y fue confirmado por el intérprete y el garante del cumplimiento del derecho de la Unión en sus conclusiones y sentencias emitidas para dar respuesta a los recursos de anulación presentados por Hungría y Polonia contra la Directiva 2018/957: las reglas actuales que ordenan el desplazamiento de trabajadores son susceptibles de reforzar la libre prestación de servicios, pues aproximar las condiciones laborales de los trabajadores desplazados a las de los trabajadores de los Estados de acogida permite que el ejercicio de esta libertad fundamental se lleve a cabo de forma más equitativa en términos de competencia.

Desde el año 2021 con la STJUE de 3 de junio (Asunto C-784/19) se logra un mayor equilibrio entre la legítima utilización de la libre prestación de servicios por parte de una ETT (que pueden ceder personal a Estados miembros distintos al de su establecimiento) y la lucha contra el fraude o el abuso de derecho, y es que, el desplazamiento de trabajadores tras la modificación de la Directiva 96/71/CE es previsible que siga siendo utilizado para exprimir al máximo la libre prestación de servicios en el mercado interior, optando por fórmulas de deslocalización estratégica o por el establecimiento de empresas buzón.

Las inversiones que realizan las empresas que se desplazan para instalarse en lugares comunitarios o no, aportan ventajas importantes al país de acogida e igualmente, al país de origen, pues su pretensión no es otra que un uso eficaz de los recursos de capital, de conocimientos técnicos y del trabajo. El desarrollo económico que éstas producen debe servir para generar mejoras del nivel de vida de los trabajadores y para la promoción de derechos básicos.

Por otra parte, también debería de plantearse si los distintos empresarios tendrían que aplicar los estándares laborales señalados por la Organización Mundial del Trabajo cuando contraten a trabajadores independientemente del lugar dónde se presten los servicios, no sólo en lo que a salario se refiere, sino, a los demás beneficios sociales reconocidos para los trabajadores de la empresa en los países desarrollados tales como la edad mínima para trabajar, los horarios, los periodos de descanso, la cobertura médica, la formación, la promoción laboral y la igualdad.

El establecimiento de códigos éticos para contratar e implantar condiciones laborales a los trabajadores desplazados, siguiendo las indicaciones de las normativas comunitarias, podría mejorar las condiciones de empleo y atraer atraer a los trabajadores mejor cualificados ya que facilita un entorno de trabajo seguro y digno para todos.

El derecho laboral internacional deberá desarrollarse de manera creativa para elaborar normas claras que faciliten la libre circulación de empresas y trabajadores en un entorno jurídico seguro y que permita, en periodos de bonanza o de crisis, mayor conocimiento de realidad jurídico-laboral de los países que nos rodean. Las organizaciones profesionales tipo PEO, deberían eliminar las ambigüedades en la relación con la empresa cliente y alcanzar acuerdos que mejoren su sostenibilidad financiera y laboral.

BIBLIOGRAFIA

Borra Marcos, C. *Insiders y outsiders: la calidad del empleo tras un periodo de desempleo,* Universidad de Sevilla, 2018.

González Rendón, M., Calvo Gallego, F.J. y Rodríguez-Piñero Royo, M. "La nueva inmigración: Desplazamientos transnacionales de trabajadores por empresas de trabajo temporal" en *Inmigración y Relaciones Laborales*: II jornadas andaluzas de relaciones laborales, Granada, 23 y 24 de septiembre 1999, Granada: Universidad de Granada. Escuela Universitaria de Relaciones Laborales.

Comisión Europea. *Guía práctica sobre trabajadores desplazados,* 2019.

F. de Wispelaere, L. de Smedt, J. Pacolet, Posting of workers. Report on A1 Portable Documents issued in 2019, European Commission, 2021.

Gala Durán, C. "La Directiva sobre empresas de trabajo temporal y su impacto en España", *Revista Temas Laborales* núm. 102, 2009.

Garate Castro, J. "Desplazamiento de trabajadores efectuado en el marco de una prestación de servicios transnacional análisis y propuestas en orden a la transposición al Derecho español de las modificaciones realizadas por la Directiva (UE) 2018/957 en los artículos 1 a 3 de la Directiva 96/71/CE". *Revista del Ministerio de Trabajo, Migraciones y Seguridad Social*, 142, 2019.

Gómez Arbós, J. "Las empresas de trabajo temporal y los desplazamientos transnacionales", Artículos Doctrinales, La Toga núm. 149, 2004.

Gómez Arbós, J. "Los trabajadores desplazados y su relación con el empresario como tercero. Novedades a propósito de la Directiva 2014/67/UE", *Revista española de derecho del trabajo*, núm. 176, 2015.

Hernández Contreras, O. "Empresas buzón y forum shopping: ¿puede una ETT explotar las diferencias entre sistemas de seguridad social en la UE?", *Revista Internacional y Comparada de Relaciones laborales y derecho del empleo*, vol.10, número 2, abril-junio de 2022.

Llobera Vila, M. El nuevo régimen jurídico del desplazamiento transnacional de trabajadores, Aranzadi 2022.

Martinez Giron, J. Las empresas de trabajo temporal y los desplazamientos transnacionales, 2004,

Quintero Lima, G. "La proteccion transnacional de los derechos laborales en materia de seguridad y salud: una asimetria comunitaria y sus remiendos institucionales", *Cuadernos de Derecho Transnacional*, Vol. 4, núm.1, 2012.

Sempere Navarro, A.V. "Los límites a la reiterada cesión a través de ETT", *Revista de Jurisprudencia Laboral, núm.* 9, 2020.

Selma Penalva, A.: "La prestación internacional de servicios en las ETTS", *Revista de Derecho Migratorio y Extranjería* num.41, 2016.

Von Hippel, C.; et al. (1997). Temporary employment: can organizations and employees both win? . Academy of Management Executive, 11, 93-104.

Capítulo 4: El salario en las cadenas globales de valor[1]

MARÍA JOSÉ GÓMEZ-MILLÁN HERENCIA
Profesora Titular de Derecho del Trabajo y de la Seguridad Social
Universidad Pablo de Olavide, de Sevilla

SUMARIO: I. LA RELEVANCIA DE LAS CADENAS GLOBALES DE VALOR EN LA REGULACIÓN DEL SALARIO EN LA GLOBALIZACIÓN: 1. SUS ANTECEDENTES: DE LA DESCENTRALIZACIÓN PRODUCTIVA LOCAL A LA DESCENTRALIZACIÓN PRODUCTIVA GLOBAL A TRAVÉS DE LAS CADENAS GLOBALES DE VALOR. 2. EL PUNTO DE INFLEXIÓN DE LAS CADENAS GLOBALES DE VALOR TRAS VARIOS CASOS DE RESPONSABILIDAD EMPRESARIAL EN MATERIA LABORAL. 3. LAS PREVISIONES DE CRECIMIENTO DE LAS CADENAS GLOBALES DE VALOR Y NUEVAS LÍNEAS DE EVOLUCIÓN EN LA FIJACIÓN DE LAS CONDICIONES SALARIALES. **II. LAS CARACTERÍSTICAS DE LAS CADENAS GLOBALES DE VALOR COMO CLAVE DE SU CAPACIDAD DE FIJAR EL SALARIO**: 1. LA ESTRUCTURA COMPLEJA DE LAS CADENAS GLOBALES DE VALOR Y SU IMPACTO EN LA DETERMINACIÓN DEL SALARIO. 2. SU DIMENSIÓN TRASNACIONAL, Y SU PRESENCIA EN UNA PLURALIDAD DE TERRITORIOS CON DISPARIDADES EN LA REGULACIÓN DE LAS CONDICIONES SALARIALES. 3. LA

[1] El presente Trabajo ha sido realizado en el marco del Proyecto Coordinado de I+D+I: "El salario en el contexto de la globalización, las nuevas formas de organización empresarial y la economía digital" (RTI2018-096674-B-C21), financiado por el Ministerio de Ciencias, Innovación y Universidades. Investigador principal: Prof. Dr. D. Santiago González Ortega.

NECESIDAD DE ASEGURAR UN MÍNIMO DE CONDICIONES SALARIALES Y DE GARANTIZAR SU CUMPLIMIENTO EN TODA LA CADENA GLOBAL DE VALOR. 4. LA CAPACIDAD DE ESTABLECER CONDICIONES MÍNIMAS SALARIALES EN TODAS LAS EMPRESAS DE LA CADENA GLOBAL DE VALOR: 4.1. SINERGIAS ENTRE LA REGULACIÓN TRADICIONAL (*HARD-LAW*) Y LA AUTO-REGULACIÓN (*SOFT-LAW*) EN LAS CADENAS GLOBALES DE VALOR, 4.2. FUNDAMENTOS DE LA AUTO-REGULACIÓN SALARIAL EN LAS CADENAS GLOBALES DE VALOR: DILIGENCIA DEBIDA, CSR Y ESG, 4.3. INSTRUMENTOS DE AUTO-REGULACIÓN DEL SALARIO EN LAS CADENAS GLOBALES DE VALOR: CÓDIGOS ÉTICOS, INDICADORES, CANALES DE DENUNCIA Y TRANSPARENCIA EN LA GESTIÓN EMPRESARIAL. **III. EJEMPLOS DE REGULACIÓN SALARIAL EN ALGUNAS CADENAS GLOBALES DE VALOR DE DIFERENTES SECTORES PRODUCTIVOS**: 1. LOS DISTINTOS INSTRUMENTOS EMPLEADOS PARA LA REGULACIÓN INTERNA: ACUERDOS GLOBALES, CÓDIGOS ÉTICOS Y OTROS TEXTOS, 2. LA RECEPCIÓN DE LAS NORMAS INTERNACIONALES: DERECHOS HUMANOS, TRABAJO DECENTE, SALARIO JUSTO Y DILIGENCIA DEBIDA, 3. LOS PRINCIPALES CONTENIDOS DE LA REGULACIÓN: GARANTÍA DE UN SALARIO MÍNIMO JUSTO, DE SU PAGO PERIÓDICO Y DE SU DOCUMENTACIÓN. **IV. CONCLUSIONES SOBRE LA REGULACIÓN SALARIAL MÁS COMÚN EN LAS CADENAS GLOBALES DE VALOR**

Las singularidades que presentan las cadenas globales de valor, a diferencia de aquellas empresas multinacionales que asumen íntegramente el proceso productivo, adoptando una forma de organización empresarial completamente distinta a las cadenas globales de valor para la regulación del salario, motivan la necesidad de estudiar su regulación de forma monográfica en el presente capítulo, por el impacto que tienen en la regulación del salario en el contexto de la globalización.

Para lo que el estudio del presente capítulo se estructurará en tres partes diferenciadas, que abordarán las singularidades propias de la regulación del salario en las cadenas globales de valor, atendiendo a las especialidades que influyen en los procesos de fijación, en la cuantía mínima garantizada, en las obligaciones de información a las personas trabajadoras y sus representantes en la empresa, en las obligaciones de documentación y de registro, así como en la forma o en la periodicidad en el pago del salario principalmente.

Estas tres partes diferenciadas son las siguientes:

1.- Se realizará un análisis sobre la relevancia de las cadenas globales de valor en la regulación del salario en la globalización, que se detendrá en sus antecedentes más inmediatos, con el fin de valorar: Primero, las causas que motivaron el nacimiento de esta forma de organización empresarial basada en la cooperación de distintas empresas en el contexto de la globalización. Segundo, el punto de inflexión que experimentaron las cadenas globales de valor como consecuencia de la necesidad de establecer mecanismos de control interno para la vigilancia del cumplimiento de las normas mínimas. Tercero, las previsiones de crecimiento de las cadenas globales de valor, determinado si se trata de un modelo de organización empresarial en crisis, como se ha apuntado, o cabe aún, como se concluirá en el presente capítulo, una evolución que pronostique su desarrollo a corto plazo y la intensificación de la emergencia de fijar un mínimo salarial en toda la cadena global de valor, a los efectos de asegurar el cumplimiento de los estándares internacionales en materia laboral a nivel global y de contribuir con ello al aseguramiento de una buena imagen de empresa frente a los grupos de interés: personas trabajadoras de las empresas implicadas o de otras empresas que busquen empleo, representantes de las personas trabajadoras, consumidores/usuarios, poderes públicos, entre otros.

2.- Se efectuará un estudio sobre las características de las cadenas globales de valor, con el fin de identificar cómo estos elementos contribuyen a su capacidad para la fijación de mínimos en materia salarial, lo que implicará detenerse en la propia definición de las cadenas globales de valor, identificando la forma compleja que es característica de esta forma organizativa y los rasgos más relevantes de esta forma empresarial.

Asimismo, el estudio implicará el análisis de cómo la presencia de las cadenas globales de valor en distintos territorios contribuye a la fijación de unos estándares mínimos en materia salarial a nivel global, destacando cómo pueden salvarse los obstáculos que impiden una aplicación más uniforme de un mínimo de protección del salario a nivel global a través de la propia regulación de las cadenas globales de valor.

También se descenderá a analizar la necesidad de asegurar un mínimo de cumplimiento en materia salarial en las cadenas globales de valor, destacando de esta forma los beneficios que la empresa principal de las cadenas globales de valor obtiene con la fijación de mínimos de obligatorio cumplimiento para todas las empresas que participan en el proceso productivo.

Finalmente, se estudiará cómo convive, en la regulación del salario en las cadenas globales de valor, los instrumentos más tradicionales del Derecho del Trabajo a través de los conocidos como instrumentos jurídicos obligatorios (*hard-law*), entre los que principalmente destacan las normas internacionales de la OIT adoptadas en forma de Convenios estudiadas en el capítulo 1 de la presente monografía, con los instrumentos jurídicos no obligatorios (*soft-law*), que fijan buenas prácticas en la regulación del salario mediante declaraciones o recomendaciones dictadas por organismos internacionales, con la finalidad de regular sobre el Derecho del Trabajo, o bien sobre las relaciones comerciales justas y la ética de los negocios.

A todo lo que cabe sumar especialmente las reglas internas que la empresa principal de la cadena global de valor adopta de forma voluntaria y unilateral, como expresión de su capacidad de autorregulación, que resultan aplicables y exigibles a todas las empresas que participan en el proceso productivo, por asumir las empresas colaboradoras como compromiso con la empresa principal el cumplimiento de estas normas internas.

Precisamente dada la importancia de esta forma singular de autorregulación, que es característica de las cadenas globales de valor, se identificará, como cierre del segundo de los apartados del presente capítulo, los singulares instrumentos que las cadenas globales de valor utilizan para la fijación de estas reglas mínimas que deben observar todas las empresas colaboradoras, como se anticipó en el capítulo I de la presente monografía. Estos instrumentos persiguen una diversidad de propósitos, como tendemos ocasión comprobar, relacionados con el cumplimiento normativo de estas directrices internas, la diligencia debida, la prevención de los delitos penales, la Responsabilidad Social Corporativa, en adelante RSC, o la transición más justa a una economía sostenible desde el punto de vista medioambiental. Todo lo que tiene relevancia en la fijación de unos mínimos, que inciden sobre la regulación del salario, como tendremos ocasión de comprobar, que todas las empresas de la cadena global de valor deben respetar.

3.- Este estudio se completará con el análisis de la autorregulación que diversas cadenas globales de valor han adoptado internamente para asegurar el cumplimiento de unos mínimos en materia salarial. Lo que se realizará deteniéndose en cada uno de los instrumentos implementados, con el fin de comprobar las distintas regulaciones que pueden convivir en una cadena global de valor, incidiendo en materia salarial, en atención a factores diversos, como son la relación con la empresa principal.

Todo lo que implica la aceptación de que cada cadena global de valor determine su propia regulación, que debe respetar siempre el mínimo legal aplicable en cada uno de los territorios donde opera. Pues cada empresa principal, como tendremos ocasión de comprobar, decide la regulación que quiere autoimponerse, siempre en el marco de las normas internacionales y nacionales que les sean de aplicación, que resulta muy poco protector en el caso de las empresas que operan globalmente, como se comprobó en el capítulo 1.

Lo que provoca, como se podrá de manifiesto en el presente capítulo, importantes divergencias en las exigencias internas de cumplimiento normativo entre una cadena global de valor y otra cadena de global de valor distinta. Pues cada cadena global de valor decide, siempre dentro del marco normativo internacional y nacional de aplicación, su grado de compromiso laboral (heterogeneidad externa). Lo que muchas veces depende de las propias experiencias previas, del sector productivo y de su presencia global.

También implica que existan distintas exigencias incluso dentro de una misma cadena global de valor, en función del grado de compromiso que la empresa principal quiera exigirles a las empresas colaboradoras. Lo que permitirá comprobar que las empresas de las cadenas globales de valor pueden tener distintas obligaciones de cumplimiento normativo (heterogeneidad interna).

De hecho, el análisis que se efectúe permitirá comprobar que generalmente la empresa principal y las colaboradoras que integran la cadena global de valor tienen distintas exigencias. Estas singularidades, que suponen claramente diferencias en la regulación del salario en las empresas globalizadas, inciden en aspectos como el salario mínimo garantizado, la obligación de informar a las personas trabajadoras o a sus representantes legales o sindicales en la empresa, la forma, el tiempo y el lugar de pago del salario, entre otros. Todos estos elementos forman parte del contenido habitual de su regulación jurídica, como tendremos ocasión de comprobar en este trabajo, cuando analicemos las normas internas que algunas de las principales cadenas globales de valor han adoptado para asegurar un mínimo de cumplimiento normativo, entre otros aspectos, en materia salarial.

Como quiera que la regulación de las cadenas globales de valor es heterogénea, tanto externamente como internamente, el presente capítulo finaliza con unas conclusiones donde se destaca la relevancia que tienen las cadenas globales de valor en la regulación del salario en la globalización, los factores que provocan una autorregulación del salario en las cadenas globales de valor y los instrumentos jurídicos mediante los que se articula esta regulación, así como se identificarán los elementos del régimen jurídico del salario más relevantes a nivel internacional y con más aceptación en las legislaciones nacionales sobre las que también las cadenas de globales de valor suelen incidir en su autorregulación. Lo que servirá para determinar el contenido más común del salario en la economía globalizada. Por la influencia que, como tendremos ocasión de comprobar en este trabajo, tienen las cadenas globales de valor en la regulación del salario en la globalización.

Como estos mínimos tan solo en algunas ocasiones coinciden con las normas internacionales adoptadas por la OIT principalmente y por otros organismos mundiales, también se destacará aquellas cláusulas de las cadenas globales de valor más frecuentes que elevan el estándar internacional. Lo que igualmente se extraerá del análisis que se efectuará en el apartado III sobre la regulación interna adoptada por algunas de las principales cadenas globales de valor que han sido seleccionadas para su estudio.

De esta forma, el presente estudio profundizará en la regulación real del salario en la globalización, cerrando con ello el análisis que la presente monografía ha efectuado sobre cómo el aún creciente fenómeno de la globalización de las relaciones laborales afecta a la regulación del salario, así como qué peculiaridades presenta la regulación del salario en el contexto de la globalización.

I. LA RELEVANCIA DE LAS CADENAS GLOBALES DE VALOR EN LA REGULACIÓN DEL SALARIO EN LA GLOBALIZACIÓN

La globalización de las relaciones laborales se encuentra estrechamente vinculada con el importante desarrollo comercial propiciado por las cadenas globales de valor, cuyo modelo de negocio supone una clara ruptura con las formas de organización empresarial precedentes, que sigue aportando, como tendremos ocasión de comprobar en este apartado, ventajas competitivas en los mercados internacionales y nacionales donde operan. Estas ventajas competitivas presumiblemente comporten la pervivencia de las cadenas globales de valor, como tendremos ocasión de comprobar en este apartado, aunque existan importantes críticas a su modelo de negocio. Entre las que interesa destacar, aquellas que se generan por las condiciones de empleo y de trabajo de todas las personas trabajadoras involucradas en el proceso productivo, que inciden en la fijación del salario.

Por lo que interesa ahora detenerse en la evolución que han tenido las cadenas globales de valor desde su aparición, lo que exige analizar sus antecedentes, las causas que han provocado la incorporación de unos mínimos en materia social exigibles a todas las empresas que participan en el proceso productivo, incluidas las cuestiones de salario, así como su potencial desarrollo a corto plazo.

1. Sus antecedentes: de la descentralización productiva local a la descentralización productiva global

Como forma de mejorar la competitividad, las empresas comenzaron a descentralizar parte de sus procesos productivos en los años 60 del siglo XX, especialmente a través de la figura de la subcontratación empresarial, aunque también mediante otras formas de externalización del proceso productivo como la cesión de personas trabajadoras a otras empresas. Lo que se realizaba con el fin esencialmente de abaratar costes de producción, afectando por tanto también a los salarios de las personas trabajadoras, pero también con el fin de reducir la responsabilidad jurídica de las empresas.

Esta descentralización productiva se producía con empresas del mismo entorno geográfico, dado que la participación de las subcontratas o de las empresas de trabajo temporal en el proceso productivo mejoraban la competitividad de las empresas en el mismo entorno donde la empresa principal tenía su sede.

Con el relevante incremento de los intercambios comerciales en los años 80 del siglo XX gracias a las mejoras en los transportes y al fuerte desarrollo de la economía, las empresas comenzaron a descentralizar parte de sus procesos productivos más allá del país donde radicaba su sede principal o donde se desarrollaba generalmente su actividad, haciendo por tanto que la descentralización de los procesos productivos se realizarse a escala mundial.

Esto permitía incrementar el valor añadido de los procesos o de los servicios ofertados por las empresas que eran menos competitivos, buscando con ello mercados emergentes o territorios donde podía realizarse la producción a un menor coste. Por ello, nace el concepto de cadena global de valor, como forma de organización empresarial que trasciende del territorio donde radica la sede de la empresa principal, segmentando partes del proceso productivo en diferentes países, con el fin de conseguir una mejor competitividad en el mercado (PORTER, M., 1985). Lo que puede afectar a los bienes o a los servicios que la empresa principal ofrece.

Las decisiones estratégicas de selección de los territorios donde cada proceso productivo resulta más competitivo buscaban reducir los costes de producción, empleando una diversidad de criterios, como son el coste más reducido de transporte de mercancías, la proximidad de los recursos necesarios para acometer de forma más optima la producción, el menor gravamen impositivo, el menor coste de la mano de obra, entre otros. De hecho, el salario de las personas trabajadoras es generalmente más elevado en aquellos países con más desarrollo económico, donde precisamente nacen las cadenas globales de valor, por lo que la descentralización productiva responde en muchas ocasiones al interés competitivo de realizar la actividad en países con menos salario y menos garantías en su regulación. Por lo que esto hace que la regulación del salario sea relevante en el caso de las cadenas globales de valor, como tendremos ocasión de comprobar en este capítulo, por cuanto la fijación de unos mínimos comunes garantiza el respeto a las normas básicas internacionales.

2. *El punto de inflexión de las cadenas globales de valor tras varios casos de responsabilidad empresarial en materia laboral*

El desarrollo de su actividad en marcos de regulación estatal de carácter muy diverso, carentes en muchas ocasiones de potentes mecanismos de control jurídico, generan un riesgo para el negocio que las cadenas globales de valor han considerado de interés minimizar, evitando de esta manera no solo la responsabilidad jurídica que pudiera comportarles el incumplimiento grave de la normativa más esencial, sino también la crítica o el reproche social por la contravención de los principios éticos más relevantes.

Puesto que las prestaciones de servicios se desarrollan en marcos regulatorios diferentes como consecuencia precisamente de que el modelo empresarial de las cadenas globales de valor busca producir en distintos Estados con el fin de mejorar su competitividad empresarial. Por ello, las cadenas globales de valor han optado, como comprobaremos en los siguientes apartados, por fijar estándares mínimos de cumplimiento, que se plasman en instrumentos jurídicos propios. Todo lo que afecta a la regulación del salario, por tratarse de una materia que se refleja normalmente en las normas internas de las cadenas globales de valor.

Junto a lo anterior, la segmentación del proceso productivo provocó la ausencia de control de las condiciones de ejecución del trabajo por parte de la empresa principal, que antes de su organización como una cadena global de valor, ejercía este control como facultad inherente al poder de dirección de cualquier empresa. En lo que aquí interesa destacar, varios accidentes de trabajo con gran impacto por el número de personas trabajadoras lesionadas gravemente (incluso fallecidas en el acto o a los siguientes días) y varios casos de personas trabajadoras en cadenas globales de valor con condiciones laborales muy alejadas de los estándares internacionales, en lo que hace especialmente al salario y a la jornada de trabajo, provocaron un cambio en la configuración de las cadenas globales de valor (FRENKEL Y SCHÜßLER, 2021, p. 647 y 670).

Lo ha venido impulsando fuertemente la RSC de las empresas en los últimos años, siendo actualmente uno de los principales motores de desarrollo de la regulación interna de las cadenas globales de valor. Como ya se apuntó en el capítulo 1 y se estudiará con detenimiento en el presente capítulo, esto ha convertido a las cadenas globales de valor en reguladoras de las condiciones laborales de las personas trabajadoras a nivel global (SANGUINETI RAYMOND, 2022, pp. 22-25), facilitando su subsistencia.

3. Las previsiones de crecimiento de las cadenas globales de valor y nuevas líneas de evolución en la fijación de las condiciones salariales

Superados los problemas de responsabilidad esencialmente reputacional a través especialmente de normas internas, las nuevas circunstancias económicas están provocando importantes revisiones de esta forma de organización empresarial y de este modelo productivo, como consecuencia del propio cuestionamiento de las ventajas competitivas de las cadenas globales de valor, a la que se suman otros factores de carácter tecnológico e incluso geopolíticos, vinculados a la protección del mercado ejercida por algunos países (BONET BAIGET, 2020, pp. 124-126). Entre estos factores, puede destacarse el incremento de los costes de producción y la creciente incertidumbre de las relaciones comerciales globales, causadas por el COVID-19 o por los conflictos internacionales acontecidos desde 2019 hasta la actualidad, que han obstaculizado el transporte internacional en el primero de los casos, así como han provocado una subida de los precios de los carburantes, que seguramente se agrave durante los próximos años.

Todo lo que puede acabar impactando en una reducción de la retribución de las personas que prestan servicios en las cadenas globales de valor como forma de amortiguar la reducción de los beneficios asociadas a los costes de producción. De hecho, se ha apreciado en los últimos años una importante inflación, que ha repercutido en el salario de las personas trabajadoras, que en algunos casos ha crecido para converger al mínimo establecido por algunos países, aunque sin compensar la fuerte subida de los precios. Precisamente, el COVID-19 ha puesto aún más de manifiesto las importantes deficiencias del Derecho Internacional para la regulación de las cadenas globales de valor, que han realizado importantes avances en la seguridad de las personas mediante las normas de prevención, sin grandes cambios en materia salarial (FRENKEL Y SCHÜßLER, 2021, p. 647 y 670).

En todo caso, las cadenas globales de valor participaron en más de las dos terceras partes de las relaciones comerciales efectuadas en 2019, según se extrae del Informe "Technological Innovation, Supply Chain Trade, and Workers in a Globalized World", publicado por la Organización Internacional del Comercio, la OCEDE y el Banco Mundial. Además, han venido desarrollando fuertemente su RSC en los últimos años, con el fin de prevenir los riesgos en su modelo productivo, lo que se ha acrecentado también más recientemente por la aprobación de medidas que han acabado desarrollando la cultura de cumplimiento normativo, con el fin de evitar el riesgo de imputación de las empresas por la responsabilidad penal y el reproche social de incumplir normas, reglas o principios considerados como fundamentales en los países con un mayor desarrollo económico.

En la última evolución de la RSC, cabe destacar que muchas empresas también están orientando su modelo de producción hacia el cumplimiento de objetivos no solo sociales, sino también medioambientales, con el fin de promover una transición económica más justa a una economía verde global, engarzando de esta manera objetivos en materia de medioambiente, de responsabilidad social corporativa y de gobernanza, en adelante ESG. Todo lo que también tiene un claro impacto en materia salarial, por cuanto el salario de algunos altos directivos, en algunas de las empresas con mayor relevancia económica, se están fijando en función de la consecución de objetivos medio-ambientales y sociales marcados (GÓMEZ-MILLÁN

HERENCIA, M.J., 2022). Lo que podría también extrapolarse a los trabajadores de las cadenas globales de valor.

Por lo que, en definitiva, las cadenas globales de valor continuarán desarrollando su modelo de negocio, sin renunciar a su presencia internacional y a su deslocalización mediante empresas situadas en diferentes partes del mundo. Lo que seguramente implique, por las razones que hemos comentado, una mayor regulación, aunque sea interna, de las condiciones de trabajo y empleo de las personas trabajadoras en toda la cadena global de valor, incidiendo también, en consecuencia, en el salario.

II. LAS CARACTERÍSTICAS DE LAS CADENAS GLOBALES DE VALOR COMO CLAVE DE SU CAPACIDAD PARA FIJAR EL SALARIO

Contrastada la relevancia que tienen las cadenas globales de valor en el comercio internacional en el apartado anterior y apuntada su capacidad para la regulación del salario en la globalización en el capítulo I, se precisa identificar y analizar las características que contribuyen a su capacidad para la fijación de mínimos salariales en todas las empresas que colaboran en el proceso de producción. Lo que especialmente sucede como consecuencia de cuatro características fuertemente vinculadas a las cadenas globales de valor, que son la estructura compleja de esta forma de organización productiva, su carácter trasnacional y la presencia en distintos territorios con disparidades en la regulación de las condiciones salariales, la conveniencia de asegurar el cumplimiento de unos mínimos en todo el proceso productivo, así como la capacidad para elaborar y adoptar normas propias de aplicación a todas las empresas que conforman la cadena global de valor. Todo lo que se analiza en los siguientes apartados.

1. La estructura compleja de las cadenas globales de valor y su impacto en la determinación del salario

La gran ventaja que aportan las cadenas de valor, como forma de organización empresarial diferente a otras preexistentes, es la segmentación de las actividades de procesos productivos complejos (PORTER, M., 1985), que se desarrollan, en el caso de las cadenas globales de valor, como subtipo de las cadenas de valor, a nivel internacional. Por lo que las cadenas globales de valor envuelven a una gran variedad de empresas diferentes, con relaciones comerciales distintas, que pueden participar de forma más o menos permanente en el proceso productivo, en ámbito internacional, sin contar con personal propio en todos los países donde operan.

De hecho, para esta participación, las cadenas globales de valor tienen estructura estable, con trabajadores asalariados, aunque también pueden organizar el proceso productivo, descentralizando la actividad de dos formas distintas. De un lado, pueden suscribir contratos de colaboración con empresas autónomas, que a su vez pueden descentralizar en otras empresas también autónomas parte del encargo de las cadenas globales de valor. O bien, la empresa principal de la cadena global de valor o las empresas que contratan con éstas, asumiendo parte de la descentralización del proceso productivo, pueden suscribir contratos con personas trabajadoras autónomas o autónomas económicamente dependientes, que colaboren de manera más o menos estable con el proceso productivo.

Por lo que se han planteado dudas de qué empresas son realmente las que integran la cadena global de valor, sobre todo en el caso de que estas colaboraciones empresariales sean realizadas por otras cadenas globales de valor o por empresas multinacionales cuya aportación sea igual de relevante que otras formas organizativas al mismo proceso productivo (SANGUINETI RAYMOND, 2022, p. 24). Pues las cadenas globales de valor pueden abarcar parte de algunos procesos productivos de otras cadenas de valor.

Todo ello tiene un impacto en el salario de las personas trabajadoras que participa en las cadenas globales de valor, por cuanto la forma de organización empresarial de la actividad productiva en la que se concretan las cadenas globales de valor, que divide el proceso productivo completo de sus bienes o servicios, tratando con ello de ganar en competitividad, puede implicar la disminución de todo o de parte del salario de las personas trabajadoras que prestan servicios en ella, como forma precisamente de ganar en competitividad en el mercado global, aprovechando para ello la regulación de aquellos países o de aquellos territorios que sea más ventajosa para la empresa y menos garantista para las personas trabajadoras. De ahí la necesidad de establecer mecanismos de control que garanticen el pago justo de la prestación de servicio realizada por las personas trabajadoras.

2. Su dimensión trasnacional y su presencia en una pluralidad de territorios con disparidades en la regulación de las condiciones salariales

Como se ha venido subrayando, las cadenas globales de valor se caracterizan por efectuar actividades comerciales a nivel global, realizando operaciones sujetas a la regulación de los diferentes territorios, pues resulta frecuente que precisen de personal fuera del lugar donde se sitúa la sede principal de la empresa o el centro de trabajo más relevante. Todo lo que realza su dimensión trasnacional, que trasciende en consecuencia de las relaciones comerciales con otras empresas, para afectar a sus propios trabajadores, a los que puede ofrecerles desplazarse a otros territorios.

Esta dimensión trasnacional se traduce, con carácter general, en su presencia en distintos países, lo que permite destacar, como característica inherente de su proceso productivo, su afectación por distintas regulaciones jurídicas. Lo que provoca disparidades en las normas aplicables en la cadena global de valor, que resulta difícilmente salvables, por las diferentes condiciones de empleo existente en los distintos territorios. Todo lo que afecta al salario, por tratarse de una de las condiciones que las empresas suelen modificar con más frecuencia a la baja, cuando tratan de obtener una mayor rentabilidad productiva, como antes se comentó. Pero también por la vinculación entre el salario y las condiciones de vida en cada territorio. De hecho, las cadenas globales de valor aprovechan estas condiciones para maximizar los beneficios (LAS HERAS CUENCA, 2017, p. 313).

No obstante, el presente capítulo precisamente se centra en analizar cómo las cadenas globales de valor han ido diseñando diferentes instrumentos jurídicos para hacer que la regulación jurídica sea más uniforme en todo el proceso productivo, garantizando con ello unos mínimos en el cumplimiento normativo, que favorecen a las personas trabajadoras. También para asegurar el respeto de las normas mínimas internacionales en materia de salario, como se subraya en este trabajo. Puesto que la realización de la prestación de servicios en espacios muy diversos provoca importantes diferencias para las personas trabajadoras, sobre todo en materia salarial, por la fuerte vinculación de la retribución con el coste de vida.

De hecho, las únicas personas trabajadoras ajenas a los procesos salariales de ajustes que se producen frecuentemente en las cadenas globales de valor son las personas trabajadoras altamente cualificadas, que generalmente consiguen condiciones de trabajo mejores que las personas trabajadoras locales (LÓPEZ GONZÁLEZ, J. et ALI., 2015, p. 6-7). Especialmente, cuando se trata de personal cualificado de otros países que se desplaza para desarrollar la prestación de servicios, ya sea de forma temporal o de manera más permanente en el tiempo, en el lugar donde la cadena global de valor necesita personal. Lo que resulta frecuente sobre todo en los procesos de implantación o de expansión de las cadenas globales de valor. Pues muchos de estos empleos cualificados son desarrollados por personas trabajadoras desplazadas temporalmente para realizarlos, trasmitiendo de esta forma los conocimientos o la forma en la que se organiza la empresa principal a las personas trabajadoras locales, incluso en el caso de que se produzca la participación de otras empresas, de trabajadores autónomos o de trabajadores autónomos económicamente dependientes.

3. *La necesidad de asegurar un mínimo de condiciones salariales y de garantizar su cumplimiento en toda la cadena global de valor*

Son muchas las causas que justifican la necesidad de que las cadenas globales de valor aseguren el cumplimiento de unos mínimos en materia salarial, pudiendo destacarse los siguientes. Primero, las normas internacionales laborales establecen ciertos mínimos de cumplimiento obligatorio mediante los Convenios de la OIT para aquellos países que lo ratifiquen. Pero lo cierto es que estos mínimos carecen de un sistema de cumplimiento que garantice su respeto en todos los países, habiéndose producido un claro empeoramiento de las condiciones de trabajo como consecuencia de la globalización, donde operan precisamente las cadenas globales de valor (LAS HERAS CUENCA, 2017, pp. 311-313). Junto a ello, debe tenerse en cuenta que la mayor parte del marco internacional se concreta en normas de carácter voluntario. En muchas ocasiones, se tratan incluso de acuerdos multilaterales, lo que supone un escollo añadido a la fuerza vinculante en todos los territorios.

Por otro lado, el diálogo social puede ser otro espacio relevante, dadas las insuficiencias de las normas internacionales para regular el salario en la economía global con carácter general y más particularmente respecto del tema que nos ocupa en las cadenas globales de valor, en la fijación de mínimos en materia salarial. Pero lo cierto es que los Acuerdos Marcos Globales de las principales cadenas globales de valor, como tendremos ocasión de comprobar en el presente capítulo, suelen establecer regulaciones menos garantistas, por lo que se refiere al salario, que las normas internas de la empresa principal de la cadena global de valor. Por cuanto, la negociación de las condiciones de trabajo a nivel global, que tiene como virtualidad garantizar un mínimo de protección en todos los territorios, sin embargo, supone el reconocimiento de derechos en un marco, como es el global, quizás más incierto. A ello se une las propias dificultades para alcanzar acuerdos a nivel global, por los problemas de incorporar en la negociación peticiones uniformes con independencia del territorio, las dificultades de comunicación de tan variadas representaciones de las personas trabajadoras o los obstáculos para coordinar una estrategia global (MAIRA VIDAL, 2014, pp. 147-148). Por lo que quizás esto lleva a las cadenas globales de valor a incorporar su nivel de compromiso en las normas internas, sin transferir el reconocimiento de los derechos a los Acuerdos Marcos Globales, como tendremos ocasión de comprobar en el análisis que se realiza sobre la regulación del salario en algunas cadenas globales de valor al final del presente capítulo.

Como las empresas colaboradoras de la cadena global de valor pueden fácilmente escapar a la regulación mínima en materia salarial, como acabamos de comprobar, se precisan otras vías para garantizar un cumplimiento mínimo. Pues la imagen de la empresa principal de la cadena global de valor puede quedar dañada si existen incumplimientos relevantes, en lo que aquí interesa destacar en materia de salarios, que afecten a cualquiera de las empresas o de las personas colaboradoras por cuenta ajena o propia de la cadena global de valor. Incumplimientos como que las personas trabajadoras reciban una cantidad económica insuficiente o injusta en comparación con el trabajo que realizan en la cadena global de valor; sean penalizadas con detracciones en el salario por riesgos ajenos a su control, que la cadena global de valor, sin embargo, derive a la persona trabajadora, con el fin de minimizar los riesgos; perciban íntegramente el salario en bonos canjeables en la propia cadena global de valor, sin que se garantice que estos productos se ofrecen a unos precios competitivos; incumplan la obligación empresarial de documentar correctamente el pago del salario, entre otros.

Como estas prácticas pueden suceder en cualquier parte de la cadena global de valor y en cualquier territorio donde se realice el proceso productivo, será preciso establecer unas mínimas garantías para asegurar el cumplimiento de los mínimos legales en materia salarial en todo el proceso de producción. Para ello, dejando al margen a la empresa principal de la cadena global de valor, será preciso que cada empresa que participe en el proceso productivo garantice el cumplimiento de los mínimos fijados por la empresa principal de la cadena global de valor. Lo que comporta la adopción de unas normas mínimas internas de aplicación a todas las empresas y a todas las personas trabajadoras por cuenta propia que participen en el proceso productivo (incluso en el caso de terceros que tengan relación directa con cualquiera de las empresas de la cadena global de valor, aunque no hayan firmado directamente acuerdo alguno con la empresa principal de la cadena global de valor), así como la creación de mecanismos de control propios que garanticen el cumplimiento de las normas mínimas.

Lo que se realizará mediante la firma de contratos entre las empresas participantes en el proceso de producción, que harán referencia a la adhesión y a la aplicación de las normas internas de la empresa principal de la cadena global de valor, sin perjuicio de que también se haga referencia al cumplimiento de las normas internas, en el caso de que existan, de la empresa que descentraliza el proceso productivo contratado con la empresa principal de la cadena global de valor. Todo lo que trata de hacer previsible lo que se espera de cada una de las empresas participantes en la cadena global de valor, fomentando de esta forma las conductas responsables, al mismo tiempo que se determinan aquellas que merecen reproche (BAZ TEJEDOR, 2022, pp. 22 y 24).

4. La capacidad de establecer condiciones mínimas salariales en todas las empresas de la cadena global de valor

Diversos factores explican que las cadenas globales de valor puedan fijar condiciones salariales en todos los procesos productivos que la conforman, pese a la presencia en distintos territorios y a las diferentes formas de participación de empresas y de personas trabajadoras por cuenta ajena en el proceso productivo. Entre estos factores, caben destacar los que se analizan en este apartado.

4.1. Sinergias entre la regulación tradicional (*hard-law*) y la autorregulación (*soft-law*) en las cadenas globales de valor

Como característica esencial de las cadenas globales de valor, su presencia en distintos territorios provoca que la regulación tradicional que se realiza mediante instrumentos internacionales que generalmente exigen ratificación, así como a través de normas legales que tienen respaldo jurídico, generen inseguridades en la fijación de las mínimas obligaciones salariales equivalentes tanto para todas las personas trabajadoras por cuenta ajena, como para todas las personas trabajadoras por cuenta propia y todas las empresas que participan en el proceso productivo. Iguales problemas de incertidumbre genera la regulación de *soft-law*, especialmente de carácter internacional, que puede resultar de aplicación.

Como alternativa, las cadenas globales de valor establecen su propia autorregulación a través de normas que son propias, con los instrumentos que serán analizados en este mismo apartado, una vez que se examinen los fundamentos en los que se inspiran o se basan las cadenas globales de valor para la fijación del salario.

Por tanto, la regulación del salario en las cadenas globales de valor implica una sinergia entre la regulación tradicional (*hard-law*) y la autorregulación (*soft-law*). Por cuanto, el respeto a las normas mínimas internacionales de Derecho del Trabajo inspira las normas que las cadenas globales de valor se autoimponen para exigir a todas las empresas que participan en el proceso productivo un suelo mínimo en el cumplimiento normativo. Todo lo que podrá comprobarse, en el apartado III de este trabajo, cuando se analicen algunos ejemplos de regulación de las cadenas globales de valor.

Sin perjuicio de lo que se sigue subrayando las carencias de la autorregulación realizada por las cadenas globales de valor, así como la necesidad de que existan normas de *hard-law* para la regulación del salario, por lo menos en aquellos espacios de producción jurídica con más capacidad para regular las condiciones laborales y exigir judicialmente el cumplimiento normativo, como lo es la Unión Europea (GUAMAN HERNÁNDEZ, A., 2022). También se ha subrayado los problemas que existen respecto a los mecanismos para que la cadena de valor pueda exigir el cumplimiento de los instrumentos de autorregulación (SANGUINETI RAYMOND, W., 2015, p. 39).

De hecho, como unas de las condiciones laborales más vinculadas con los derechos humanos en el lugar de trabajo, en virtud del concepto del trabajo decente y la transición hacia una economía justa, es la obligación empresarial del pago del salario a las personas trabajadoras. Las normas internacionales de la OIT tienen una especial relevancia en la fijación del salario y de las obligaciones que se despliegan a partir de él, sin perjuicio de todos los obstáculos que pueden tener en cuanto a la regulación efectiva del salario en la globalización y a la capacidad de exigir jurídicamente su cumplimiento desde el punto de vista tradicional del Derecho. Por lo que estas normas internacionales suelen reflejarse en las normas internas de las cadenas globales de valor, aunque no siempre se recogen con la misma intensidad o con todo su alcance. Por lo que esto provoca la conformación de una regulación más heterogénea de las condiciones laborales de las personas trabajadoras que participan en el proceso productivo. Si bien, tiene la gran ventaja de que se alcanzará una regulación más homogénea en la cadena global de valor y un mejor conocimiento del cumplimiento normativo en todo el proceso productivo.

De hecho, como se apuntó en el capítulo 1 y se analizará con más detenimiento en los siguientes apartados, la regulación del salario y de otras condiciones laborales en las cadenas globales de valor se realiza mediante normas de *soft-law*, que las empresas adoptan de forma completamente voluntaria, en atención a los niveles de RSC que quieren alcanzar, pudiendo fijarse de forma unilateral (Códigos Éticos) o bilateral (Acuerdos Marcos Globales). Todo lo que le asegura la uniformidad a la que se ha hecho referencia en la cadena global de valor.

Por otro lado, como también se subrayó en el capítulo 1, los mecanismos de control que aseguran el cumplimiento de las normas internas que las cadenas globales de valor adoptan suele disponerse en las citadas normas voluntarias. Por lo que la empresa multinacional principal se convierte en el primer garante del cumplimiento de las normas internas. Lo que se realiza mediante sus propios sistemas de vigilancia y de control del cumplimiento normativo, con participación o sin participación sindical, como veremos en los siguientes apartados, que resulta preceptiva para las empresas.

4.2. Fundamentos de la autorregulación salarial en las cadenas globales de valor: RSC, diligencia debida y ESG

Tres son los fundamentos más relevantes que han ido encontrando las cadenas globales de valor hasta la actualidad para la fijación de unos mínimos aplicables. De un lado, la RSC inspiró en un primer momento la adopción de normas internas por parte de las cadenas globales de valor, con el fin de mejorar la imagen social y de realizar acciones que también tuvieran impacto en el entorno.

Posteriormente, la diligencia debida, que exige el establecimiento de mecanismo para asegurar que toda la cadena global globales de valor se ajusta a los estándares y a los principios autoimpuestos, ha sido otro de los importantes motores, incluso en el plano legal, para el desarrollo de normas internas que sirven para la fijación de derechos mínimos en materia salarial. Pues aporta a las cadenas globales de valor diversas ventajas competitivas, entre las que puede destacarse, la minimización del riesgo de sus negocios, gracias a que los sistemas de control interno de cumplimiento normativo, que se implantan con el objetivo de asegurar la diligencia debida, permiten un mejor conocimiento y una mayor evaluación de todo el proceso productivo que realizan las empresas participantes en la cadena global de valor. También la exigibilidad de los modelos de conductas (BAZ TEJEDOR, 2022, pp. 22 y 24).

En este sentido, algunas normas europeas (y propuestas de regulación que se están elaborando) promueven que las empresas adopten normas internas, especialmente aquellas que son trasnacionales, lo que puede suponer el inicio al cambio de una regulación de *soft-law* a *hard-law,* aunque aún se deja quizás una excesiva libertad a las empresas para la fijación de sus normas (GUAMÁN HERNÁNDEZ, A., 2022, p. 33-35). Y se precisa una recepción más amplia del concepto de diligencia debida en las legislaciones nacionales (MORENO DÍAZ, 2024, p. 529).

Como ejemplo de lo anterior y en lo que se refiere precisamente al salario en las relaciones comerciales globalizadas, que se trata del tema principal de la monografía en la que se enmarca este capítulo, la brecha salarial en las cadenas globales de valor es uno de los problemas aún no resueltos (TEJANI, S. and FUKUDA-PARR, S., 2021, pp. 663- 664). Por lo que la regulación jurídica que muchas cadenas de valor se autoimponen contemplan menciones expresas a las políticas de igualdad retributiva, como tendremos ocasión de constatar en el apartado III, estableciendo mecanismos de control interno para comprobar la eficacia de la prevención de las decisiones antidiscriminatorias en materia salarial entre las mujeres y los hombres que prestan servicios en cada empresa de la cadena global de valor, así como la implementación y la eficacia de las medidas adoptadas para la corrección de la brecha salarial. Todo lo que contribuye a que la empresa principal de la cadena global de valor conozca, en los términos apuntados, la realidad de su proceso productivo, permitiéndoles detectar sus fortalezas y debilidades, en relación con el nivel de RSC trazado como objetivo.

Igual sucede en relación con otras cuestiones que igualmente afectan al salario de las personas trabajadoras. Por cuanto, las normas internas de las cadenas globales de valor han incidido en aspectos muy diversos, tanto de forma como de fondo, de la obligación empresarial del salario, como tendremos ocasión de examinar en el apartado III de este capítulo, que afectan a materias como el proceso de fijación del salario, la información a las personas trabajadoras y sus representantes en la empresa, la documentación, la forma o la periodicidad en el pago del salario, por citar las más relevantes.

Más recientemente, la emergencia de intervenir para paliar el impacto adverso del cambio climático ha llevado a que los objetivos de ESG inspiren igualmente la adopción de normas internas en las cadenas globales de valor (O'CONNOR, P. and HARRIS, 2021), e incluso hayan incrementado las obligaciones empresariales de publicar información interna de las empresas en abierto de carácter no financiero (CUEVAS, PALOMEQUE, SANTA CRUZ, 2023). En este sentido, algunas normas europeas promueven la adopción de normas internas por parte de las cadenas globales de valor en materia de sostenibilidad, como se analizó en el capítulo 1, que tiene la capacidad de incidir en la regulación del salario, promoviendo la fijación de mínimos de obligado cumplimiento por parte de las cadenas globales de valor, así como mecanismos para la vigilancia de estos mínimos y de transparencia en la gestión empresarial, entre los que se encuentra la publicación de información no financiera. Al mismo tiempo que la financiación externa de las empresas multinacionales también contempla la valoración sobre el grado de cumplimiento del compromiso en ESG antes de aprobar la transferencia de recursos. Todo lo que contribuye en definitiva a que las cadenas de valor adopten normas internas para facilitar el cumplimiento de estas obligaciones. Lo que realizarán mediante los instrumentos que se estudian en el siguiente apartado.

Así sucede con el 45% de las empresas que cotizan en el FTSE, donde se incluyen a más de 100 empresa de London Stock Exchange con mayor capital, que definen al menos el 20% de los salarios de sus directivos en atención a los resultados en materia de medioambiente (O'CONNOR and HARRIS, 2021). También se observa en el Informe *Private equity's ESG journey: From compliance to value creation Global Private Equity Responsible Investment Survey* (2021), elaborado por la consultora PWC y disponible en internet, que recoge una evolución de la presencia de indicadores en materia de ESG, que también está implicando un aumento de la evaluación del desempeño en atención al cumplimiento de estos indicadores, lo que tiene repercusión en materia salarial. O puede observarse en las medidas adoptadas y/o planificadas por empresas como Appel o Unilver, que han sido seleccionas como cadenas globales de valor relevantes para su análisis en el apartado III de este capítulo, insertas en sectores donde la ESG está teniendo un destacado desarrollo (O'CONNOR, P.; HARRIS, L. and GOSLING, T., 2021).

En este contexto, el deseable objetivo de incrementar el valor añadido tiene además la dificultad de que muchas actividades productivas pueden ser menos perjudiciales para el medioambiente empleando materias primas más caras en la elaboración de los productos o en la prestación de los servicios. Por lo que todo ello puede igualmente acabar impactando de forma negativa en los salarios de las personas trabajadoras en las cadenas globales de valor. Incluso en el caso de que la transición a una economía verde global, que comienza a ocupar importantes espacios en las agendas políticas internacionales, permita mantener el volumen de empleo existente, lo que seguramente no suceda de forma generalizada, el incremento de los costes de producción puede acabar impactando, como se ha dicho, en el salario de las personas trabajadoras de las cadenas globales de valor.

4.3. Instrumentos para la regulación del salario en las cadenas globales de valor: códigos éticos, indicadores, canales de denuncia y transparencia en la gestión empresarial

Generalmente, la regulación interna de las cadenas globales de valor está soportada por distintos instrumentos jurídicos, entre los que podemos destacar los siguientes. De un lado, se encuentran los códigos éticos, como una norma interna de la empresa donde se plasman los principios corporativos, en una versión más avanzada que los códigos de RSC y los códigos de conductas (LOZANO AGUILAR, 2007, pp. 230-231), que engarza con todo el nuevo enfoque del cumplimiento normativo y la ética de los negocios.

Los códigos éticos, como se analizó en el capítulo 1 de esta monografía dedicada a las fuentes de regulación del salario en la globalización, pueden integrarse en la regulación jurídica denominada como *soft-law*, por proceder de decisiones unilaterales de las empresas, que buscan establecer los objetivos y los compromisos corporativos, recogiendo la visión que la empresa tiene del mundo, con la finalidad de comprometer a los distintos grupos de interés en la consecución de las metas fijadas en la cadena global de valor: directivos, mandos intermedios, otras personas trabajadoras, representación de las personas trabajadoras, entre otros.

Como podrá comprobarse en el análisis que se efectuará en el apartado III del presente capítulo, los códigos éticos tienen una gran capacidad para la mejora de las condiciones laborales de todas las personas trabajadoras implicadas en la cadena global de valor (SANGUINETI RAYMOND, 2015, p. 17). Pues alcanzan no solo a la empresa principal, sino también a terceros que participan en el proceso productivo, incluso más allá de las empresas y de las personas trabajadoras que integran propiamente la cadena global de valor.

De hecho, muchas de las cadenas globales de valor aprueban códigos éticos para todas las empresas que participan en su proceso productivo, sin centrarse en consecuencia únicamente en la empresa principal, obligando a que todas las empresas tengan el mismo nivel de compromiso en cuanto al cumplimiento de las normas mínimas adoptadas. No obstante, la mayoría de los códigos éticos de las cadenas globales de valor diferencian entre la empresa principal y los terceros que participan en el proceso productivo, exigiendo un nivel de compromiso menor a los terceros que el fijado para la empresa principal. Todo lo que influye en el control que la empresa principal tiene sobre las condiciones salariales fijadas por las empresas participantes en el proceso productivo, en lo que aquí interesa destacar, que será menor en tanto que se reduzca el compromiso que se les exige.

En este sentido, los terceros implicados en el proceso productivo engloban tanto a las personas trabajadoras por cuenta propia (trabajadores autónomos y trabajadores autónomos económicamente dependientes) como a las empresas que suscriben directamente contratos con la empresa principal de la cadena global de valor, ya realicen funciones de producción o de provisión de servicios. A este respecto, algunos de estos códigos éticos de las cadenas globales de valor, como tendremos ocasión de comprobar en el apartado III de este capítulo, se extienden incluso a las personas trabajadoras por cuenta propia (trabajadores autónomos y trabajadores autónomos económicamente dependientes) y a las empresas que suscriben contratos con las empresas proveedoras o suministradoras de la empresa principal de la cadena global de valor.

Esta aplicación de la regulación interna de la cadena global de valor a todos los intervinientes en el proceso de producción, hayan firmado o no el contrato con la empresa principal, sean personas trabajadoras por cuenta ajena o personas trabajadoras por cuenta propia, facilita la fijación de mínimos exigibles en toda la cadena global de valor, salvando con ello los problemas que se suscitan en relación con la exigibilidad de las normas internacionales o la permisibilidad de la regulación de ciertos territorios. A este respeto, cabe destacar que estos códigos éticos de las cadenas globales de valor han incluido el respeto de ciertos derechos para las personas trabajadoras en relación con el salario, como tendremos ocasión de comprobar en el apartado III del presente capítulo, con independencia de con quien hayan suscrito el contrato de trabajo, involucradas en el proceso de producción. También puede destacarse que la regulación interna de las cadenas globales de valor tiende a la convergencia, como resultado de las grandes dimensiones de muchas de las multinacionales implicadas en la búsqueda de fórmulas para garantizar el cumplimiento normativo interno, así como de la propia globalización de las firmas jurídicas que representan y asesoran los intereses de estas multinacionales ofreciendo modelos de contratos o de regulación estándares (GAVIRIA y SÁNCHEZ-ESCOBAR, 2017, pp. 176 y 191).

Para facilitar el cumplimiento y el control de los compromisos que la empresa principal les exige al resto de las empresas que participan en el proceso productivo, los códigos éticos establecen generalmente indicadores tanto cuantitativos como cualitativos sobre los compromisos exigibles a las distintas empresas, que posteriormente se emplean para evaluar la consecución de los objetivos marcados y para proporcionar la información que la empresa principal de la cadena global de valor les impone publicar anualmente.

De hecho, las cadenas globales de valor suelen establecer procesos internos de autoseguimiento y de autoevaluación, con el fin de garantizar el cumplimiento de los códigos éticos, que comportan procesos de auditorías internas o externas para la verificación del cumplimiento de las normas adoptadas (LOZANO AGUILAR, 2007, pp. 239-242), que han experimentado un relevante crecimiento con la globalización (TALAVERO CABRERA, 2015, p. 3).

Estos procesos de autoseguimiento y de autoevaluación se realizan en atención generalmente a indicadores fijados previamente sobre los objetivos y los compromisos que la cadena global de valor se ha autoimpuesto, a los que se ha hecho referencia anteriormente. Para ello, estos indicadores, que también se han articulado, como tendremos ocasión de comprobar en el apartado III de este capítulo respecto del salario, deben definirse de forma clara, precisa y concisa, contemplando aspectos tanto cuantitativos como cualitativos. De esta forma, se garantiza que la autoevaluación responde a la realidad de la empresa examinada.

Junto a ello, la mayoría de las cadenas globales de valor que implementan estos sistemas internos de cumplimiento normativo también cuentan con canales internos de denuncia y de quejas, que tienen la misma finalidad de alcanzar los objetivos de RSC, diligencia debida y de ESG, que han sido marcados por la empresa. En el caso de algunas cadenas globales de valor, estos canales de denuncia y de quejas internos se establecen en atención a las normas que les resulta de aplicación, a las que se añadirán las propias que la cadena global de valor se autoimponga. Así sucede para aquellas cadenas globales de valor que operen en la Unión Europea tras la aprobación de la Directiva 2019/1937 del Parlamento Europeo y del Consejo, de 23 de octubre de 2019, relativa a la protección de las personas que informen sobre infracciones del Derecho de la Unión, como se analizó en el capítulo 1 de la presente monografía.

Estos canales internos de denuncia están abierto a las personas trabajadoras de la empresa, e incluso a otras personas que colaboran en la cadena global de valor, lo que permite conocer información a veces silenciada por los mandos intermedios y/o por los superiores jerárquicos, pues se admite en muchas ocasiones que la denuncia sea anónima. Junto a ellos, estos canales internos de denuncia evitan la judicialización de los asuntos, permitiendo la activación de mecanismos internos de resolución extrajudicial de los conflictos suscitados en la cadena global de valor, e incluso facilitando la activación de procedimientos internos de investigación para recopilar información y pruebas. Todo lo que permite conocer, en lo que aquí interesa destacar, si se produjeran, los desequilibrios salariales, los incumplimientos sobre el pago del salario, las prácticas salariales injustas o injustificadas, por razones incluso asociadas a la igualdad y a la discriminación, como son la brecha de género o el acoso, que tanta relevancia tienen para la buena reputación de las cadenas globales de valor.

Finalmente, los instrumentos de la regulación del salario en las cadenas globales de valor se completan, a los efectos de dar coherencia a todo el proceso, con determinadas exigencias en materia de transparencia en la gestión empresarial, como antes se avanzaba, que exceden generalmente de la obligación de informar a las personas trabajadoras o a sus representantes en la empresa. Entre ellos, destacan los informes anuales que las empresas participantes en el proceso productivo deben remitir a la empresa principal. O los informes anuales que las empresas principales de las cadenas globales de valor más relevantes publican en sus propias páginas web como parte de la RSC, la diligencia debida, así como la ESG. Lo que engarza con el compromiso público que la cadena global de valor adquiere con las normas internas adoptadas de forma voluntaria (LOZANO AGUILAR, 2007, p. 234).

III. EJEMPLOS DE REGULACIÓN SALARIAL EN ALGUNAS CADENAS GLOBALES DE VALOR DE DIFERENTES SECTORES PRODUCTVOS

Con la finalidad de analizar cómo efectivamente las cadenas globales de valor regulan el salario incidiendo de esta forma en el establecimiento de mecanismos para garantizar unos mínimos, así como estudiar el contenido de la regulación, se revisan en los siguientes apartados cuatro empresas de sectores productivos diferentes con impacto en la economía globalizada, que tienen todas ellas como características en común liderar una cadena global de valor, con presencia trasnacional y relaciones comerciales en distintos territorios, así como un desarrollo significativo de la RSC y de los instrumentos propios de la diligencia debida.

La selección de las empresas parte de un previo estudio de los sectores productivos de especial interés para las relaciones laborales globalizadas. Entre las principales razones que justifican la selección del sector textil para el análisis de la regulación del salario en las cadenas globales de valor, se encuentra el importante movimiento social por la seguridad en el empleo y el trabajo justo a nivel global promovido en los últimos años en este sector productivo, que ha dado lugar a importantes acuerdos globales y al impulso de la RSC de muchas de las cadenas globales de valor integradas en el sector textil y en otros sectores productivos. Sin perjuicio de que se siguen poniendo de manifiesto la necesidad de incidir aún más en la regulación de las cadenas globales de valor en el sector textil, especialmente en algunos países como India, como consecuencia, entre otros factores, de que las condiciones retributivas no cumplen fielmente con los estándares internacionales de garantizar la subsistencia de la persona trabajadora y de que existe aún una importante brecha de género relacionada con la retribución (ANNER, M., 2019, pp. 770-773).

Por su parte, el sector alimenticio también tiene una importante relevancia para las relaciones laborales globalizadas, especialmente por el reavivado debate del consumo de los productos de localización más cercana y la destacada presencia de las cadenas globales de valor en estos espacios, así como por el reto del abastecimiento que lidera el sector de la alimentación a nivel global. Lo que ha impulsado también fuertemente la RSC, por la preocupación y el compromiso de los grupos de interés en la producción de alimentos sostenibles desde el punto de vista social y medioambiental. En particular, por lo que se refiere a las condiciones laborales, algunos estudios apuntan a que el desarrollo de la RSC en el sector alimentario ha ido extendiendo los derechos humanos protegidos en este sector, incluyendo entre ellos la garantía de que el salario cubra las necesidades más elementales de las personas trabajadoras y otras garantías relacionadas con la vivienda digna o la alimentación (TOUSSAINT, CABANELAS y MUÑOZ-DUEÑAS, 2022, p. 2489).

Igualmente, el sector aeroespacial y aeronáutico resulta importante por su presencia generalizada en los mercados globales, así como por su aportación para la facilitación de las comunicaciones personales y las relaciones comerciales entre los países. A lo que se suma el relevante número de personas trabajadoras en desplazamientos diarios trasnacionales, lo que les confiere una gran capacidad para impactar en la regulación del salario en las relaciones laborales globalizadas, como puede comprobarse por los conocidos casos judiciales donde se ha discutido las normas de aplicación de las personas trabajadoras de este sector, entre los que se encuentra la STJUE de 14 de septiembre de 2017 (TOL6.547.886).

Por último, el sector de las nuevas tecnologías ha experimentado una notable deslocalización en cuanto a la producción de los componentes necesarios para la fabricación de los productos informáticos, así como resulta de especial interés y relevancia para las relaciones laborales globalizadas por las facilidades que aportan las nuevas tecnologías en la ejecución de las prestaciones de servicios a distancia. De hecho, la digitalización ha cambiado las relaciones laborales, permitiendo fórmulas de trabajo más flexibles, potenciando el trabajo a distancia, favoreciendo el empleo global e introduciendo nuevas fórmulas para fijar el salario de la persona trabajadora desconectadas del tiempo de trabajo; lo que ha exigido y exigirá cambios en las normas laborales (CRUZ VILLALÓN, 2017, pp. 28-29) que igualmente impactarán en la regulación de las relaciones laborales globalizadas.

Por lo que, expuestas las razones que han motivado la selección de estos sectores, se analizan las normas internas de cuatro importantes empresas representativas de estos sectores productivos en las siguientes páginas, destacando la regulación que han realizado sobre el salario: Primera, Inditex, como empresa perteneciente al sector textil, que es el primero de los sectores productivos seleccionados, se dedica al diseño, a la fabricación, a la logística y distribución, así como a la venta en tiendas físicas y online. Con presencia en más de 213 mercados, aglutina a diferentes empresas donde prestan servicios 161.281 personas, con 174 nacionalidades distintas, teniendo 6.636 proveedores españoles de productos o de servicios. La cadena de suministro de Inditex cuenta con 8.123 fábricas, 1.461.255 beneficiados por personas trabajadoras en el centro, así como 1.733 proveedores (*Memoria Anual Inditex 2023, Información no financiera*, pp. 112-113). La implementación de herramientas para favorecer la participación y el control de las organizaciones sindicales de las condiciones laborales ha sido además estudiada por ser referente internacional (GARCÍA LANDABURU, 2023). Por lo que su volumen de negocio, relevancia en los mercados globales y reconocimientos en cuanto a la gestión responsable, entre otras razones, justifican su selección para el estudio de cómo Inditex ha establecido normas internas aplicables a toda la cadena global de valor que regulan el salario.

Segunda, Uniliver, como empresa dedicada a la alimentación, que es el segundo de los sectores productivos elegidos, a la higiene y al cuidado personal, cuenta con 128.000 personas trabajadoras en todo el mundo, así como con 57.000 proveedores en más de 150 países (*Uniliver Annual Reports and Accounts 2023*, pp. 1-2). Todo lo que, junto a su cifra de negocios y el desarrollo de su política de RSC a nivel global que motiva su inclusión en rankings de sostenibilidad, justifica su selección para el análisis de cómo ha regulado internamente el salario, estableciendo mínimos aplicables a toda la cadena global de valor.

Tercera, Airbus, empresa creada bajo el consorcio impulsado en varias ciudades europeas en los años 1970 para fabricación de distintos productos asociados al sector aeroespacial y aeronáutico que es el tercero de los sectores productivos seleccionados, se ha convertido en una empresa con presencia en Europa, América, Asia-Pacífico, África y el Medio-este, que es pionera a nivel mundial en el sector de la industria aeroespacial, el comercio aéreo, los helicópteros, la defensa y el espacio, según su página web: https://www.airbus.com/en/who-we-are/we-are-airbus. Con alrededor de 130.000 empleados de más de 100 nacionalidades distintas, su política corporativa está orientada hacia la sostenibilidad, lo que incluye la protección de los derechos laborales fundamentales, en lo que aquí interesa subrayar respecto de la protección del salario, junto con otros valores como son el compromiso por el desarrollo social del entorno y el compromiso medioambiental. Ello se extiende, como veremos a toda la cadena global de valor de Airbus, por la importancia que las empresas suministradoras tienen en todo su proceso productivo. Pues Airbus cuenta, como se extrae de su página web, con 12.000 proveedores directos a nivel global aproximadamente, que tienen presencia en 180 países, que le aportan parte del proceso productivo, como son componentes, sistemas y servicios indispensables para el desarrollo del negocio. Lo que hace que tenga un relevante impacto a nivel global, justificando su selección para el presente trabajo, que analiza el salario en el contexto de la globalización.

Cuarta, Appel, empresa de EEUU dedicada al diseño y a la fabricación de equipos electrónicos, software y servicios en línea, con una fuerte repercusión a nivel global gracias a su presencia en distintos países y a las colaboraciones que mantiene a través de la red de proveedores y de suministradores que integran su cadena global de valor, así como un gran volumen de empleo. De hecho, su cadena de suministro está integrada por más de 3 millones de personas, con presencia en más de 50 países y regiones (*2023 Annual Progress Report*, p. 11). Appel es una de las empresas más relevantes en el sector tecnológico, lo que justifica su selección para este estudio.

Se trata con este análisis de constatar los instrumentos empleados para la regulación interna, los contenidos de las normas adoptadas respecto del salario y los principales sistemas de seguimiento y de control. Todo lo que servirá para identificar los mínimos que generalmente incluyen las cadenas globales de valor en su autorregulación y para comprobar las distintas regulaciones sobre el salario que pueden convivir en una cadena global de valor.

1. Los distintos instrumentos empleados para la regulación interna: Acuerdos Globales, Códigos Éticos y otros textos

1.1. Comprometida con la RSC, **Inditex** ha adoptado distintos textos que resultan de interés a los efectos de valorar la regulación interna del salario. De un lado, el Acuerdo Marco Global, firmado con Federación Sindical Internacional IndustriALL Global Union en 2014 y renovado en 2019, que resulta de aplicación a las personas trabajadoras de Inditex y de su cadena de suministro. Por otro lado, Inditex suscribió el Acuerdo Marco Global con la Federación Sindical Internacional del Textil, la confección y la Piel en 2007, que actualmente forma parte de la Federación Sindical Internacional IndustriALL Global Union, con la que Inditex firmó el Acuerdo Marco Global anteriormente citado, que ha sido renovado en varias ocasiones, siendo la última versión de 2022.

Inditex también está adherida a las Recomendaciones de la Ethical Trading Initiative (ETI) desde 2005, que resulta de una plataforma de diálogo dedicada a la mejora de las condiciones laborales de las personas trabajadoras en países en vía de desarrollo en el sector de la distribución, creada por varias empresas de Reino Unido en 1998, donde tienen participación algunas empresas, organizaciones sindicales internacionales y organizaciones no gubernamentales. De hecho, el origen de la Ethical Trading Initiative (ETI) se encuentra en el poder de la acción colectiva de mejorar las condiciones de vida de las personas trabajadoras en las cadenas de valor del sector textil, del calzado y de otros productos para las principales marcas y los minoristas mundiales.

Finalmente, las normas internas que Inditex ha adoptado para garantizar el cumplimiento normativo en la empresa, que resulta igualmente de aplicación a las personas trabajadoras, aunque Inditex tiene más facilidad para alterar esta regulación. Concretamente, puede destacarse el Código de Conducta de Inditex, que sustituye al Código de Conductas y Prácticas Responsables de Inditex (2012), que le resulta de aplicación a todas personas trabajadoras del grupo Inditex, que deberán firmar por escrito su compromiso de cumplir lo dispuesto en su articulado, pudiendo extenderse a toda persona física o jurídica que contrate con Inditex, siempre que sea posible, según se dispone en su articulado.

Y el Código de Conducta de Fabricantes y Proveedores de Inditex, que se trata de la piedra angular del compromiso con la sostenibilidad que promueve la empresa desde 2001, según la información de la web de Inditex, recogiendo los estándares de gestión responsable, en consonancia con la normativa internacional y la protección de los derechos humanos en toda la cadena global de valor. El Código de Conducta de Fabricantes y Proveedores de Inditex (2021) resulta de aplicación a los fabricantes y a los proveedores que intervienen en la cadena global de valor de Inditex, lo que implica a la compra, a la fabricación y al acabado de los productos. Sus disposiciones, como dispone su articulado, son de carácter mínimo, por lo que resultarán de aplicación con carácter general, sin perjuicio de que exista cualquier disposición legal o compromiso que lo mejore, incluyendo los convenios colectivos, siendo de aplicación siempre lo más favorable para la persona trabajadora. Y de que pueda aplicarse también, por extensión, el Código de Conducta y Prácticas Responsables de Inditex (2012), en aquello que se considere de aplicación.

1.2. Por lo que se refiere a **Unilíver**, para el desarrollo de su RSC, cuenta actualmente con: 1) el Código de Principios del Negocio y Políticas del Código (2020), que sustituye al adoptado en 1995, que se aplica a los empleados directos como en relación con las empresas que integran la cadena global de valor, 2) la Política de Socios Responsables (2022), que integra la Política de Abastecimiento Responsable (2017) y la Política de Socios Comerciales Responsables (2017) sustituyéndolas, se dirige a las empresas que contraten con Unilíver, disponiendo las conductas exigibles entre otras para las empresas suministradoras de la cadena global de valor, 3) la Declaración de Política de Derechos Humanos (2023), 4) la Política de las Personas y la Naturaleza (2020). Todas estas normas internas contienen previsiones relevantes sobre el salario justo y el respeto de los derechos humanos en el lugar de trabajo.

Asimismo, Uniliver cuenta con unos términos y condiciones generales para la compra de productos y servicios (2022), a las que se añaden las cláusulas específicas aplicables a algunos países, como son Estados Unidos, Canadá o Sudáfrica, que exigen el respeto de las normas de RSC mencionadas anteriormente, con distintas intensidades, en atención a los países donde se desarrolla la prestación de servicios.

1.3. En lo que hace a **Airbus**, las normas internas más relevantes de su RSC, en lo que respecta al presente capítulo, son: De un lado, el Código de Conducta de Airbus (2023), que constituye la norma esencial de regulación de la RSC, junto con la Política Anticorrupción de la Empresa (2020), así como la Carta de Responsabilidad de Airbus, que contiene los principios para guiar a las personas trabajadoras y a cualquier representante externo en las relaciones con los empleados públicos. Concretamente, el Código de Conducta de Airbus (2023), que se aplica a todas las personas trabajadoras, con independencia del cargo y del lugar donde ejecutan la prestación de servicios, que realizan su actividad en la empresa filial o la alianza con las empresas donde Airbus tenga el control, está destinado a guiar el comportamiento diario de las personas trabajadoras, facilitando con ello la resolución de problemas éticos y de cumplimiento más comunes que puedan encontrarse en el desarrollo de sus funciones. Por otro lado, el Código de Conducta de Proveedores de Airbus (2021), que se aplica a las empresas suministradoras que integran la cadena global de valor con independencia de donde se encuentren localizadas en cada momento, así como se espera que estas empresas suministradoras extiendan sus principios a las cadenas de valor que forman y a las terceras partes con las que contraten. Lo que supone la garantía de una regulación mínima en toda la cadena global de valor, que se corresponde con el compromiso de Airbus de contribuir al futuro sostenible del sector donde opera. Pues su objetivo es garantizar que las prácticas negociales en toda la cadena global de valor sean conforme a las leyes, la regulación y los estándares y los principios éticos de los negocios, así como promover una cultura de la responsabilidad, de la integridad y de la sostenibilidad para toda la cadena global de valor.

1.4. Por lo que se refiere a **Appel**, para el desarrollo de su política de RSC, cuenta con normas internas adoptadas de forma voluntaria, que resultan de aplicación a toda la cadena global de valor, basadas en los principios éticos de honestidad, de respeto, de confidencialidad y de cumplimiento normativo, que quedan recogidos especialmente en cinco normas internas. 1) la Política de Derechos Humanos de Appel (2020), que resulta de aplicación a toda la cadena de valor, puesto que se dirige a procurar un lugar de trabajo seguro y respetuoso. 2) el Código de Conductas en los negocios de Appel (2024), que le resulta de aplicación a todos los empleados a tiempo completo y a tiempo parcial de Appel, incluyendo a las filiales, dispone los principios éticos de la empresa que los empleados deben respetar. 3) el Código de Conducta y de Responsabilidad para proveedores de Appel (2022), que le resulta de aplicación a proveedores, contratistas, consultores y otros socios comerciales que proporcionen bienes y servicios a Appel o que actúen en su nombre, lo que eleva de forma reseñable, como tendremos ocasión de comprobar, el estándar de las normas internacionales, realizando importantes concreciones, que inciden en la fijación del salario. 4) el Código de Conductas de terceros de Appel (2022) resulta de aplicación a quienes contraten con Appel o cualesquiera con relaciones comerciales a los que no le resulte de aplicación el Código de Conducta y de Responsabilidad para proveedores de Appel (2022). 5) la Política Anticorrupción de Appel (2018).

En definitiva, todas las cadenas globales de valor seleccionadas cuentan con textos adoptados de forma voluntaria y elaborados de manera unilateral, que vienen a establecer una regulación mínima en toda la cadena global de valor, sin perjuicio de que otros textos se limiten solo a la empresa multinacional principal o de cabecera. En el caso de las cadenas globales de valor seleccionadas, la regulación más relevante se concreta en los Códigos de Conductas, como tipología de Códigos Éticos, que recogen los modelos de comportamiento aplicables a todas las personas trabajadoras que presentan servicios en la cadena global de valor y a todas empresas que forman parte de la cadena global de valor (LOZANO AGUILAR, 2007, pp. 230-231), engarzando con todo el nuevo enfoque de la cultura del cumplimiento interno normativo y con la ética de los negocios, como se podrá comprobar en el siguiente apartado. Todo lo que afecta a la regulación del salario.

De hecho, estas normas internas, en lo que hace a las personas trabajadoras que presentan servicios en la cadena global de valor y la regulación del salario, suelen contener previsiones relativas a los regalos, las donaciones o los beneficios que puedan concederse u obtenerse en contra de la ética que rige los negocios, relacionadas con tratos de favor de funcionarios o de proveedores que integran la cadena de suministro. Lo que está relacionado con el salario, en cuanto que este tipo de conductas pudieran materializarse en una mejora retributiva, como se indica expresamente en las regulaciones internas de las cadenas globales de valor seleccionadas para su estudio. Estas previsiones se contienen en el Código de Conducta de Fabricantes y Proveedores de Inditex (2001), el Código de Conducta y Prácticas Responsables de Inditex (2012), el Código de Principios del Negocio y Políticas del Código de Uniliver (2020), el Código de Conducta de Airbus (2023), así como la Política de Anti-Corrupción de Appel (2018).

Asimismo, estas normas internas contienen otras previsiones dirigidas, como tendremos ocasión de comprobar, al respeto y a la mejora de los mínimos internacionales en materia de salario, que afectan a las empresas suministradoras y en ocasiones a terceras empresas.

2. La recepción de las normas internacionales: derechos humanos, trabajo decente, salario justo y diligencia debida

2.1. Comprometida con la RSC, **Inditex** ha desarrollado distintas acciones dirigidas a la fijación de estándares mínimos en la empresa y en sus proveedores que afectan a toda la cadena global de valor en consecuencia, con controles internos para garantizar el cumplimiento normativo, así como incluso con procedimientos de verificación de auditoría. Como se podrá comprobar, destaca la participación que tienen los sindicatos en estos controles internos (GARCÍA LANDABURÚ, M., 2023), como consecuencia de la firma de importantes normas convencionales de carácter internacional.

Esta política de RSC ha integrado también los objetivos de ESG, así como los principios de la diligencia debida, como puede observarse en la Política de Sostenibilidad aprobada por el Consejo de Administración el 9 de diciembre de 2015, modificada el 14 de diciembre de 2020 y actualizada el 3 de noviembre de 2022, que se refiere a la integración de las variables sociales, medioambientales, así como de salud y seguridad de producto, refiriéndose a los salarios dignos, al empoderamiento de la mujer, a la salud o a la seguridad ocupacional, así como a la seguridad en el trabajo.

Junto a ello, el Acuerdo Marco Global firmado con la Federación Sindical Internacional del Textil, la confección y la Piel en 2007, así como el Protocolo de Actuación firmado con la Federación Sindical Internacional del Textil, la Confección y la Piel en 2012, que actualmente forma parte de la Federación Sindical Internacional IndustriALL Global Union, con la que Inditex firmó un Acuerdo Marco Global en 2014, habiéndose renovado en 2019, se dirigen a la promoción de los derechos humanos y sociales fundamentales en toda la cadena de suministro. Estos textos prevén la implementación de mecanismos de intervención, de acción conjunta, de control y de seguimiento, que se materializan particularmente en la implantación del

Código de Conducta de Fabricantes y Proveedores de Inditex (2001), al que se ha hecho referencia anteriormente y que se analizará con posterioridad. También cabe destacar, por lo que se refiere al Acuerdo Marco Global suscrito con Internacional IndustriALL Global Union en 2019, la creación de un Comité Sindical Global, que facilita el control del cumplimiento normativo en todos los centros de trabajo donde se lleva a cabo la producción, incluida la cadena de suministro.

También cabe destacar otras concreciones realizadas en las normas internas de Inditex. De un lado, el Código de Conducta de Inditex se refiere a las condiciones de laborales adecuadas, refiriéndose al pago de las retribuciones. Por su parte, el Código de Conducta y Prácticas Responsables de Inditex (2012) recoge como principios básicos que toda persona física o jurídica relacionada con Inditex, con independencia de su vinculación contractual, recibirá un trato justo y digno, lo que se concreta, como veremos, en múltiples alusiones, directas o indirectas, al salario.

Por su parte, el Código de Conducta de Fabricantes y Proveedores de Inditex (2001), en lo que hace a la regulación de las condiciones de empleo y de trabajo en su cadena global de valor, alude directamente a los Convenios OIT nº 26 y nº 131, especificando ciertas garantías para la protección del salario, refiriéndose a nueve materias, que son la prohibición de trabajo forzado, la prohibición de trabajo infantil, la prohibición de discriminación, el respeto a la libertad de asociación y negociación colectiva, la prohibición de abuso o de trato inhumano, la seguridad e higiene en el trabajo, el pago del salario, las horas de trabajo no excesivas y el trabajo regular (cláusulas 1 a 9 del Código de Conducta de Fabricantes y Proveedores de Inditex, 2001). En lo que hace concretamente a la regulación del salario, existen referencias a la protección del salario en distintos apartados, como se analizará cuando se estudie el contenido de la regulación.

Para asegurar el cumplimiento normativo en la cadena global de valor, como hemos ido poniendo de manifiesto, Inditex cuenta con sistemas de seguimiento y de verificación rigurosos, que tienen como objetivo garantizar el cumplimiento y mejorar todo el proceso productivo (MORENO DÍAZ, 2021, p. 139), lo que también sucede en otras cadenas globales de valor, que también han establecido estos mecanismos de garantía, que se conectan con la diligencia debida. En particular, el Código de Conducta de Fabricantes y Proveedores de Inditex (2001) está vinculado con el Código de Conducta y Prácticas Responsables de Inditex (2012), por cuanto éste último dispone que todos los proveedores que trabajen con Inditex deben respetar los derechos humanos y laborales de todos los empleados contratados, comprometiéndose además a trasmitir los principios de Inditex a sus socios. Y el Código de Conducta de Fabricantes y Proveedores de Inditex (2001) se refiere al acceso al Comité de Ética de Inditex y al canal de denuncias, con el fin de asegurar su cumplimiento, que podrá intervenir también en el caso de que existan dudas (cláusula 14.4 del Código de Conducta de Fabricantes y Proveedores de Inditex, 2001).

Para ello, el Código de Conducta de Fabricantes y Proveedores de Inditex (2001) establece la obligación de nombrar a una persona de la Dirección de la empresa que integra la cadena global de valor de Inditex, así como dispone la obligación de los fabricantes y de los proveedores de publicitar la regulación contenida en este Código a todas las personas trabajadoras y quienes estén involucrados en la cadena de producción de Inditex (cláusula 14 del Código de Conducta de Fabricantes y Proveedores de Inditex, 2001). También existen previsiones dirigidas a facilitar el control y la supervisión del cumplimiento del Código de Conducta de Fabricantes y Proveedores de Inditex (2001), facilitando los medios y el acceso, tanto a las instalaciones como a la documentación necesaria, con el fin de asegurar dicha verificación (cláusula 14.3 del Código de Conducta de Fabricantes y Proveedores de Inditex, 2001).

Además, como cierre de estos mecanismos que garantizan el cumplimiento normativo en toda la cadena global de valor de Inditex, el Plan Estratégico para una Cadena de Suministro Estable y Sostenible de Inditex 2014-2018, que está basado en todos los estándares sociales anteriormente citados que ha asumido como empresa el grupo Inditex, revela la existencia de auditorías para asegurar el respeto de las normas internas. Entre las que destaca, por lo que interesa a este trabajo, las auditorías sociales, que se dirigen específicamente a asegurar el respeto de los derechos laborales fundamentales, comprobando el grado de cumplimiento en materia salarial, en lo que afecta a este trabajo. En este sentido, la Memoria Anual Inditex 2023 refleja, en sus páginas 346 y 347, que se realizan Auditorías Sociales de forma regular a las empresas de la cadena de suministro, examinando el grado de cumplimiento normativo respecto del salario, entre otras materias.

2.2. En lo que hace a **Uniliver**, las normas internas aluden a los Principios Rectores sobre las Empresas y los Derechos Humanos de las Naciones Unidas, que fueron adoptados en 2011 y que se refieren, por lo que respecta al cumplimiento de los derechos humanos, a los ocho Convenios fundamentales de la OIT, así como a la Carta Internacional de Derechos Humanos, que incluye la Declaración Universal de Derechos Humanos (1948), el Pacto Internacional de Derechos Civiles y Políticos (1966) y el Pacto Internacional de Derechos Económicos, Sociales y Culturales (1976). Así se extrae de la Política de Socios Responsables de Uniliver (2022).

Entre las principales políticas de Uniliver, en lo que aquí interesa destacar de la regulación de las condiciones laborales y de empleo con carácter general y más concretamente respecto del salario de las personas trabajadoras, deben destacarse las relativas a la RSC, el respeto de los derechos humanos en el trabajo, así como la equidad, la diversidad y la inclusión social mediante la participación laboral, que se conectan, como se explica a continuación, con los objetivos de ESG y con la diligencia debida.

De hecho, sus tres objetivos principales son la mejora de la salud del planeta; la mejora de la confianza, el bienestar y la salud de las personas; así como la contribución a un mundo más justo e inclusivo socialmente, según se extrae de su web. En este último objetivo, que se compone de los objetivos de igualdad, diversidad e inclusión, el aumento de los estándares de vida, la generación de oportunidades para pequeñas empresas y grupos menos representados, así como el futuro del trabajo, se menciona expresamente al salario. Concretamente, se dispone, como objetivo del aumento del estándar de vida, la garantía de un salario que permita la subsistencia.

Todo lo que se refleja en sus normas internas. De un lado, el Código de Principios del Negocio y Políticas del Código de Uniliver (2020) está compuesto por cinco grandes bloques. El primer bloque, denominado "The Code and our Standard of Conduct", se refiere al salario, tanto en relación con los empleados directos como en relación con las empresas que integran la cadena global de valor, por lo que supone la exigencia de unos mínimos aplicables a toda la cadena global de valor. El tercer bloque, dedicado a "Respecting People", contiene dos sub-bloques, "Occupational Health & Safety" y "Respect, Dignity & Fair Treatment", refiriéndose este último a la regulación del salario y a las otras condiciones de trabajo y empleo. Los otros tres bloques se denominan: "Countering Corruption", "Safeguarding Information" y "Engaging Externally".

Por otro lado, la Política de Responsabilidad de los Socios de Uniliver (2022) está basada en los siguientes principios fundamentales: Pilar 1: Integridad y Ética de los Negocios, Pilar 2: Derechos Humanos y Pilar 3: Planeta, que contienen respectivamente los principios 1 a 3, 4 a 12 y 15 a 17. Concretamente, el principio 9, denominado salario justo, forma parte del Pilar 2: Derechos Humanos.

Estas normas establecen procedimientos de revisión y de evaluación de las normas internas, mecanismos de corrección y planes de acción específicos sobre las debilidades identificadas o sospechosas, así como ciertas obligaciones de comunicación sobre los fallos encontrados. Todo lo permite la recopilación de datos, que Uniliver hace públicos en los informes anuales, que se refieren, entre otras materias, al salario.

2.3. Por lo que se refiere a **Airbus**, suscribió, como se indica en su página web y en el Código de Conducta de Proveedores de Airbus (2021), el Pacto Global de Naciones Unidas (2000) en 2003. Por lo que le resulta de aplicación, por un lado, las normas internaciones de Derechos Humanos, como son la Declaración Universal de Derechos Humanos, el Pacto Internacional de Derechos Civiles y Políticos y el Pacto Internacional de Derechos Económicos, Sociales y Culturales (1966); por otro lado, la Declaración de Principios Fundamentales de los Derechos Laborales en el Trabajo (1998), que incluye ocho Códigos de Estándares Laborales.

Además, el Código de Conducta de Proveedores de Airbus (2021), que tiene como objetivo reducir el riesgo de las operaciones que se realizan mediante las cadenas de suministros, sigue el modelo elaborado por el Foro Internacional de Conductas Empresariales Éticas (International Forum on Business Ethical Conduct, IFBEC).

Por lo que los valores y los principios reconocidos en sus normas internas se corresponden con los estándares y con las convenciones internacionales más relevantes adoptadas, recogiéndose entre ellas normas mínimas que se refieren al salario. De hecho, el Código de Conducta de Proveedores de Airbus (2021), entre sus 10 apartados distintos, se refiere expresamente, en lo que interesa a la regulación del salario en las relaciones laborales globalizadas, a los derechos humanos en su apartado 2 y a las prácticas de empleo en su apartado 3, conteniendo previsiones sobre los salarios justos y competitivos, así como sobre otros mínimos que serán analizados cuando se estudie el contenido de la regulación del salario en las cadenas globales de valor seleccionadas.

Para la implementación de los principios éticos y de los valores más esenciales, Airbus cuenta con sistemas de control interno para asegurar el cumplimiento normativo de todos los estándares adoptados de forma voluntaria y aplicables a toda la cadena global de valor, que incluyen la evaluación de los riesgos, el seguimiento de las decisiones y la resolución de conflictos, que resultan aplicables a toda la cadena global de valor de Airbus, con evaluaciones e informes de resultados de la cadena de valor anuales que se hacen públicos en su web. Todo ello se articula, entre otros, mediante el Programa de ética y de cumplimiento, el Comité de Ética, Cumplimiento y Sostenibilidad, el Sistema de Evaluación de Riesgos de la Empresa, así como el canal de denuncia interno "OpenLine" de Airbus. Aquí puede comunicarse, incluso de forma anónima, incumplimientos relacionados, en lo que aquí interesa destacar, con los derechos humanos, según lo dispuesto en la cláusula 2 y en la cláusula 10.2 del Código de Conductas de Proveedores de Airbus (2021), entre los que pueden engarzarse algunas de las garantías en materia salarial.

2.4. Como empresa multinacional, **Appel** recuerda que le resulta de aplicación la Carta Internacional de Derechos Humanos de las Naciones Unidas (que engloba a la Declaración Universal de Derechos Humanos, al Pacto Internacional de Derechos Civiles y Políticos, al Pacto Internacional Políticos de Derechos Económicos, Sociales y Culturales, junto a los Protocolos Facultativos), la Declaración de la Organización Internacional del Trabajo sobre los Principios y Derechos Fundamentales en el Trabajo (1988), así como los Principios Rectores de las Empresas y los Derechos Humanos de las Naciones Unidas (2011), según la Política de Derechos Humanos de Appel (2020), así como el Código de Conducta y de Responsabilidad para proveedores de Appel (2022).

Como las anteriores cadenas globales de valor, Appel también cuenta con mecanismos de control y seguimiento dirigidos a facilitar el cumplimiento de sus normas internas, disponiendo el obligatorio seguimiento de cursos de formación en derechos humanos tanto en aplicación de la Política de Derechos Humanos de Appel (2020), que resulta exigible a toda la cadena de valor, como en virtud del Código de Conductas en los negocios de Appel (2024), que incluye a todos los empleados a tiempo completo y a tiempo parcial de Appel, así como se extiende a las filiales. Ambos disponen los principios básicos éticos que deben respetarse. En este sentido, la empresa exige que anualmente las personas trabajadoras certifiquen su conocimiento, así como obliga a completar procesos de formación, que pueden ser más exigentes en función del nivel de responsabilidad en la empresa.

Junto a lo anterior, la Política de Derechos Humanos de Appel (2020), que resulta de aplicación a toda la cadena de valor, dispone la realización de auditorías regulares e independientes, así como canales de denuncias anónimos donde se investigan las quejas presentadas, que vienen a reforzar el cumplimiento de esta norma interna, implementado mecanismos de seguimiento, verificación y control.

Y, en la misma dirección, el Código de Conducta y de Responsabilidad para proveedores de Appel (2022), en aras a garantizar el cumplimiento en toda la cadena global de valor y teniendo en cuenta que la información salarial debe estar disponible para que Appel pueda revisarla, establece que se realizarán evaluaciones sobre el salario, revisando los registros de las personas trabajadoras, la información sobre el recibo de salario, los contratos de trabajo y la política de documentación. Todo lo que igualmente eleva las previsiones internacionales.

En definitiva, todas las cadenas globales de valor seleccionadas cuentan con normas internas que tienen como objetivo asegurar el cumplimiento de unos mínimos en todo el proceso productivo, fijando para ello los objetivos y los mecanismos concretos que tienen esa finalidad de garantizar el respeto de unas normas básicas. Estos mínimos están muy relacionados, como estos mismos textos reconocen y tendremos ocasión de comprobar en el apartado dedicado al análisis detallado de su contenido, con el respeto de las normas internacionales laborales y con los derechos humanos en lugar de trabajo, incidiendo en la regulación del salario en las relaciones laborales globalizadas, por la fuerte presencia de estas empresas en los mercados globales de empleo.

3. Los principales contenidos de la regulación del salario: suficiente, justo, pago periódico y documentación

El contenido de los mínimos en materia salarial garantizados en las cadenas globales de valor depende generalmente de si la persona trabajadora presta directamente servicios para la multinacional de cabecera o principal, o bien el contrato de trabajo se ha firmado con una empresa proveedora o suministradora de la cadena global de valor, e incluso con un proveedor que carece de vínculo directo con la multinacional de cabecera o principal.

En todo caso, las materias que se relacionan a continuación se incluyen como contenido de la regulación del salario en las normas internas de las cadenas globales de valor seleccionadas para su estudio en este capítulo, lo que acredita la capacidad que tienen las cadenas globales de valor no solo para imponer reglas aplicables a todas las empresas involucradas en el proceso productivo, sino también para incidir en la regulación del salario en la economía global.

3.1. **La garantía de la percepción de un salario mínimo que permita la subsistencia y la no discriminación:** Las cadenas globales de valor seleccionadas establecen previsiones dirigidas a garantizar que las personas trabajadoras sean tratadas de forma justa y con dignidad en el empleo, lo que generalmente se concreta en estas normas internas en la garantía de percibir un salario suficiente para la cobertura de las necesidades más básicas de las personas trabajadoras, engarzando con los derechos humanos en el lugar de trabajo para garantizar el trabajo decente, en la misma dirección que se recoge en otras cadenas globales de valor (SANGUINETI RAYMOND, 2022, p. 60). Así se extrae de la cláusula 7 del Código de Conducta de Fabricantes y Proveedores de Inditex (2001), del bloque tercero "Respecting People", sub-bloque "Respect, Dignity & Fair Treatment", del Código de Principios del Negocio y Políticas del Código de Uniliver (2020), de la cláusula 9 de la Política de Socios Responsables de Uniliver (2022), de las cláusulas 2 y 3.3 del Código de Conducta de

Proveedores de Airbus (2021), así como de la cláusula 2.1 de la sección "Wages, Benefits, and Contracts" del Código de Conducta y de Responsabilidad para proveedores de Appel (2022), que realizan distintas alusiones a esta protección mínima.

Algunas normas negociadas internacionalmente por cadenas globales de valor recogen también este relevante mínimo en materia salarial, como se deduce del Acuerdo Marco Global con la Federación Sindical Internacional IndustriALL Global Union e Inditex, renovado en 2019, que contiene el Código de Conducta de Fabricantes y Proveedores de Inditex (2001), que incorpora esta previsión, disponiendo que sea suficiente para cubrir no solo las necesidades más básicas de la persona trabajadora, sino también de su familia, lo que concuerda con los artículos 4.2.a y 10.2 del Convenio OIT nº 95 sobre la protección del salario (1949), así como con el artículo 3.a Convenio OIT nº 131 sobre la fijación de salarios mínimos (1970). Por lo que quedaron recogidas en la cláusula séptima del Código de Conducta de Fabricantes y Proveedores de Inditex (2001).

En aras a concretar más este mínimo, la Política de Socios Responsables de Uniliver (2022) dispone, como obligación de futuro, que el salario para subsistir se referirá a las horas normales de trabajo en su cláusula 9.13, lo que permitirá asegurar este mínimo para la cobertura de las necesidades para todas las personas trabajadoras de la cadena global de valor, sin perjuicio de que puedan percibir retribuciones superiores por las horas extraordinarias que realicen. De hecho, como obligación actual, se recoge el pago de las horas extraordinarias en la cláusula 9.6.

Algunas normas aplicables a las cadenas globales de valor seleccionadas hacen referencia además a que este salario debe para proporcionar unos ingresos discrecionales, elevando de esta forma la garantía de la percepción de un salario mínimo justo. Así se extrae de la cláusula quinta del Código de la Ethical Trading Initiative (ETI), al que está adherido Inditex, denominada salarios dignos.

En esta dirección, algunas cadenas globales de valor concretan con mayor detalle el objetivo del salario más allá de la cobertura de las necesidades básicas de la persona trabajadora y en su caso de su familia. Así la política retributiva de Inditex, según su página web, recoge que la definición del salario se basa en la retribución variable, vinculada a los resultados de la persona trabajadora en la compañía, con el objetivo de reconocer su aportación a los resultados de la empresa.

Asimismo, las cadenas globales de valor seleccionadas en este estudio hacen referencia también a la no discriminación laboral con carácter general y específicamente en materia retributiva, lo que guarda relación con las importantes normas internacionales adoptadas para la corrección de esta práctica contraria al derecho, que incide de forma negativa particularmente, entre otros grupos sociales, en las mujeres (artículo 2 del Convenio OIT nº 100 sobre igualdad de remuneración, 1951; Convenio OIT nº 111 contra la discriminación, empleo y ocupación, 1958).

Así se recoge en la cláusula 3 del Código de Conducta de Fabricantes y Proveedores de Inditex (2001), en la cláusula 5 de la Política de Socios Responsables de Uniliver (2022), así como en la sección "Antidiscrimination" del Código de Conducta y de Responsabilidad para proveedores de Appel (2022), que se refieren a distintos factores de diferenciación y efectúan distintas alusiones a la igualdad de trato respecto del acceso, de las condiciones de trabajo como son la remuneración, del mantenimiento en el empleo o de la progresión profesional. O de una forma más general del bloque tercero "Respecting People", sub-bloque "Respect, Dignity & Fair Treatment" del Código de Principios del Negocio y Políticas del Código de Uniliver (2020), así como de las cláusulas 2 y 3.2 del Código de Conducta de Proveedores de Airbus (2021).

3.2. **La fijación del salario justo: los conceptos incluidos y el respeto a las normas sectoriales legales/convencionales**. Las cadenas globales de valor seleccionadas suelen disponer, en relación con la garantía de percibir este salario mínimo, que su fijación se realizará atendiendo al mínimo dispuesto legal o convencionalmente, lo que supone la adopción de importantes previsiones frente a las disposiciones más generales internacionales, que se refieren con carácter general al respeto de las normas legales o de los acuerdos colectivos (artículo 1 del Convenio OIT nº 95 sobre la protección del salario, 1949; artículo 3 del Convenio OIT nº 52 sobre las vacaciones pagadas, 1936; artículo 7 del Convenio OIT nº 132 sobre las vacaciones pagadas, revisado, 1970).

Así se extrae del Acuerdo Marco Global con la Federación Sindical Internacional IndustriALL Global Union e Inditex, renovado en 2019, que contiene el Código de Conducta de Fabricantes y Proveedores de Inditex (2001), que se refiere a la fijación del salario según la función desempeñada por la persona trabajadora, con respeto a los convenios colectivos aplicables en cada país (artículo 7 del Código de Conducta de Fabricantes y Proveedores de Inditex, 2001). Igual previsión se contiene en otras normas de la Inditex, como el Código de Conducta de Inditex y Código de Conducta y Prácticas Responsables de Inditex (2012). También en el bloque tercero "Respecting People", sub-bloque "Respect, Dignity & Fair Treatment", del Código de Principios del Negocio y Políticas del Código de Uniliver (2020), que resulta de aplicación a toda la cadena de valor, que se refiere al respeto del mínimo legal y el mínimo del sector en el que opera, velando porque se apliquen y se respeten las condiciones de remuneración dispuestas en los convenios colectivos jurídicamente vinculantes. O en la cláusula 3.3 del Código de Conductas de Proveedores de Airbus (2021), que se refiere a las prácticas laborales aplicables a toda la cadena global de valor, disponiendo que los proveedores deberán pagar como mínimo la compensación requerida por las leyes locales y todos los beneficios asociados a esta compensación por la realización de la prestación de servicios, que debe regularse por las horas que trabajen, debiendo añadirse las horas extraordinarias, que se abonarán a la cantidad dispuesta legalmente o al equivalente con la hora ordinaria.

De estas referencias, puede extraerse que las normas internas de las cadenas globales de valor recepcionan el principio de territorialidad normativa, vinculando la regulación del salario a la norma local de aplicación. Lo que debe entenderse como una importante garantía de protección del salario de las relaciones laborales que se realizan en el marco de las cadenas globales de valor.

En otro orden de ideas, cabe destacar que las cadenas globales de valor concretan los distintos conceptos salariales vinculados al desarrollo de la prestación de servicios de la persona trabajadora, refiriéndose incluso al pago de las horas extraordinarias. En algunos casos, estas referencias son directas, como ocurre en el caso de la política retributiva de Inditex, que alude expresamente al abono de las horas extraordinarias. Así el Código de Conducta y Prácticas Responsables de Inditex (2012) dispone el derecho de las personas trabajadoras a que las horas extraordinarias se abonen en atención a lo que la legislación nacional ordene. Lo que supone una importante garantía del pago de las horas adicionales que la persona trabajadora realice en la empresa. Por su parte, el Acuerdo Marco Global con la Federación Sindical Internacional IndustriALL Global Union e Inditex, renovado en 2019, que contiene el Código de Conducta de Fabricantes y Proveedores de Inditex (2001), por lo que respecta al apartado dedicado a las horas de trabajo no excesivas, ordena que deben liquidarse en cuantía superior a la hora normal, de conformidad con lo establecido en la legislación vigente (artículo 8 del Código de Conducta de Fabricantes y Proveedores de Inditex, 2001). Lo que supone una importante mejora, especialmente para los casos en los que esta cuestión no haya sido regulada, frente a la ausencia de referencias expresas incluso de carácter internacional.

Igualmente, la Política de Socios Responsables de Uniliver (2022) realiza importantes concreciones, estableciendo que todas las personas trabajadoras recibirán una compensación que incluirá las horas ordinarias, las horas extraordinarias, los beneficios y los permisos retribuidos que cumplan o que superen el mínimo del estándar legal o de los estándares prevalecientes en el sector, correspondiendo siempre la cantidad económica que sea superior, siendo también de aplicación las condiciones de compensación establecidas por la negociación colectiva vinculante y los acuerdos que se alcancen, según las cláusulas 9.1, 9.4, 9.5, 9.6, y 9.9. Todo lo que supone importantes previsiones que mejoran las normas internacionales, por las alusiones que contiene sobre el pago de las horas extras, el respeto de las disposiciones sectoriales y la aplicación del principio de norma más favorable. En la Política de Responsabilidad de los Socios de Uniliver (2022) existen incluso referencias expresas al contenido de los seguros para la cobertura de los accidentes, las enfermedades, las lesiones, las incapacidades y el fallecimiento de las personas trabajadoras, contenidas en la cláusula 9.9. A ello se suma además, como antes se indicó, que la Política de Responsabilidad de los Socios de Uniliver (2022) establece, como obligación de futuro, que el salario para subsistir se determinará en función de las horas normales de trabajo en la cláusula 9.13.

Por su parte, el Código de Conducta y de Responsabilidad para proveedores de Appel (2022) dispone que los proveedores deberán pagar al menos el salario mínimo por las horas de trabajo ordinarias, así como deberán proporcionar cualquier tipo de beneficio asociado a la prestación de servicios, que se incluye en el concepto más amplio de retribución, según se determine en ambos casos legalmente, en la regulación o por contrato de trabajo, de acuerdo con las cláusulas 2.1 y 2.3 de la sección "Wages, Benefits, and Contracts". Para ello, debe tenerse en cuenta la previsión de que el salario base garantizado se corresponda como mínimo con la clasificación profesional donde se inserte la persona trabajadora, incluyendo solo las horas ordinarias de trabajo. Asimismo, establece que deberá compensarse a las personas trabajadoras por las horas extraordinarias de conformidad con lo dispuesto en la ley, en la regulación o en el contrato de trabajo, teniendo para ello en cuenta lo previsto en la clasificación profesional, según la cláusula 2.2 de la sección "Wages, Benefits, and Contracts". A estos efectos, añade una importante previsión, por la que se garantiza que la hora extraordinaria será pagada como mínimo al 125% del salario base, si no existe previsión, de acuerdo con la cláusula 2.2 de la sección "Wages, Benefits, and Contracts". Lo que eleva las normas internacionales reguladoras del salario.

Algunas cadenas globales de valor también han adoptado previsiones en sus normas internas que tratan de evitar que las personas trabajadoras asuman gastos relacionados con la prestación de servicios. En este sentido, el Código de Conductas de Proveedores de Airbus (2021) dispone que las empresas no imputarán a las personas trabajadoras los gastos derivados de la selección, ni de forma directa, ni tampoco de forma indirecta, en la cláusula 2.2.

Por su parte, el Código de Conducta y de Responsabilidad para proveedores de Appel (2022) establece ciertas previsiones dirigidas a evitar la merma del salario, que elevan igualmente los estándares internacionales. En este sentido, impide que sean cargadas a las personas trabajadoras los costes por la ejecución de la prestación de servicios, como son los equipos de protección personal, los uniformes de trabajo salvo aquellos que no puedan devolverse, así como los auriculares y las fundas de almohadillas de espuma reemplazables, en las cláusulas 2.9 y 2.10 de la sección "Wages, Benefits, and Contracts". Del mismo modo, establece algunas previsiones sobre las condiciones de trabajo y de vida de la persona trabajadoras en la sección "Dormitories and Dining", disponiendo que los proveedores deben proporcionar a las personas trabajadoras, con razonable accesibilidad y limpieza, servicios y agua potable. También que las condiciones de comedor, preparación de la comida y almacenamiento deben ser higiénicas. Y que los dormitorios proporcionados a las personas trabajadoras por los proveedores y por cualquier tercera parte deben ser limpios, seguros y razonables para vivir. Por citar algunos ejemplos de las previsiones importantes.

Estas disposiciones se dirigen a garantizar que la persona trabajadora recibirá una cantidad determinada por la prestación de servicios realizada, evitando el pago en especie, lo que especialmente puede preocupar en el caso de las relaciones laborales globalizadas, cuando la empresa se hace cargo del alojamiento de la persona trabajadora desplazada, o bien provisiona este alojamiento por localizarse la sede de la empresa en un lugar de difícil acceso. Todo lo que se corresponde con las previsiones internacionales que limitan el pago mediante artículos de la propia empresa (artículos 3.1, 4 y 7 del Convenio OIT nº 95, entre otros).

3.3. **Las retenciones y las deducciones del salario fijado.** Las cadenas globales de valor seleccionadas se refieren a que la empresa no podrá retener o deducir el salario como medida disciplinaria, ni por causa distinta a la dispuesta en la legislación sin autorización por parte de la persona trabajadora, lo que guarda correspondencia con la regla general dispuesta en los artículos 1 a 3 de la Recomendación OIT nº 85 sobre la protección del salario (1949) de limitar los descuentos del salario, con el fin de garantizar la manutención de la persona trabajadora y de su familia. Así se extrae de la cláusula 3.3 del Código de Conductas de Proveedores de Airbus (2021).

Igualmente, esta previsión se encuentra en las normas internas de Inditex, Uniliver y Appel. Concretamente, se refleja en el Acuerdo Marco Global con la Federación Sindical Internacional IndustriALL Global Union e Inditex, renovado en 2019, así como en la cláusula 7 del Código de Conducta de Fabricantes y Proveedores de Inditex (2001). También en la cláusula 5.3 de Código de la Ethical Trading Initiative (ETI), al que se encuentra adherido Inditex. Igualmente, se recoge en el del bloque tercero "Respecting People", sub-bloque "Respect, Dignity & Fair Treatment", del Código de Principios del Negocio y Políticas del Código de Uniliver (2020) y en la cláusula 9.7 de la Política de Socios Responsables de Uniliver (2022). También en la cláusula 2.7 de la sección "Wages, Benefits, and Contracts" y en la cláusula 1.3 de la sección "Freedom of Association and Collective Bargaining" del Código de Conducta y de Responsabilidad para proveedores de Appel (2022). Todas estas regulaciones permiten tan solo las deducciones legales que sean necesarias en atención a la legislación, requiriendo el consentimiento por escrito de la persona trabajadora fuera los descuentos anteriormente mencionados, lo que supone una relevante garantía de cumplimiento legal de las obligaciones frente a terceros, que guarda correspondencia con las previsiones internacionales de permitir los descuentos únicamente de acuerdo con las condiciones y según los límites establecidos por la legislación nacional, los convenios colectivos y los laudos arbitrales, así como de reflejar estos descuentos en la forma especificada por la autoridad competente (artículo 8 del Convenio OIT nº 95 sobre la protección del salario, 1949).

En algunos casos, las cadenas globales de valor incluso establecen previsiones para evitar los descuentos en el salario causados por el comportamiento de las personas trabajadoras. En este sentido, la cláusula 2.2. del Código de Conductas de Proveedores de Airbus (2021) establece el derecho a terminar el empleo sin penalización, siempre que exista un preaviso razonable por parte de la persona trabajadora, lo que engarza con el derecho al salario debido. Igualmente, el Código de Conducta y de Responsabilidad para proveedores de Appel (2022) establece que las cadenas de suministros deberán asegurase de que las personas trabajadoras terminan libremente su prestación de servicios en la cláusula 2.14 de la sección "Wages, Benefits, and Contracts".

3.4. **El pago íntegro, puntal y periódico del salario estipulado**. La regulación interna de las cadenas globales de valor seleccionadas también suele aludir al abono del salario, añadiendo importantes previsiones sobre su pago íntegro, puntual y periódico. Así, en lo que hace al abono íntegro de las cantidades comprometidas con la firma del contrato de trabajo o debidas de acuerdo con la legislación o las normas convencionales aplicables, la cláusula 9.3 de la Política de Socios Responsables de Uniliver (2022) dispone que se proporcionará a los empleados el total de la remuneración fijada.

Por lo que se refiere al puntual del salario, el Acuerdo Marco Global con la Federación Sindical Internacional IndustriALL Global Union e Inditex, renovado en 2019, que recoge el Código de Conducta de Fabricantes y Proveedores de Inditex (2001), ordena que el salario o demás prestaciones o beneficios se liquide en el tiempo y en la forma dispuesta en la legislación aplicable, debiendo realizarse los pagos de la manera que sea más conveniente para las personas trabajadoras (cláusula 7 del Código de Conducta de Fabricantes y Proveedores de Inditex, 2001). Por su parte, la Política de Socios Responsables de Uniliver (2022) ordena que los salarios deben pagarse a tiempo en la cláusula 9.3.

En lo que hace al pago periódico del salario, algunas normas aplicables a las cadenas globales de valor, que recepcionan esta garantía, concretan incluso más los plazos. Así la cláusula 5.1 del Código de la Ethical Trading Initiative (ETI), al que se encuentra adherido Inditex, dispone que los salarios y los beneficios pagados por una semana laboral cumplen con los estándares. Lo que supone una importante previsión respecto de otras regulaciones más generales, que se acerca a las garantías del artículo 4 de la Recomendación OIT nº 85 sobre la protección del salario (1949).

Por su parte, la Política de Socios Responsables de Uniliver (2022) concreta aún más este tiempo razonable, haciendo alusión a que las personas tendrán derecho a una compensación por el estándar de la semana de trabajo y al pago regular en las cláusulas 9.1 y 9.3 respectivamente, acercándose con ello también a las previsiones establecidas en el artículo 4 de la Recomendación OIT nº 85 sobre la protección del salario (1949).

También el Código de Conductas de Proveedores de Airbus (2021) alude al pago de las facturas válidas y no discutidas en el tiempo previsto en los acuerdos o en las leyes aplicables, disponiendo que se espera que los proveedores sean justos y razonables en sus prácticas de pago. Esta previsión no se encuentra en la cláusula 3 ("Employment Practices"), sino en la cláusula 8

("Global trade and export control"), apartado 6, sin que sea en consecuencia una garantía directa del pago del salario.

En la misma dirección, el Código de Conducta y de Responsabilidad para proveedores de Appel (2022) también prevé la obligación del pago periódico a todas las personas trabajadoras en la cláusula 2.11 de la sección "Wages, Benefits, and Contracts", disponiendo que se realizará de acuerdo con lo previsto en la ley o en la regulación, o en su defecto, en el plazo máximo de 30 días desde que se efectuase la prestación de servicios. Lo que supone igualmente una importante concreción que se acerca a las previsiones internacionales dispuestas en el artículo 4 de la Recomendación OIT nº 85 sobre la protección del salario (1949).

3.5. **Las obligaciones mínimas de documentación y de registro del salario**. Las cadenas globales de valor seleccionadas recogen la obligación de documentar el pago del salario, añadiendo importantes previsiones sobre su entrega por escrito y en un lenguaje sencillo, que mejoran la escueta regulación de la documentación del salario prevista en las normas internacionales (artículo 14 del Convenio OIT nº 95 sobre la protección del salario, 1949; artículos 6 y 7 de la Recomendación OIT nº 85 sobre la protección del salario, 1949; artículo 7 de la Recomendación OIT nº 135 sobre la fijación de salarios mínimos,1970).

Así, el Acuerdo Marco Global con la Federación Sindical Internacional IndustriALL Global Union e Inditex, renovado en 2019, que contiene el Código de Conducta de Fabricantes y Proveedores de Inditex (2001), recoge la obligación de proporcionar a las personas trabajadoras información por escrito, que sea comprensible, sobre todas sus condiciones de empleo respecto de los salarios antes de comenzar a trabajar y sobre las particularidades del salario en el período en el que se liquiden y sean pagados (cláusula 7 del Código de Conducta de Fabricantes y Proveedores de Inditex, 2001). Iguales previsiones se recogen en la cláusula 5.2 del Código de la Ethical Trading Initiative (ETI), al que Inditex está adherido.

Por su parte, la Política de Socios Responsables de Uniliver (2022), en la cláusula 9, establece algunas recomendaciones en materia de salarios justos, como el derecho de las personas trabajadoras a recibir la documentación del salario por escrito, identificando todos los componentes, lo que incluye el importe exacto del salario, de los beneficios, de los incentivos y de los bonos y de cualquier tipo de deducción. También contiene previsiones específicas dirigidas a la transparencia en materia salarial, a la implementación de procesos para hacer más comprensibles las obligaciones empresariales en materia retributiva, así como al almacenamiento de la información acreditativa del cumplimiento de las obligaciones empresariales en las cláusulas 9.4, 9.10 y 9.12. Lo que incrementa también los estándares de las normas internacionales dirigidas a la regulación de las relaciones laborales globalizadas (artículo 7 de la Recomendación OIT n° 85 sobre la protección del salario, 1949).

En el mismo sentido, el Código de Conductas de Proveedores de Airbus (2021) se refiere a la entrega del contrato de trabajo, por escrito y en un lenguaje que la persona trabajadora comprenda con claridad, con la inclusión de los derechos y las responsabilidades respecto del salario, las horas de trabajo, los beneficios por la realización de la prestación de servicios u otras condiciones de empleo y de trabajo en su cláusula 2.2. También a la creación, el registro y el almacenamiento de la información comercial de las empresas que integran la cadena de suministro en la cláusula 9.

En otro orden de ideas, el Código de Conducta y de Responsabilidad para proveedores de Appel (2022) obliga a que los proveedores cuenten con una política retributiva por escrito, así como establece ciertas obligaciones de documentación, comunicación, registro y control relativa al salario, que vienen a garantizar el cumplimiento de unos mínimos en toda la cadena global de valor, elevando igualmente los estándares internacionales. A estos efectos, ordena que el contrato de trabajo, que debe realizase en un lenguaje comprensible, incluya el salario por las horas ordinarias de trabajo, así como la descripción y una estimación cuantitativa de cada concepto que será deducido del salario en la cláusula 2.12 de la sección "Wages, Benefits, and Contracts", lo que deberá corresponderse con los pagos efectuados a la persona trabajadora por la realización de la prestación de servicios. Asimismo, impone la comunicación de la estructura del salario a la persona trabajadora, incluyendo la información relativa al número de horas ordinarias y extraordinarias trabajadas, el valor de estos conceptos y de las vacaciones, el importe de los beneficios abonados, así como las deducciones realizadas en la cláusula 3.3 de la sección "Wages, Benefits, and Contracts". Igualmente, prevé de forma expresa que toda la documentación relativa al recibo de salario, las jornadas y los informes debe estar disponible, completa, detallada y actualizada en la cláusula 3.4 de la sección "Wages, Benefits, and Contracts". También impone la obligación de formar a las personas trabajadoras y a los mandos intermedios respecto de los salarios, los beneficios y las otras condiciones laborales en la cláusula 3.2 de la sección "Wages, Benefits, and Contracts". Incluso establece previsiones relativas a las obligaciones salariales para terceros que contraten con la cadena global de valor en la sección "Third Party Employment Agencies".

Por lo que, puede concluirse, en definitiva, que todas las cadenas globales de valor examinadas se han sumado a las nuevas políticas de RSC y de diligencia debida, estableciendo mecanismos de control para asegurar que las normas mínimas adoptadas en la cadena global de valor, en lo que aquí interesa destacar, en materia salarial, se cumplen. Asimismo, todas ellas han adoptado normas internas que reproducen las principales garantías dispuestas en las normas internacionales sobre el salario que fueron analizadas en el capítulo 1, mejorando en algunos casos incluso los estándares internacionales fijados para la regulación del salario en las relaciones laborales globalizadas.

IV. CONCLUSIONES SOBRE LA REGULACIÓN SALARIAL MÁS COMÚN EN LAS CADENAS GLOBALES DE VALOR

El análisis efectuado en el presente capítulo avala la importancia que tienen las cadenas de valor como forma de asegurar un mínimo de protección sobre el salario de las personas trabajadoras en las relaciones laborales globalizadas, que viene determinado principalmente por la propia regulación interna de las cadenas globales de valor, presentando esta regulación las siguientes características, según se concluye del estudio realizado en el presente capítulo:

1. Las disposiciones de la OIT como marco de referencia para la regulación interna del salario, así como su convivencia con otras normas

Las cadenas globales de valor fijan estándares de cumplimiento interno normativo que afectan a todas las empresas colaboradoras mediante Códigos de aplicación directa, elaborados generalmente de manera unilateral por la empresa principal de la cadena global de valor, que normalmente son distintos para la multinacional de cabecera y las empresas colaboradoras (proveedores y/o suministradores), aunque también puedan adoptar el mismo Código de RSC para todas las empresas que integran la cadena global de valor. En algunas ocasiones, estas normas internas se aplican incluso a terceros que mantienen relaciones comerciales con las empresas colaboradoras.

Estos Códigos de aplicación directa, como regulación de *soft-law* que únicamente podrán impugnarse en los términos previstos en el territorio donde se exigen y tienen reconocidos eficacia normativa, contienen importantes mecanismos de control interno para garantizar su cumplimiento normativo en toda la cadena global de valor.

Para la regulación de los estándares mínimos, estos Códigos de aplicación directa se basan en las disposiciones contenidas en los Convenios y en las Recomendaciones de la OIT, que se replican en muchas normas internacionales que regulan el buen gobierno de las empresas, como se analizó en el capítulo 1 y se ha podido comprobar en el presente capítulo. También la regulación interna de las cadenas globales de valor se basa, aunque en menor medida, en los acuerdos o en los pactos alcanzados con los sindicatos de manera bilateral a nivel global.

2. La diligencia debida, la RSC y la sostenibilidad ambiental como ejes de la regulación del salario en las relaciones laborales globalizadas

El origen de esta regulación interna de las cadenas globales de valor se encuentra en la necesidad de establecer controles internos para garantizar el cumplimiento de unas normas mínimas aplicables a toda la cadena global de valor. Lo que les reporta un beneficio reputacional a todas las empresas que participan en el proceso productivo, especialmente a la empresa principal. Al mismo tiempo que tiene como objetivo la prevención de riesgos que puedan dañar la imagen de la empresa.

Por lo que la regulación interna de las cadenas globales de valor ha ido engarzando en su evolución normativa con la RSC, la diligencia debida y la sostenibilidad medioambiental. Todo lo que ha promovido la expansión de la regulación interna de las cadenas globales de valor, quedando vinculadas a los mecanismos de prevención de los delitos, a la ética de los negocios o al compromiso de las empresas con el entorno social del espacio donde desarrollan su actividad. En este marco, se fijan importantes mínimos en las obligaciones empresariales relativas al salario de las personas trabajadoras, entre otras materias concernientes a las condiciones laborales, sobre todo para aquellos países que no han integrado las normas internacionales en sus legislaciones o en sus convenios colectivos.

3. Las asimetrías en la regulación del salario en las relaciones laborales globalizadas

Cada cadena global de valor elige aquellos estándares directamente aplicables a todo su proceso productivo, sin perjuicio de la obligación de aplicar en cada territorio las normas o los convenios colectivos. Por lo que existen importantes diferencias entre las cadenas globales de valor analizadas, lo que igualmente sucedería en el caso de que sea analizaran otras del mismo o de diferentes sectores.

Esto responde a la heterogeneidad normativa interna y externa inherente a esta nueva forma de organización empresarial, que se ha señalado al inicio de este trabajo y a la investigación previa realizada antes de seleccionar a las cuatro cadenas globales de valor estudiadas en este capítulo.

Esta heterogeneidad reguladora se produce por una diversidad de factores: experiencias previas, sector productivo y presencia global. Por lo que cada cadena global de valor, en atención a sus propios objetivos y compromisos con el entorno, tiene la capacidad de decidir sobre la inclusión de más o menos previsiones, sin perjuicio de que sean aplicables otras normas, en atención al territorio donde operen, de carácter internacional o nacional. Puesto que estas normas internas de las cadenas globales de valor son únicamente unos mínimos que deben garantizarse.

En todo caso, el análisis revela la importancia de garantizar estos mínimos con independencia del país donde operan, puesto que esto permite aplicar las garantías internacionales generalmente establecidas, aunque no se haya producido su ratificación o su incorporación al ordenamiento nacional. Además, los mecanismos de seguimiento, de evaluación interna y en ocasiones también de evaluación externa, así como las obligaciones de publicar en abierto ciertos resultados permiten asegurar que las cadenas globales de valor, como se ha podido constatar en este capítulo, tienen una gran capacidad para incidir en la regulación del salario en las relaciones globales globalizadas.

4. El salario mínimo suficiente, justo, periódico y documentado como contenidos más frecuentes

Pese a la diversidad reguladora que cabe deducir de la existencia de normas internas distintas creadas por cada cadena de valor en atención a sus propias realidades, las cadenas globales de valor suelen referirse expresamente a las siguientes cuestiones, que resultan de aplicación directa generalmente a las relaciones laborales globalizadas, como se ha podido comprobar. Primero, la garantía de que las personas trabajadoras percibirán un salario mínimo justo que sea suficiente para la cobertura de sus necesidades más esenciales por el desarrollo de su prestación de servicio. Tan solo algunas de las regulaciones internas de las cadenas globales de valor analizadas se refieren, como hemos podido comprobar en el presente capítulo, a que esta suficiencia retributiva cubra también las necesidades de las familias de las personas trabajadoras, en consonancia con lo dispuesto en los artículos 4.2.a y 10.2 del Convenio OIT nº 95 sobre la protección del salario (1949), así como en el artículo 3.a Convenio OIT nº 131 sobre la fijación de salarios mínimos (1970).

Igualmente, el derecho a la no discriminación laboral por razón de sexo y de género reconocido internacionalmente ha sido también recepcionado en las normas internas de las cadenas globales de valor relativas a los sistemas de fijación del salario. De hecho, la regulación interna de muchas cadenas globales de valor contiene referencias expresas a la igualdad de trato entre mujeres y hombres en el ámbito laboral, especialmente en lo que hace a la retribución, así como controles específicos para garantizar la efectividad de la igualdad retributiva.

Segundo, el establecimiento de un sistema de fijación del salario justo, que sea respetuoso con las normas locales de aplicación, ya sean de carácter legal o convencional (artículo 1 del Convenio OIT nº 95 sobre la protección del salario, 1949; artículo 3 del Convenio OIT nº 52 sobre las vacaciones pagadas, 1936; artículo 7 del Convenio OIT nº 132 sobre las vacaciones pagadas, revisado, 1970). Tan solo en algunos casos se detallan los conceptos salariales, como son el abono de las horas extraordinarias o de otros complementos retributivos.

Tercero, la obligación de garantizar que la persona trabajadora recibirá una cantidad determinada por la prestación de servicios, sin perjuicio de la existencia de pagos en especie, lo que puede incluir el abono de parte de la retribución mediante productos de la empresa, aunque existan ciertas limitaciones a su pago a través de artículos de la propia empresa en la regulación internacional del salario, como se dispone en los artículos 3.1, 4 y 7 del Convenio OIT nº 95, entre otros. En este sentido, las cadenas globales de valor suelen aludir a que los únicos descuentos serán aquellos relacionados con los impuestos o con las cotizaciones por seguros obligatorios conforme a la ley, en consonancia con las previsiones internacionales, como ordena el artículo 8 del Convenio OIT nº 95 sobre la protección del salario, 1949. Todo lo que viene a garantizar la obligación de que la persona trabajadora recibirá una cantidad determinada por el desarrollo de la prestación de servicios.

Esta obligación de garantizar el salario acordado con la persona trabajadora impone que los pagos sean íntegros, puntales y periódicos, concretando en algunos casos las normas internas de las cadenas globales de valor seleccionadas para el estudio, en la misma dirección que el artículo 4 de la Recomendación OIT nº 85 sobre la protección del salario (1949), su pago mensual.

Cuarto, la obligación de documentación del salario, que se concreta en el derecho de la persona trabajadora a recibir por escrito la retribución que percibirá a cambio de la actividad que realice antes del inicio de la relación laboral, lo que suele incluso comprender, como derecho a la información básica de la prestación de servicios, la recepción por escrito también de la cantidad periódica percibida a cambio de la actividad realizada, con el desglose correspondiente de las distintas partidas retributiva: salario base, complementos retributivos, premios, entre otras (artículo 14 del Convenio OIT nº 95 sobre la protección del salario, 1949; artículo 6 y de la Recomendación OIT nº 85 sobre la protección del salario, 1949; artículo 7 de la Recomendación OIT nº 135 sobre la fijación de salarios mínimos,1970).

La regulación interna de las cadenas globales de valor contiene múltiples referencias a que la información debe proporcionarse en un lenguaje claro y sencillo, que sea comprensible para la persona trabajadora, siendo esencial la garantía de su correspondencia con su idioma, en aras a facilitar esta comprensión.

El respeto de los derechos fundamentales más esenciales, e incluso de los derechos humanos vinculados con la prestación de servicios, imponen la existencia de controles de cumplimiento de estas normas internas en toda la cadena global de valor, que aseguren la observancia de los valores y de las reglas dispuestas en la empresa principal, con normas de conductas dirigida a las personas trabajadoras, que también guardan relación con el salario de las personas trabajadoras.

Por lo que, en definitiva, la regulación más común es la garantía de un salario mínimo justo, de su pago periódico y de su documentación, contribuyendo todo el contenido de las normas internas de las cadenas globales de valor analizadas a la consecución de estos objetivos.

Toda esta regulación interna debe repercutir en la fijación del salario de las personas trabajadoras de la empresa principal o de cabecera y sus empresas y proveedoras suministradoras, por cuanto las empresas que integran esta cadena global de valor deben considerar la regulación adoptada para la fijación del salario de las personas trabajadoras. Lo que tiene la capacidad de impactar en las normas internas de otras empresas multinacionales del mismo sector o de otros sectores, incidiendo en la regulación del salario de las relaciones laborales globalizadas, como se ha podido deducir del estudio realizado en este capítulo.

Bibliografía

ALMENDROS GONZÁLEZ, M.A.: "Nuevas tecnologías y derechos digitales laborales en la negociación colectiva", *Trabajo y derecho: nueva revista de actualidad y relaciones laborales,* núm. 84, 2021.

ALONSO ÁLVAREZ, D.: "La directiva 2022/2041 sobre salarios mínimos adecuados en la Unión europea", *Revista del Ministerio de Trabajo y Economía Social,* nº 151, 2021.

BASTERRA HERNÁNDEZ, M.: "El contrato de trabajo en un contexto internacional: ley aplicable, desplazamiento temporal y orden público", Revista española de derecho del trabajo, nº 222, 2019, pp. 173-208.

BAYLOS GRAU, A.P.: "Códigos de conducta y acuerdos-marco de empresas globales: apuntes sobre su exigibilidad jurídica", *Lan Harremanak: Revista de relaciones laborales,* nº 12, 2005, pp. 103-138.

BAZ TEJEDOR, J.: "La expresión jurídica del trabajo en las cadenas globales de valor: la proyección europea", *Trabajo y derecho: nueva revista de actualidad y relaciones laborales,* nº 16 (extra), 2022.

BONET BAIGET, A.: "Auge y transformación de las cadenas globales de valor", *Economistas,* nº 166, 2020, pp. 122-128.

BORRA MARCOS, C.: "Insiders y outsiders: la calidad del empleo tras un periodo de desempleo", Universidad de Sevilla, 2018.

CAMPS RUIZ, L.M.: "La protección de los salarios en la historia de la OIT", Revista del Ministerio de Trabajo y Economía Social, nº 147, 2020, pp. 249-278.

CARRASCOSA BERMEJO, D Y CONTRERAS HERNÁNDEZ, O. *Desplazamiento intracomunitario de trabajadores desde y hacia España. Hechos y Cifras,* 2022.

CARRASCOSA GONZÁLEZ, J.: "El contrato internacional de trabajo y la ley del país de ejecución de la prestación laboral en el derecho internacional privado de la Unión Europea", *Revista Justicia & Trabajo,* nº 2, 2023, pp. 61-88.

CARRILLO POZO, F.L.: "La ley aplicable al contrato de trabajo plurilocalizado: el Reglamento Roma I", *Revista del Ministerio de Empleo y Seguridad Social: Revista del Ministerio de Trabajo, Migraciones y Seguridad Social,* nº 132, 2017, pp. 129-162.

CAVAS MARTÍNEZ, F. "El convenio colectivo aplicable a las empresas multiservicios" en López Balaguer, M. Descentralización productiva y transformación del derecho del trabajo, Tirant lo Blanch, 2018.

COLOMER BLASCO, T. "La política salarial en la movilidad internacional: la experiencia de BBVA", *Capital Humano,* 2001, núm. 146.

COMISIÓN EUROPEA. *Guía práctica sobre trabajadores desplazados,* 2019.

CONTRERAS HERNÁNDEZ, O. "Desplazamiento de trabajadores y la revisión del marco legal europeo: ¿el principio del fin del dumping social y la competencia desleal?" *Revista de Derecho Comunitario Europeo,* núm. 69, 2021.

CRUZ VILLALÓN, J.: "Las transformaciones de las relaciones laborales ante la digitalización de la economía", *Temas laborales: Revista andaluza de trabajo y bienestar social,* nº 138, 2017, pp. 13-47.

CRUZ VILLALÓN, J.: "Oportunidades y desafíos de los Derechos Fundamentales Laborales en las Relaciones Laborales", *Revista Internacional y Comparada de Relaciones Laborales y Derecho del Empleo,* vol. 4, nº 4, 2016, pp. 37-81.

CUATRECASAS. *Condiciones laborales aplicables a los trabajadores desplazados a España en el marco de una prestación transnacional de servicios,* Legal Flash Laboral, 2021.

CUEVAS, H.; PALOMEQUE, E. y SANTA CRUZ, B.: "Publicación de los riesgos ESG bajo el pilar 3. Primera información de las entidades bancarias españolas y otras europeas", *Estabilidad financiera,* nº 45, 2023, pp. 77-100.

DURÁN AYAGO, A.: "Desde la Propuesta de Directiva de diligencia debida en materia de sostenibilidad empresarial hasta su concreción en el espacio judicial europeo", *Trabajo y derecho: nueva revista de actualidad y relaciones laborales,* nº 91-92, 2022, pp.

ESTEVE SEGARRA, A., *Externalización laboral en empresas multiservicios y redes de empresas de servicios auxiliares,* Valencia, Tirant lo Blanch, 2016.

F. DE WISPELAERE, L. DE SMEDT, J. PACOLET, Posting of workers. Report on A1 Portable Documents issued in 2019, European Commission, 2021.

FERNÁNDEZ MÁRQUEZ, O.: "Salarios mínimos adecuados en la Unión Europea. Notas para una aproximación crítica a la Directiva 2022/2041, del Parlamento Europeo y del Consejo, de 19 de octubre", *Revista Española de Derecho del Trabajo,* nº 262, 2023.

FERNÁNDEZ MARTÍNEZ, S.: "Las líneas directrices de la OCDE para las empresas multinacionales y su puesta en práctica por los Puntos Nacionales de Contacto", *Lex social: revista de los derechos sociales,* vol. 10, Nº. 2, 2020, pp. 101-129.

FOTINOPOULOU BASURKO, O. "El salario mínimo aplicable al trabajador desplazado" *Revista General de Derecho del Trabajo y de la Seguridad Social*, núm. 41, 2015.

FRENKEL. S.J. Y SCHÜßLER, E. "Del Rana Plaza a la COVID-19. Deficiencias y oportunidades de renovación del sistema de gobernanza del trabajo en las cadenas mundiales de suministro de la confección", *Revista internacional del trabajo*, nº 140, 2021, p. 647-670.

GALA DURÁN, C. "La Directiva sobre empresas de trabajo temporal y su impacto en España", *Revista Temas Laborales* núm. 102, 2009.

GARATE CASTRO, J. "Desplazamiento de trabajadores efectuado en el marco de una prestación de servicios transnacional análisis y propuestas en orden a la transposición al Derecho español de las modificaciones realizadas por la Directiva (UE) 2018/957 en los artículos 1 a 3 de la Directiva 96/71/CE". *Revista del Ministerio de Trabajo, Migraciones y Seguridad Social*, 142, 2019.

GÁRATE CASTRO, J. "La transposición al Derecho español de la 96/71/CE" en VV.AA. *Desplazamientos Transnacionales de trabajadores (estudios sobre la Directiva 96/71/CE)*, Aranzadi, Thomson Reuters, 2011.

GARCÍA LANDABURÚ, M. K.: *La participación sindical en el control de las cadenas mundiales de suministro*, Bomarzo, 2023.

GARCÍA MURCIA, J.: "Las garantías del salario ante la insolvencia de la empresa en la jurisprudencia del Tribunal de Justicia de la Unión Europea", Revista Internacional y Comparada de Relaciones Laborales y Derecho del Empleo, vol. 4, nº 2, 2016, pp.1-32.

GAVIRIA, J.A. y SÁNCHEZ-ESCOBAR, C.: "El rol de las firmas legales en la globalización jurídica", *Revista Facultad de Derecho y Ciencias Políticas*, nº 126, 2017, pp. 169-205.

GIL Y GIL, J. "La responsabilidad de las empresas multinacionales por vulneración de los estándares laborales. una perspectiva global", *Lex Social*, vol.10, núm. 2, 2020.

GÓMEZ ABELLEIRA, F.J. "Desplazamiento transnacional laboral genuino y ley aplicable al contrato de trabajo", *Cuadernos de Derecho Transnacional*, vol. 10, núm. 1, 2018.

GÓMEZ ARBÓS, J. "Las empresas de trabajo temporal y los desplazamientos transnacionales", *Artículos Doctrinales, La Toga* núm. 149, 2004.

GÓMEZ ARBÓS, J. "Los trabajadores desplazados y su relación con el empresario como tercero. Novedades a propósito de la Directiva 2014/67/UE", *Revista española de derecho del trabajo*, núm. 176, 2015.

GÓMEZ-MILLÁN HERENCIA, M.J. (oral session): "Facing inequalities through the guarantee of a minimum wage in global green value chains", in the oral session 'Minimum wages", "Track 1: Labour Market regulation and inequalities", ILERA EUROPEAN CONGRESS 2022 "Industrial Relations and the Green Transition", Barcelona, Spain, 8-10 september 2022. Abstract book, ISBN: 978-84-124136-1-8, pp. 34-35, https://www.ileraeurope22.com/ files/ugd/f347a0 5aadb569d59f445990acc2764bdc97d7.pdf.

GONZÁLEZ RENDÓN, M., CALVO GALLEGO, F.J. Y RODRÍGUEZ-PIÑERO ROYO, M. "La nueva inmigración: Desplazamientos transnacionales de trabajadores por empresas de trabajo temporal" en *Inmigración y Relaciones Laborales*: II jornadas andaluzas de relaciones laborales, Granada, 23 y 24 de septiembre 1999, Granada: Universidad de Granada. Escuela Universitaria de Relaciones Laborales.

GONZÁLEZ-POSADAS MARTÍNEZ, E.: "La Organización Internacional del Trabajo y sus 100 años de políticas sociales: vicisitudes y continuidad", *Revista del Ministerio de Trabajo y Economía Social*, nº 147, 2020, pp. 541-568.

GUAMÁN HERNÁNDEZ, A.: "Cláusulas laborales en los acuerdos de libre comercio de nueva generación: una especial referencia al contenido laboral del TPP, CETA y TTIP", *Estudios financieros. Revista de trabajo y seguridad social: Comentarios, casos prácticos: recursos humanos*, nº 398, 2016, pp. 83-112.

GUAMÁN HERNÁNDEZ, A.: "Diligencia debida en derechos humanos: análisis crítico de los principales marcos normativos estatales", *Trabajo y derecho: nueva revista de actualidad y relaciones laborales*, nº 87, 2022, pp.

GUAMÁN HERNÁNDEZ, A.: "El borrador de Directiva sobre diligencia debida de las empresas en materia de sostenibilidad: Un análisis a la luz de las normas estatales y de la propuesta del Parlamento Europeo", *Trabajo y Derecho: nueva revista de actualidad y relaciones laborales*, nº 88, 2022, pp.

GUAMÁN HERNÁNDEZ, A.: "El borrador de Directiva sobre diligencia debida de las empresas en materia de sostenibilidad: Un análisis a la luz de las normas estatales y de la propuesta del Parlamento Europeo", *Trabajo y Derecho: nueva revista de actualidad y relaciones laborales*, nº 88, 2022. pp.

GUAMÁN HERNÁNDEZ, A.: "La Unión Europea y la diligencia debida: contexto, propuestas y razones para el paso del *soft* al *hard law*", en ZAMORA CABOT, F.J., SALES PALLARÉS, L. y CHIARA MARULLO, M.: *La lucha en clave judicial frente al cambio climático*, Aranzadi, 2022.

HERNÁNDEZ CONTRERAS, O. "Empresas buzón y forum shopping: ¿puede una ETT explotar las diferencias entre sistemas de seguridad social en la UE?", *Revista Internacional y Comparada de Relaciones laborales y derecho del empleo,* vol.10, número 2, abril-junio de 2022. https://blog.uclm.es/oscarcontreras/tag/desplazamiento-de-trabajadores/

LAS HERAS CUENCA, J.: ""United we stand, divided we fall": poder de clase, cadenas globales de valor y estrategias sindicales en el parque de proveedores de Mercedes-Benz Vitoria-Gasteiz", *Lan harremanak: Revista de relaciones laborales,* nº 35, 2017, pp. 305-329.

LLOBERA VILA, M. *El desplazamiento transnacional de trabajadores. Libre prestación de servicios, Constitución económica y principio de proporcionalidad.* Valencia: Tirant lo Blanch, 2013.

LLOBERA VILA, M. El nuevo régimen jurídico del desplazamiento transnacional de trabajadores, Aranzadi 2022.

LÓPEZ AHUMADA, J.E.: "El desarrollo de las cláusulas sociales en los Tratados de Libre Comercio de la Unión Europea: análisis de los acuerdos comerciales con América", Documentos de Trabajo (IELAT, Instituto Universitario de Investigación en Estudios Latinoamericanos), nº 158, 2022, pp. 1-70.

LÓPEZ CUMBRE, L.: "Prevención laboral y protección social de los trabajadores expatriados", *Revista del Ministerio de Empleo y Seguridad Social,* nº 138, 2018, pp. 335-364.

LÓPEZ GONZÁLEZ, J., KOWALSKI, P. AND ACHARD, P.: 'Trade, global value chains and wage-income inequality', OECD Trade Policy Papers, nº 182, http://dx.doi.org/10.1787/5js009mzrqd4-en.

LOZANO AGUILAR, J.F.: "Códigos éticos y auditorias éticas", Veritas: revista de filosofía y teología, Nº. 17, 2007, pp. 225-251.

MAIRA VIDAL, M. M.: "Los acuerdos marco internacionales: sentando las bases de la negociación colectiva de ámbito supranacional", *Lan harremanak: Revista de relaciones laborales,* nº 30, 2014, pp. 137-162

MANEIRO VÁZQUEZ, Y.: "Los Convenios de la OIT en el Derecho español", *Revista del Ministerio de Trabajo y Economía Social,* núm. 147, 2020, pp. 455-480.

MARCHAL ESCALONA, N. "El desplazamiento de trabajadores en el marco de una prestación transnacional de servicios: hacia un marco normativo europeo más seguro, justo y especializado", *Revista de Derecho Comunitario Europeo,* 62, 2019.

MARK, A.: "Prácticas de compra predatorias en las cadenas mundiales de suministro de la industria de la confección: tensión en las relaciones laborales en la India", *Revista internacional del trabajo,* vol. 138, nº 4, 2019, pp. 761-787.

MARTÍN RODRÍGUEZ, M.O.: *Régimen jurídico y pronunciamientos judiciales del tiempo de trabajo en la Unión Europea: implicaciones en España,* Comares, 2021.

MARTINEZ GIRON, J. Las empresas de trabajo temporal y los desplazamientos transnacionales, 2004,

MARTÍNEZ SAN MILLÁN, C.: "La inserción de cláusulas laborales en los acuerdos bilaterales de inversiones: ¿hacia una mayor efectividad de los derechos laborales fundamentales?", FOTINOPOULOU BASURKO, O. y MAGALLÓN ELOSEGUI, N. (Dir.): *Derecho trasnacional del trabajo, derechos humanos y multinacionales: una mirada interdisciplinar,* Atelier, Barcelona, pp. 327-342.

MELLA MÉNDEZ, L.: "El impacto de los convenios de la OIT sobre retribución, tiempo de trabajo, seguridad y salud y terminación del contrato en el derecho español: puntos críticos", *Estudios financieros. Revista de trabajo y seguridad social: Comentarios, casos prácticos: recursos humanos,* nº 434, 2019, pp. 57-95.

MINISTERIO DE EMPLEO Y SEGURIDAD SOCIAL. *Criterio técnico NÚM. 97/2016, sobre el desplazamiento de trabajadores en el marco de una prestación de servicios transnacional.*

MIÑAMBRES PUIG, C. "El centro de trabajo (en torno al art. 1.5 ET)", *Revista Española de Derecho del Trabajo,* núm. 100, 2000.

MIRANDA BOTO, J.M.: "La OIT en la jurisprudencia del Tribunal Supremo: un panorama reciente", *Revista del Ministerio de Trabajo y Economía Social,* nº 147, 2020, pp. 509-537.

MOLINA MARTÍN, A. *La movilidad geográfica internacional de trabajadores. Régimen jurídico laboral.* Navarra, 2010.

MOLINA NAVARRETE, C.: "Presente y futuro de los convenios OIT en materia de contrato individual. Condiciones de empleo, seguridad retributiva y estabilidad", *Trabajo* y Derecho, nº 2019.

MONEREO PÉREZ, J.L y LÓPEZ INSUA, B.M.: "La garantía internacional del derecho a un trabajo decente", *Nueva Revista Española de Derecho del Trabajo,* nº 177, 2015, pp. 27-72.

MORENO DÍAZ, J.M.: *La negociación colectiva internacional en el marco de la digitalización,* Bomarzo, Albacete, 2021.

MORENO DÍAZ, J.M.: "Derechos humanos y diligencia debida en las empresas multinacionales en la Unión Europea", *Revista General de Derecho del Trabajo y de la Seguridad Social,* nº 67, 2024, pp. 511-531.

MUSSO, J. A.: "Algunas consideraciones sobre los derechos humanos y el Mercosur", *Relaciones Internacionales,* vol. 28, nº 57, 2019, pp. 155-169.

NIETO ROJAS, P.: "El papel de los sindicatos en la consecución del trabajo decente. especial referencia a los Acuerdos Marco Globales", en VVAA: *El futuro del trabajo que queremos. Conferencia Nacional Tripartita. Iniciativa Centenario OIT (1919-2019),* Ministerio de Empleo y Seguridad Social, Volumen II, pp. 193-205.

NIETO ROJAS, P.: "El recibo del salario en formato electrónico", *Revista de la contratación electrónica,* nº 114, 2011, pp. 83-90.

O'CONNOR, P. and HARRIS, L.: "Paying well by paying for Good", PricewaterhouseCoopers, 2021.

O'CONNOR, P.; HARRIS, L. and GOSLING., T: "Linking executive pay to ESG goals", PricewaterhouseCoopers, 2021.

OLMO GASCÓN, A.M.: "Los Acuerdos de Cooperación y Comerciales para el desarrollo en el ámbito comunitario: exigibilidad de su contenido social", GAETA, L. y GALLARDO MOYA, R.: *Los empresarios complejos: un reto para el Derecho del Trabajo,* Bomarzo, 2010.

ORTEGA LOZANO, P.: "Sucesión de plantilla y actividades productivas que descansan esencialmente en la mano de obra", *Revista de Estudios Jurídico-Laborales y de Seguridad Social,* nº 6, 2023, p. 216-255.

PÉREZ DEL PRADO, D.: "Cláusulas laborales y libre comercio: el papel de la OIT", en VVAA: *El futuro del trabajo que queremos. Conferencia Nacional Tripartita. Iniciativa Centenario OIT (1919-2019),* Ministerio de Empleo y Seguridad Social, Volumen II, pp. 221-231.

PORTER, M.: *Competitive Advantage: Creating and Sustaining Superior Performance,* Free Press, New York, USA, 1985.

QUINTERO LIMA, G. "La protección transnacional de los derechos laborales en materia de seguridad y salud: una asimetría comunitaria y sus remiendos institucionales", *Cuadernos de Derecho Transnacional,* Vol. 4, núm.1, 2012.

QUIRÓS HIDALGO, J.G.: "Los amis como escenario de la negociación colectiva trasnacional", Nuevos escenarios y nuevos contenidos de la negociación colectiva, FERNÁNDEZ DOMÍNGUEZ, J.J. (Dir.), 2020, pp. 331-351.

REVUELTA GARCÍA, M.: "La negociación colectiva en el sector pesquero", *Revista General de Derecho del Trabajo y de la Seguridad Social*, nº 60, 2021.

RODRÍGUEZ PIÑERO, ROYO, M.C.: *La regulación legal del contrato de trabajo en los países de la Comunidad Económica Europea*, Tecnos, Madrid, 1989

RODRÍGUEZ RODRIGO, J.: "Lugar de trabajo habitual a la luz del artículo 8.2 del Reglamento Roma I. Comentario de la STJUE de 15 julio 2021, asuntos acumulados C-152/20 y C-218/20", Cuadernos de derecho transnacional, vol. 14, nº 1, 2022, pp. 858-869.

SANGUINETI RAYMOND, W.: "Códigos de conducta para proveedores y contratistas de empresas multinacionales españolas", *Revista General de Derecho del Trabajo y de la Seguridad Social*, nº 40, 2015, pp. 201-234.

SANGUINETI RAYMOND, W.: "El impacto de las cláusulas sociales de los tratados de libre comercio y de los acuerdos marco internacionales en la protección de los derechos laborales", en GORROCHATEGUI POLO, M. Y FOTINOPOULOU BASURKO, O.: *Derecho transnacional del trabajo, derechos humanos y multinacionales: una mirada interdisciplinar*, 2022.

SANGUINETI RAYMOND, W.: "La construcción de un nuevo derecho trasnacional del trabajo para las cadenas globales de valor", *Revista General de Derecho del Trabajo y de la Seguridad Social*, nº 61, 2022, pp. 29-82.

SELMA PENALVA, A.: "La prestación internacional de servicios en las ETTS", *Revista de Derecho Migratorio y Extranjería*, núm. 41, 2016.

SEMPERE NAVARRO, A.V. "Los límites a la reiterada cesión a través de ETT", *Revista de Jurisprudencia Laboral, núm.* 9, 2020.

Serrano García, M.J.: "La retribución de los trabajadores objeto de un desplazamiento transnacional en la jurisprudencia comunitaria", *Foro Nueva Época*, núm. 2, vol. 18, 2015.

SOLÀ MONELLS, X: "La discriminación retributiva por motivos de edad en la jurisprudencia del Tribunal de Justicia de la Unión Europea", Trabajo y derecho: nueva revista de actualidad y relaciones laborales, nº 69, 2020.

TALAVERO CABRERA, V.: "Revisando el derecho de empresa y su deontología: criterios para la auditoria de ética empresarial", *Derecho y Cambio Social*, 2015.

TEJANI, S. and FUKUDA-PARR, S., 2021: Gender and COVID-19: Workers in global value chains, *International Labour Review*, vol. 160, nº 4, pp. 649-667.

THIBAULT ARANDA, J. *Las condiciones de trabajo aplicables a los trabajadores empleados en las contratas*, Tirant lo Blanch, 2022.

TOUSSAINT, M; CABANELAS, P. y MUÑOZ-DUEÑAS, P: "Social sustainability in the food value chain: what is and how to adopt an integrative approach?", *Quality & Quantity*, 2022.

VON HIPPEL, C.; et al. "Temporary employment: can organizations and employees both win?", *Academy of Management Executive*, núm. 11, 1997.

VV.AA. *La movilidad geográfica en la negociación colectiva*, Consejo Andaluz de Relaciones Laborales, 2006.

Anexo normativo y judicial

1. NORMAS DE LA ORGANIZACIÓN INTERNACIONAL DEL TRABAJO

1.1. Protocolos

Protocolo de la OIT nº 110 (1982) relativo al Convenio de la OIT nº 110 sobre las plantaciones (1958).

Protocolo de la OIT nº 89 (1990) relativo al Convenio (revisado) de la OIT nº 89 sobre el trabajo nocturno (mujeres) (1948).

Protocolo nº 81 (1995) relativo al Convenio de la OIT nº 81 sobre la Inspección del Trabajo (1947).

Protocolo (retirado) de la OIT nº 47 (1996) relativo al Convenio de la OIT nº 147 sobre la marina mercante (normas mínimas) (1976).

Protocolo de la OIT nº 155 (2002) relativo al Convenio de la OIT nº 155 sobre seguridad y salud de los trabajadores (1981).

Protocolo de la OIT nº 29 (2014), relativo al Convenio de la OIT nº 29 sobre el trabajo forzoso (1930).

1.2. Convenios de la OIT

Convenio de la OIT nº 26 sobre los métodos para la fijación de salarios mínimos, 1928.

Convenio de la OIT nº 138 sobre la edad mínima de admisión al empleo, 1973 (TOL207.979).

Convenios de la OIT nº 52 y nº 132 sobre las vacaciones pagadas, 1936 y 1970, revisado (TOL992.105).

Convenios de la OIT nº 76, 93, 109 y 180 sobre los salarios, las horas de trabajo a bordo y la dotación, 1946, 1949, 1958 y 1996, que han sido revidados por el Convenio sobre trabajo marítimo, MLC, 2006.

Convenio de la OIT nº 95 sobre la protección del salario, 1949 (TOL207.975).

Convenio de la OIT nº 97 y n º143 sobre los trabajadores migrantes (revisado, 1949, 1975).

Convenio de la OIT nº 99 sobre los métodos para la fijación de salarios mínimos, 1951, agricultura.

Convenio de la OIT nº 100 de igualdad de remuneración entre la mano de obra masculina y la mano de obra femenina (TOL207.987)

Convenio de la OIT nº 101 sobre las vacaciones pagadas (agricultura, 1952).

Convenio de la OIT nº 110 sobre las plantaciones, 1958.

Convenio de la OIT nº 111 contra la discriminación, empleo y ocupación, 1958 (TOL207.977).

Convenio de la OIT nº 124 sobre el examen médico de los menores (trabajo subterráneo) (1965).

Convenio de la OIT nº 131 sobre la fijación de salarios mínimos, 1970.

Convenio de la OIT nº 140 sobre la licencia pagada de estudios, 1974.

Convenio de la OIT nº 147 sobre la marina mercante (normas mínimas), 1976.

Convenio de la OIT nº 146 sobre las vacaciones anuales pagadas (gente de mar, 1976).

Convenio de la OIT nº 159 sobre la readaptación profesional y el empleo, personas inválidas, 1983.

Convenio de la OIT nº 165 sobre los trabajadores con responsabilidades familiares, 1981.

Convenio de la OIT nº 171 sobre el trabajo nocturno, 1990.

Convenio de la OIT nº 173 sobre la protección de los créditos laborales en caso de insolvencia del empleador, 1992 (TOL207.984).

Convenio de la OIT nº 175 sobre trabajo tiempo parcial, 1994.

Convenio de la OIT nº 172 sobre las condiciones de trabajo, hoteles y restaurantes, 1991.

Convenio de la OIT nº 177 sobre el trabajo a domicilio, 1996.

Convenio de la OIT nº181 sobre Agencias de Empleo Privadas de 1997 (BOE núm. 219, de 13 de septiembre de 1999) (TOL207.985).

Convenio de la OIT nº 182 sobre peores formas de trabajo infantil, 1999.

Convenio de la OIT nº183 sobre la protección de la maternidad, 2000.

Convenio de la OIT nº 188 sobre el trabajo en la pesca, 2007.

Convenio de la OIT nº 189 sobre las trabajadoras y trabajadores domésticos, 2011.

1.3. Recomendaciones

Recomendación de la OIT nº 30 sobre los métodos para la fijación de salarios mínimos, 1928.

Recomendación de la OIT nº 79 sobre el examen médico de aptitud para el empleo de los menores, 1946.

Recomendación de la OIT nº 85 sobre la protección del salario, 1949.

Recomendación de la OIT nº 89 sobre los métodos para la fijación de salarios mínimos en la agricultura, 1951.

Recomendación de la OIT º 90 sobre igualdad de remuneración, 1951.

Recomendación de la OIT nº 104 sobre poblaciones indígenas y tribuales, 1957.

Recomendación de la OIT nº 115 sobre la vivienda de los trabajadores, 1961.

Recomendación de la OIT nº 116 sobre la reducción de la duración del trabajo, 1962.

Recomendación de la OIT nº 125 sobre las condiciones de empleo de los menores, trabajos subterráneos, 1965.

Recomendación de la OIT nº 135 sobre la fijación de salarios mínimos, 1970.

Recomendación OIT nº 146 sobre la edad mínima, 1973.

Recomendación de la OIT nº 178 sobre el trabajo nocturno, 1990.

Recomendación de la OIT nº 180 sobre la protección de los créditos laborales en caso de insolvencia del empleador, 1992.

Recomendación de la OIT nº 182 sobre trabajo tiempo parcial, 1994.

Recomendación de la OIT nº 189 sobre la creación de empleos en las pequeñas y medianas empresas, 1998.

Recomendación de la OIT nº 190 sobre peores formas de trabajo infantil, 1999.

Recomendaciones de la OIT nº 99 y nº 168 sobre la adaptación y la readaptación profesionales de los inválidos, 1955 y 1983.

Recomendación de la OIT nº 191 sobre protección de la maternidad, 2000.

Recomendación de la OIT nº 208 sobre aprendizajes de calidad, 2023.

2. OTROS TEXTOS INTERNACIONALES

2.1. Naciones Unidas

Declaración Universal de Derechos Humanos (1948).

Pacto Internacional de Derechos Civiles y Políticos (1966).

Pacto Internacional de Derechos Económicos, Sociales y Culturales (1976).

Carta Internacional de los Derechos Humanos: Declaración Universal de Derechos Humanos, el Pacto Internacional de Derechos Civiles y Políticos, el Pacto Internacional Políticos de Derechos Económicos, Sociales y Culturales, junto con los Protocolos Facultativos

Declaración Tripartita de Principios sobre las empresas internacionales y la política social (1977), revisadas por última vez en 2022.

Pacto Global de Naciones Unidas (2000)

Declaración de la OIT relativa a los Principios y Derechos Fundamentales en el trabajo (1998).

Principios Rectores de las Empresas y los Derechos Humanos de las Naciones Unidas (2011).

Programa de "Transformar nuestro mundo: la Agenda 2030 para el Desarrollo Sostenible" (2015).

Principios de Contratación Responsable de Naciones Unidas (2015).

2.2. OCDE

Directrices de la OCDE para las empresas multinacionales (1976).

Recomendación de la OCDE sobre el papel del gobierno en la promoción de la conducta empresarial responsable (2023).

2.3. Tratados Multilaterales o Bilaterales

Tratado Trasatlántico de Comercio e Inversiones (TTIP).

Acuerdo Transpacífico de Cooperación Económica (TPP), de 2016.

Tratados de Libre comercio de la Unión Europea.

Acuerdo Económico y de Comercio (CETA), de 2017

Acuerdos Bilaterales de Inversiones (TB).

2.4. Negociación colectiva

Proyecto Acción, Colaboración y Transformación, impulsado por el conocido sindicato trasnacional IndustriALL Global Union en 2015.

3. NORMAS EUROPEAS

3.1. Normas fundamentales

Tratado de Funcionamiento de la Unión Europea (TOL3.711.558)

Carta Social Europea, 1961, actualizada en el 1996 y en el 2000 (TOL207.990)

Carta de Derechos Fundamentales de la Unión Europea, 2007 (TOL131.225)

3.2. Reglamentos

Reglamento (CEE) nº 574/72 del Consejo, de 21 de marzo de 1972, por el que se establecen las modalidades de aplicación del Reglamento (CEE) nº 1408/71 relativo a la aplicación de los regímenes de seguridad social a los trabajadores por cuenta ajena y a sus familiares que se desplacen dentro de la Comunidad (TOL1.955.399)

Reglamento 593/2008/UE, de 17 de junio de 2008, sobre la ley aplicable a las obligaciones contractuales, Roma I (TOL1.335.108)

Reglamento 864/2007/UE, de 11 de julio de 2007 relativo a la ley aplicable a las obligaciones extracontractuales, Roma II (TOL1.115.663).

Reglamento 1072/2009/UE, de 21 de octubre de 2009, por el que se establecen normas comunes de acceso al mercado del transporte internacional de mercancías por carretera (TOL1.763.318)

Reglamento 2021/691/UE, de 28 de abril de 2021, relativo al Fondo Europeo de Adaptación a la Globalización para Trabajadores Despedidos, por el que se deroga el Reglamento 1309/2013/UE (TOL8.422.539)

Reglamento 2019/2088/UE, de 27 de noviembre de 2019, sobre la divulgación de información relativa a la sostenibilidad en el sector de los servicios financieros (TOL7.611.671)

Reglamento Delegado 2021/2178/UE, de 6 de julio de 2021, que completa al Reglamento 2020/852/UE del Parlamento Europeo y del Consejo mediante la especificación del contenido y la presentación de la información que deben divulgar las empresas sujetas a los artículos 19 bis o 29 bis de la Directiva 2013/34/UE respecto a las actividades económicas sostenibles desde el punto de vista medioambiental, y la especificación de la metodología para cumplir con la obligación de divulgación de información (TOL9.239.687).

3.3. Directivas

Directiva 91/533/CEE, de 14 de octubre de 1991, relativa a la obligación del empresario de informar al trabajador acerca de las condiciones aplicables al contrato de trabajo o a la relación laboral (TOL133.775)

Directiva 92/85/CEE, de 19 de octubre de 1992, relativa a la aplicación de medidas para promover la mejora de la seguridad y de la salud en el trabajo de la trabajadora embarazada (TOL971.987)

Directiva 94/33/CE, de 22 de junio de 1994, así como la Recomendación 67/1257/CEE, de 31 de enero, sobre la protección de los jóvenes en el trabajo (TOL511.398)

Directiva 96/71/UE, de 16 de diciembre de 1996, modificada por la Directiva 2018/957/UE, de 28 de junio de 2018, sobre el desplazamiento de trabajadores efectuado en el marco de una prestación de servicios (TOL153.207)

Directiva 97/81/CE, de 15 de diciembre de 1997, relativa al Acuerdo marco sobre el trabajo a tiempo parcial concluido por la UNICE, el CEEP y la CES (TOL136.590)

Directiva 1999/70/CE, de 28 de junio de 1999, relativa al Acuerdo marco de la CES, la UNICE y el CEEP sobre el trabajo de duración determinada (TOL133.784)

Directiva 2000/78/CE, de 27 de noviembre de 2000, relativa al establecimiento de un marco general para la igualdad de trato en el empleo y la ocupación (TOL1.902.321)

Directiva 2001/23/CE, de 12 de marzo de 2001, sobre la aproximación de las legislaciones de los Estados miembros relativas al mantenimiento de los derechos de los trabajadores en caso de traspasos de empresas, de centros de actividad o de partes de empresas o de centros de actividad (TOL232.750)

Directiva 2006/54/CE, de 5 de julio de 2006, relativa a la aplicación del principio de igualdad de oportunidades e igualdad de trato entre hombres y mujeres en asuntos de empleo y ocupación (TOL981.093).

Directiva 2008/94/CE, de 22 de octubre de 2008, relativa a la protección de los trabajadores asalariados en caso de insolvencia del empresario (TOL1.426.716).

Directiva 2008/104/CE del Parlamento Europeo y del Consejo de 19 de noviembre de 2008 relativa al trabajo a través de empresas de trabajo temporal (TOL1.405.542).

Directiva 2011/98/UE, de 13 de diciembre de 2011, por la que se establece un procedimiento de solicitud de un permiso único (TOL5.929.592).

Directiva 2014/67/UE, de 15 de mayo de 2014, relativa a la garantía de cumplimiento de la Directiva 96/71/CE, sobre el desplazamiento de trabajadores efectuado en el marco de una prestación de servicios, y por la que se modifica el Reglamento (UE) núm. 1024/2012 relativo a la cooperación administrativa a través del Sistema de Información del Mercado Interior («Reglamento IMI») (TOL4.368.768).

Directiva 2018/957/UE, que modifica la Directiva 96/71/CE sobre el desplazamiento de trabajadores efectuado en el marco de una prestación de servicios (DOUE núm. 173 de 9 de julio de 2018).

Directiva 2019/1937/UE, de 23 de octubre de 2019, relativa a la protección de las personas que informen sobre infracciones del Derecho de la Unión (TOL7.592.178).

Directiva (UE) 2020/1057 del Parlamento Europeo y del Consejo, de 15 de julio de 2020, por la que se fijan normas específicas con respecto a la Directiva 96/71/CE y la Directiva 2014/67/UE para el desplazamiento de los conductores en el sector del transporte por carretera, y por la que se modifican la Directiva 2006/22/CE en lo que respecta a los requisitos de control del cumplimiento y el Reglamento (UE) nº 1024/2012 (DOUE núm. 249, de 31 de julio de 2020) (TOL8.095.191).

Directiva 2019/1158/UE, de 20 de junio de 2019, relativa a la conciliación de la vida familiar y la vida profesional de los progenitores y los cuidadores, y por la que se deroga la Directiva 2010/18/UE del Consejo (TOL7.378.631).

Directiva 2021/1883/UE, de 20 de octubre de 2021, relativa a las condiciones de entrada y residencia de nacionales de terceros países con fines de empleo de alta cualificación, y por el que se deroga la Directiva 2009/50/CE del Consejo (TOL8.636.888).

Directiva 2022/2041/UE, de 19 de octubre, sobre salarios mínimos adecuados en la Unión Europea, con el objetivo de lograr unas condiciones de vida y de trabajo dignas y fomentar la negociación colectiva sobre la fijación de salarios (TOL9.261.933).

Directiva 2023/970/UE, de 10 de mayo de 2023, por la que se refuerza la aplicación del principio de igualdad de retribución entre hombres y mujeres por un mismo trabajo o un trabajo de igual valor (TOL9.555.489).

Directiva 2024/1760/UE, de 13 de junio de 2024, sobre diligencia debida de las empresas en materia de sostenibilidad y por la que se modifican la Directiva (UE) 2019/1937 y el Reglamento (UE) 2023/285.

3.4. Otros textos

Criterio Técnico DGITSS 97/2016 Sobre el desplazamiento de trabajadores en el marco de una prestación de servicios transnacional (TOL5.791.559)

4. NORMAS MERCOSUR

Protocolo Adicional al Tratado de Asunción sobre la Estructura Institucional de MERCOSUR, 1994

Protocolo de Asunción, 2005

Plan Estratégico de Acción Social (PEAS) de MERCOSUR, 2011

Declaración Sociolaboral de MERCOSUR, 2015

5. NORMAS ESPAÑOLAS

3.1. Normas fundamentales

Constitución Española, de 27 de diciembre de 1978 (TOL173.304)

3.2. Leyes

Ley Orgánica 1/2025, de 2 de enero, de medidas en materia de eficiencia del Servicio Público de Justicia

Ley 14/1994 de 1 de junio sobre Empresas de Trabajo Temporal (BOE de 2 de junio de 1994) (TOL175.017)

Ley 22/2003, de 9 de julio, Concursal, relativas a la clasificación de los créditos y a las ejecuciones y apremios (TOL275.060)

Ley 45/1999, de 29 de noviembre, sobre el desplazamiento de trabajadores en el marco de una prestación de servicios transnacional (BOE núm. 286, de 30 de noviembre de 1999) (TOL17.866)

Ley 35/2010 de 17 de septiembre, de medidas urgentes para la reforma del mercado de trabajo (BOE núm. 227, de 18/09/2010) (TOL1.936.417)

3.3. Reales Decretos y otras normas reglamentarias

Real Decreto 1382/1985, de 1 de agosto, por el que se regula la relación laboral de carácter especial del personal de alta dirección (TOL17.867)

Real Decreto 1620/2011, de 14 de noviembre, por el que se regula la relación laboral de carácter especial del servicio del hogar familiar (TOL2.269.032)

Real Decreto-ley 7/2021, de 27 de abril, de transposición de directivas de la Unión Europea en las materias de competencia, prevención del blanqueo de capitales, entidades de crédito, telecomunicaciones, medidas tributarias, prevención y reparación de daños medioambientales, desplazamiento de trabajadores en la prestación de servicios transnacionales y defensa de los consumidores (BOE núm. 101, de 28 de abril de 2021) (TOL 8.403.714)

Real Decreto 145/2024, de 6 de febrero, por el que se fija el salario mínimo interprofesional para 2024 (TOL9.862.382).

Real Decreto 1146/2006, de 6 de octubre, por el que se regula la relación laboral especial de residencia para la formación de especialistas en Ciencias de la Salud (TOL992.443)

Orden ESS/2098/2014, de 6 de noviembre, por la que se modifica el anexo de la Orden de 27 de diciembre de 1994, por la que se aprueba el modelo de recibo individual de salarios (TOL4.540.355)

Real Decreto 902/2020, de 13 de octubre, de igualdad retributiva entre mujeres y hombres, contiene importantes previsiones dirigidas a la erradicación de la no discriminación y la corrección de la brecha de género (TOL8.107.118)

Orden PCM/1047/2022, de 1 de noviembre, por la que se aprueba y se publica el procedimiento de valoración de los puestos de trabajo previsto en el Real Decreto 902/2020, de 13 de octubre, de igualdad retributiva entre mujeres y hombres (TOL9.271.226)

Real Decreto Legislativo 5/2000, de 4 de agosto, por el que se aprueba el texto refundido de la Ley sobre Infracciones y Sanciones en el Orden Social (TOL176.110).

Real Decreto Legislativo 2/2015, de 23 de octubre, por el que se aprueba el texto refundido de la Ley del Estatuto de los Trabajadores (TOL5.512.468)

Real Decreto-ley 7/2021, de 27 de abril, de transposición de directivas de la Unión Europea en las materias de competencia, prevención del blanqueo de capitales, entidades de crédito, telecomunicaciones, medidas tributarias, prevención y reparación de daños medioambientales, desplazamiento de trabajadores en la prestación de servicios transnacionales y defensa de los consumidores (BOE núm. 101, de 28 de abril de 2021).

6. OTROS TEXTOS

1. Sistemas de control interno y de auditoría con repercusión en el ámbito laboral

"SA8000 RSC", impulsada por la Social Accountability International, como entidad no gubernamental, en 1997.

"Sistema de Gestión de Responsabilidad Social SR10", elaborada por IQ-net, red internacional de entidades certificadoras de las más relevantes, en 2012.

"Sistemas de Gestión de Responsabilidad Social SGE 21", elaborada por FORÉTICA, en 2017.

Norma UNE 19604: 2023 "Sistema de gestión del compliance sociolaboral".

2. Normas internas de las cadenas de globales de valor seleccionadas e informes de gestión

1. Inditex (sector textil)

Acuerdo Marco Global de Inditex con la Federación Sindical Internacional IndustriALL Global Union (2019): https://www.industriall-union.org/sites/default/files/uploads/documents/2019/SWITZERLAND/INDITEX/espanol - industriall inditex acuerdo marco global.pdf

Código de la Ethical Trading Initiative (ETI) aplicable a Inditex: https://www.ethicaltrade.org/eti-base-code

Código de Conducta de Inditex: https://www.inditex.com/itxcomweb/api/media/07c82ec5-155c-41aa-aa03-6e1129e6a8b9/CodigoConductaInditex.pdf?t=1709628028539

Código de Conducta y Prácticas Responsables de Inditex (2012): https://diarium.usal.es/wsr_proyecto/files/2013/08/Grupo_INDITEX_codigo-de-conducta-y-practicas-responsables-1.pdf

Código de Conducta de Fabricantes y Proveedores de Inditex (2001): https://www.inditex.com/itxcomweb/api/media/86a0485c-5ca8-4d76-a7ce-0a6b748a6b2c/Codigo+Conducta+Proveedores.pdf?t=1681472812566

Política de Sostenibilidad aprobada por el Consejo de Administración el 9 de diciembre de 2015 de Inditex, modificada el 14 de diciembre de 2020 y actualizada el 3 de noviembre de 2022: https://www.inditex.com/itxcomweb/api/media/055fd613-eba2-48c0-8e8b-c3d462b1a908/politica_de_sostenibilidad_inditex.pdf?t=1655306508429

Memoria Anual Inditex 2023, Información no financiera: https://static.inditex.com/annual_report_2023/es/Memoria_Anual_Grupo_Inditex_2023.pdf

2. Uniliver (sector alimenticio)

Código de Principios del Negocio y Políticas del Código de Uniliver (2020): https://www.unilever.com/files/92ui5egz/production/d3d00ce82ee1dce5e914767aa1085285e8cdf965.pdf

Política de Socios Responsables de Uniliver (2022): https://www.unilever.com/files/92ui5egz/production/7ee90f260faed25e11e1c4bbad207eec205b42d0.pdf

Declaración de Política de Derechos Humanos de Uniliver (2023): https://www.unilever.com/files/92ui5egz/production/e664a6b481166f67acff4b758a93790c72027aa1.pdf

Política de las Personas y la Naturaleza de Uniliver (2020): https://www.unilever.com/files/origin/dcfa34c8ac89605a0e5547f1d04ab9d852c4ae43.pdf/unilever-people-and-nature-policy.pdf

Uniliver Annual Reports and Accounts 2023: https://www.unilever.com/files/92ui5egz/production/b09c3510ee7cec58440d5f044f02bdefe85aa186.pdf

3. Airbus (sector aeroespacial)

Código de Conducta de Airbus (2023): https://www.airbus.com/sites/g/files/jlcbta136/files/2023-11/Code-of-Conduct-English-version.pdf

Código de Conducta de Proveedores de Airbus (2021): https://www.airbus.com/sites/g/files/jlcbta136/files/2021-10/Airbus-Supplier-Code-of-Conduct%20%282%29.pdf

4. Appel (sector tecnológico)

Política de Derechos Humanos de Appel (2020): https://s2.q4cdn.com/470004039/files/doc_downloads/gov_docs/2020/Apple-Human-Rights-Policy.pdf

Código de Conductas en los negocios de Appel (2024): https://www.apple.com/compliance/pdfs/Business-Conduct-Policy.pdf

Código de Conducta y de Responsabilidad para proveedores de Appel (2022): https://www.apple.com/supplier-responsibility/pdf/Apple-Supplier-Code-of-Conduct-and-Supplier-Responsibility-Standards.pdf

Código de Conductas de terceros de Appel (2022) https://www.apple.com/compliance/pdfs/third-party-code.pdf

PolíticaAnticorrupcióndeAppel(2018):https://s2.q4cdn.com/470004039/files/doc_downloads/gov_docs/Anti-Corruption_Policy.pdf

2023 Annual Progress Report. https://www.apple.com/supplier-responsibility/pdf/Apple_SR_2023_Progress_Report.pdf

6. SENTENCIAS

6.1 Unión Europea

STJUE de 17 de diciembre de 1981(As. Webb. 279/80).

STJUE de 3 de febrero de 1982 (As. Seco. 62 y 63/81).

STJUE de 27 de marzo de 1990 (Asunto C-113/89).

STJUE de 25 de octubre de 2001 (asuntos acumulados C-49/98, C-50/98, C-52/98, C-54/98, C-68/98 a C-71/98) (TOL105.773).

STJUE de 21 de octubre de 2004 (Asunto C-445/03) (TOL709.869)

STJUE de 19 de enero de 2006 (Asunto C-244/04) (TOL4.627.965)

STJUE de 18 de diciembre de 2007 (asunto C-341/05) (TOL1.223.975).

STJUE de 12 de febrero de 2015(asunto Sähköalojen ammattiliittory contra Elektrobudowa Spolka Akcyjna) (TOL4.705.064).

STJUE de 8 de septiembre de 2011 (TOL2.156.112).

STJUE de 18 de septiembre de 2014 (TOL4.494.027).

STJUE de 14 de septiembre de 2017 (TOL6.547.886).

STJUE 7 de febrero de 2019 (TOL7.025.384).

STJUE de 19 de diciembre de 2019 (Dobersberger (C-16/18) (TOL7.664.179).

STUE de 8 de diciembre de 2020 (TOL8.225.989).

STJUE de 1 de diciembre de 2020 (FNV, asunto 815/18) (TOL8.217.599).

STJUE de 14 de octubre de 2020 (TOL8.112.303).

STJUE de 3 de junio de 2021 (TOL8.450.798)

STJUE de 15 de julio de 2021 (TOL8.507.763).

TJUE 21-10-04, Comisión / Luxemburgo, asunto C-445/03; 19-1-06, Comisión / Alemania, asunto C-244/04; 21-9-06, Comisión / Austria, asunto C-168/04

6.2. Tribunal Constitucional

STC de 7 de marzo de 1984 (TOL79.321).

6.3. Tribunal Supremo

STS de 24 de octubre de 2001 (TOL2.400.151).

STS de 24 de enero de 2003 (TOL4.928.245).

STS de 21 de diciembre de 2005 (TOL821.473).

STS de 6 de marzo de 2007 (TOL1.059.208).

STS de 4 de marzo de 2010 (TOL1.850.138)

STS de 12 de septiembre de 2016 (TOL5.864.316).

STS de 13 de noviembre de 2019 (TOL7.593.852).

STS de 21 de febrero de 2020 (TOL7.926.129).

STS de 22 de marzo de 2022 (TOL8.900.460).

STS de 23 de febrero de 2022 (TOL8.874.208).

STS de 20 de octubre de 2022 (TOL9.291.686).

6.4. Audiencia Nacional

SAN de 6 de marzo de 2018 (TOL6.541.115).

6.5. Tribunal Superior de Justicia

STSJ de Castilla y León de 23 de julio de 2007 (TOL7.300.231).

STSJ del País Vasco de 12 de mayo de 2009 (TOL2.119.791)

STSJ de Canarias de 30 junio de 2009 (TOL1.602.044).

STSJ de Navarra de 23 de septiembre de 2010 (TOL2.018.734).

STSJ de Andalucía, Sevilla de 7 noviembre de 2013 (TOL4.072.549).

STSJ de Madrid de 9 de marzo de 2016 (TOL5.713.238).

STSJ País Vasco 12 de abril de 2016 (TOL5.757.590).

STSJ de Galicia de 1 de julio de 2020 (TOL8.078.658)